罗山南麓是吾乡

◎ 邵定美 主编

西泠印社出版社

《罗山南麓是吾乡》编委会

序

PREFACE

瑞安作为联合国地名专家组认定的“千年古县”，是一座具有1700多年建县历史的省级历史文化名城。这座曾经让一代大儒朱熹亲书“东南邹鲁”赞誉的小城，远肇永嘉学派，中兴瑞安新学，近启温州模式，有着崇文重教的优良传统。

谈起瑞安文化，我们都非常自豪：我们瑞安，诞生了独树一帜的永嘉学派。永嘉学派最早提出事功思想，主张“经世致用，义利并举”。事功学说作为浙学的主要源头和高峰，是宋明理学的四大流派之一，是明清实学的主要渊源，也是乾嘉朴学的重要组成部分。我们瑞安，孕育了承前启后的南戏文化。一部中国戏曲史，半部在浙江；一部浙江戏曲史，半部在温州。而在瑞安，元明以来民间社戏蔚然成风。高则诚创作的《琵琶记》，上继宋元南戏、下开明清传奇，把南戏推向了巅峰；高则诚被英国《不列颠百科全书》称为“中国伟大的戏剧家”。我们瑞安，传承着诗书传家的耕读文化。在瑞安，“耕可致富，读可荣身”的古训世代相传，邵振阁、玉海楼等私家藏书盛行，塘岙书塾、仙岩书院等民间学塾林立，历史上进士达356人，约占温州全市的五分之一。

勤劳智慧的瑞安人民，在数千年的历史长河中，创造了灿烂的文化文明，给今人留下了丰富而宝贵的历史遗存。为记录瑞安这座东瓯古城风土人情及城市变迁，2018年，瑞安市委宣传部、市社科联在“瑞安发布”上开设了《玉海文史》专栏。2020年5月，又专门设立了“瑞安印记”微信公众号，四年来已发布300多篇文章，点击量一直稳居温州全市同类栏目前茅。现精选其中80余篇，整理成《罗山南麓是吾乡》一书，作为社科普及读本。

这些文字，重在介绍瑞安人文，讲述瑞安故事，有事实、有情节、有温度，少了很多刻板的文字考究，增添了一种客观的现代视野，让我们回观流逝的岁月，追忆先贤的精神。特别是那些蕴含在故事中的哲理，将通过鲜活的叙述，直达读者的内心，激发思想的共鸣。我相信，这本科普读物将会让更多的人，读懂瑞安文史，爱上瑞安文化。

文化是城市的关键软实力、是发展的内在驱动力。今后几年，瑞安将以打造新时代“文化文明高地”为契机，重点擦亮实学名邦、浙学渊源、南戏故里、寓言大市等一批具有瑞安辨识度的文化金品牌，发挥“文化瑞安”铸魂、塑形、赋能的强大力量，用文化的最大变量提升高质量发展的最大增量。希望有更多的人投入传统文化的守望与传承中，投入文化建设的自觉与坚持中，为勇闯新路、谱写中国式现代化瑞安篇章提供强大的文化支撑！

瑞安市委书记 李坚

2023年1月18日

目录

CONTENTS

高 贤 隽 望

他 乡 故 知

武 学 一 脉

千载风流是滥觞

城事拾遗

风物粹美

国宝档案

东瓯古邑见玉瑞

行思行远

学泽乡里

一脉传家

四海阜安在承传

罗山南麓是吾乡

千载风流是滥觞

安土敦乎仁，故能爱。

人类从流荡到晏居，安分于一隅土地，不但以土壤生养百谷动物，还在此创造了灿烂炳焕的故事。千年古县瑞安，从聚到居，因人而仁，这里有拳拳赤心，如历史长夜中簇簇跳跃的火苗；这里有风流名士，他们负笈于不曾止息的求索。

舔墨不涸，指尖馥郁，这些流经岁月而金声玉振的名字，业已成为瑞安城围上一座又一座耸立的瞭望塔。经由他们望去，便是人稠物穰，便是最跌宕动人的风景。

▲武学一脉

▲他乡故知

▲高贤隽望

高贤隽望

永嘉学派对浙学的开拓与创新

天瑞地安，实学名邦。浙江瑞安，是一个钟灵毓秀的好地方。

当我们穿越千年的时光隧道，回溯到号称“东方文艺复兴时代”的宋朝，展现在我们面前的，是一个可与春秋战国媲美的百家争鸣时代。

中国古代学术史著作《宋元学案》，在总结南宋思想文化时说：“学术之会，总为朱、陆二派，而水心（叶适）龂龂其间，遂称鼎足。”这一时期，学术领域的群雄逐鹿，经过历史的大浪淘沙，最终积淀显现为以朱、陆、叶为代表的三大思想流派。

提倡“性即理”的朱熹道学属于客观唯心主义，提倡“心即理”的陆九渊心学属于主观唯心主义，而提倡“事即理”的永嘉学派事功学说则属于唯物主义。前两种心性之学侧重于儒家的“内圣”之学，事功学说则侧重于儒家的“外王”之学。

“只有民族的，才是世界的。”套用鲁迅先生这一名言，我们可以说：“只有地方的，才是全国的。”始于瑞安、成于瑞安、续于瑞安的永嘉学派（温州古称永嘉），不仅是宋代浙学的主要源头和高峰，而且在宋明理学、明清实学、乾嘉朴学的中国哲学史三大阶段，留下了浓墨重彩的一笔。

从《宋元学案》勘探测明，到如今深度挖掘呈现，永嘉学派这座思想智慧之宝库，偏居江南一隅的瑞安乃至温州蕴含着如此重要的国宝级文化金矿，却曾经尘封多年而鲜有人知。

“浙学”一词，因你而生

“江西之学只是禅，浙学却专是功利。”长期于福建治学的南宋大儒朱熹一句针锋相对的辩词，从侧面反映了当时全国学术界，呈现出分别以福建、江西和浙江三地学者为主的道学、心学和事功学三大思想流派鼎足而立、竞相争鸣的盛况。

这句话，也让朱熹无意中成了历史上第一个使用“浙学”名词的学者。我们认真品读《朱子语类》可以发现，在这本朱熹与其弟子问答语录汇编中，朱熹使用“浙学”一词时，指的就是永嘉学派首倡的事功学说。中国人民大学国学院教授吴光更是明确指出，狭义的“浙学”是指发端于北宋，形成于南宋永嘉、永康地区的浙东事功之学。而温州，是永嘉学派的主阵地；温州贤哲，是创新传承事功学说的主力军。

作为中国山水诗发祥地，东晋诗人谢灵运笔下的温州，尚是“扬帆采石华，挂席拾海月”的滩涂之地。据清雍正《浙江通志》统计，唐朝至五代共340多年，温州进士却仅有两名。由于地处蛮荒、交通闭塞，除了得到六祖印证的“一宿觉”永嘉大师，古时候的温州鲜有重量级的文化名人。

北宋开始，温州进士数直线上升，达到80名。随后的南宋152年间，则出现了井喷态势，达到1107名，地区人均进士数全国第一，创造了科举史上的温州神话。曹村镇因出了82名进士，而被誉为“中华进士第一村”。其中，有曹逢时一家四世甲科蝉联，有八对父子连科，有八人同年登科，可谓佳话连连、盛况空前。因此，浙江曾有句俗语，叫作“做生意靠宁波人，打官司靠绍兴人，读书靠温州人”。崇文重教、群英荟萃的温州，成为宋朝全国思想文化最活跃的地区之一。

“会做生意”的当代温州人，最初擅长的居然是“读书”，这着实有点令人出乎意料。从穷乡僻壤到理学名邦，温州是怎样完成从穷口袋到富脑袋的完美“逆袭”呢？

《宋元学案》里说：“永嘉师道之立，始于儒志先生王氏，继之者为塘岙先生林氏……而先生（丁昌期）参之。”北宋开始，“皇祐三先生”率先在温州传播中原文化种子，其中王开祖创办东山书院首倡“道学”，清代著名史学家全祖望称他“见道最早”；林石潜心钻研《春秋》大义，以“明经笃行著称于世”，并在家乡塘下创办塘岙书塾授徒讲学，其理论在“明体”的基础上已开始倾向于“达用”；“好儒术而重实行”的丁昌期（旧省志、府志及瑞安县志说他是瑞安人，旧永嘉县志说他是永嘉人）则参与其间。三人开永嘉学术之先河，成为宋代浙学的主要源头之一。

民国《瑞安县志稿》根据创于宋朝端平年间的《梅源王氏家谱》记载，王开祖“先世王益……由闽赤岸迁瑞芳山乡，初居徐垟，益子曙转徙陶溪，曙次孙开祖析居永嘉”。作为永嘉学术第一人，王开祖“倡鸣理学于濂洛未作之先”，即在他设帐布道之时，宋代理学鼻祖周敦颐及程颢、程颐兄弟等大儒都尚未以理学称名于世。因此，王开祖不仅是永嘉理学开山祖，而且在整个宋明理学史上都属于拓荒者之一。可惜其英年早逝，归葬湖岭潮基，唯《儒志编》一书遗世。

继“皇祐三先生”初辟学统，北宋元丰前后，又有九位踌躇满志的温州学子，远赴中原汴京国立最高学府——太学学习，他们承继伊洛程学，兼传张载关学，吸收荆公新学，问道归来又相继开馆授课，在温州地区培养了大批学术后进，为南宋永嘉之学的兴盛奠定了人才基础。这批学子就是宋代浙学草创时期的“元丰九先生”。

他们最先将当时最前沿的思想理论——洛学和关学引入浙江，使其在温州落地并直接催生了代表浙江而成为南宋全国三大思想流派之一的永嘉学派。有鉴于此，从“元丰九先生”开始，以永嘉地域闻名的文化人群体，开始被世人所熟知。

因此，“皇祐三先生”和“元丰九先生”两大学术团体，在有“文化地图”之称的《中国地域文化通览·浙江卷》中，被称为浙学在北宋萌芽的主要代表人物。

浙学之盛，实始于此

“元丰九先生”中又有四位来自瑞安，包括学界公认对永嘉之学贡献最大的周行己和许景衡两人。据《宋元学案》等资料记载，周行己“风仪秀整，语音如钟”。周行己自述“七岁授句读，十五学属文”，十七岁就考入太学，并“以文行著……名动京师”。

周行己出道甚早，但仕途坎坷。然而，他在另一条人生赛道——学术领域上却跑出了别样精彩。周行己自筑浮沚书院，最早将伊川之学传播至温州。在“元丰九先生”中，周行己在乡里讲学时间最长，对洛学、关学入浙作用也最大，后人写诗称赞他为“伊洛渊源百世师”。值得一提的是，作为“北宋时期货币思想的集大成人物”，周行己提出的“铁钱必等”“往来之积”等货币管理法，是世界上最早的存款准备金制度理论。

许景衡官至尚书右丞，谥忠简，宋高宗称赞他“执政忠直，遇事敢言”，是温州历史上第一个被正史立传的重要人物。《宋元学案》说：“伊川讲学，浙东之士从之者自先生（许景衡）始。”许景衡的学术活动，在洛学和永嘉学派之间起到了非常重要的连接作用。孙诒让评价说，“永嘉学者后先辈出，多于忠简为后进，或奉手受业其门。靖康、建炎之际，永嘉之学几坠而复振，于忠简诚有赖哉。”

因此，全祖望在《宋元学案》中专辟《周许诸儒学案叙录》一节，阐述周行己、许景衡等人的学术源流与草创之功，并特别指出“浙学之盛，实始于此”。也就是说，浙学的兴起盛行，开始于“元丰九先生”，尤其是周、许两人。作为关中张载之学、伊洛二程之学在温州最主要的传承者，叶适称“永嘉之学，必兢省以御物欲者，周作于前而郑承于后也”。全祖望也因此把周行己称为“永嘉学派开山祖”。

经“皇祐三先生”和“元丰九先生”开荒拓路，南宋时期的温州学风蔚起、人才辈出，为浙学智慧之花的绽放培育了丰厚的土壤。特别是来自永嘉城区（现鹿城区）的薛季宣，提倡“无为空言，无戾于行”，创立“制度新学”而“附之世用”，从而使永嘉学术脱胎伊洛程学始为一派。

至此，永嘉之学开始显山露水。

师从薛季宣的瑞安湗村陈傅良（君举），年未三十、名震天下，讲学于温州城南茶院之时，学子“皆相号召，雷动从之”；去临安补试才到驿馆，“未脱草屦……迓而求见者如云”。被当成“全民偶像”追捧的陈傅良，创办仙岩书院，进一步阐扬永嘉之学。在湖南做官期间，他讲学岳麓书院，传授事功学说，使湖南学风为之一振，连湖湘学派后期领袖胡季随也转投陈傅良门下，朱熹惊呼“君举到湘中一收，收尽南轩门人”。

作为承前启后的学术巨擘，陈傅良上承薛季宣，通过讲学传播，使永嘉学派得到了全国主流学界承认并产生了重要影响。同时，陈傅良下启同乡叶适，最终促成了永嘉学派理论体系的构建，使永嘉学派上升为一大哲学思想流派。

自述“陪公（陈傅良）游四十年，教余勤矣”的叶适，在殿试中因一句“以庸君行善政，天下未乱也；以圣君行弊政，天下不可治矣”，而触怒龙颜屈降“榜眼”的天才，吸收归纳前贤智慧，从道统的高度确立了注重经世、提倡事功的哲学基石，提出“崇义养利”“成利致义”的核心观点，最终完成了永嘉学派的主要宗旨、思维方法和学术体系之架构，成为宋代浙学的集大成者。

可以说，一个学术流派的诞生，凝聚着众多先贤的集体智慧。永嘉学派源远流长、功臣颇多，除“皇祐三先生”和“元丰九先生”之外，郑伯熊、徐谊、钱文子、蔡幼学、曹叔远等永嘉学者，都围绕通经致用进行过思想阐扬和论述。概而括之，永嘉学派主要是由周行己开山，薛季宣创立，陈傅良中继，至叶适集大成。

“浙”里最实，经邦济世

“靖康耻，犹未雪。臣子恨，何时灭。”生长在与抗金名将岳飞同时代的永嘉学派主将们，切身感受到的是国土沦丧、山河飘摇的悲愤与痛心。眼看南宋诸儒“空谈误国”，心忧何时才能“还我河山”。

正是在这样的社会大背景下，永嘉学派最早提倡的事功学说，成为南宋版的“实干兴邦”论，对倡导“居敬穷理”“默坐澄心”的朱、陆之学造成了直接冲击，并在当时的学术界产生了广泛共鸣。力主抗金的叶适发出了“善为国者，务实而不务虚”的呐喊。以陈亮为代表的永康学派，更是激进地提出“王霸并用，义利双行”。甚至，以心学为宗的四明学派也追求通经致用，偏重心学的金华学派同样特别重视“明理躬行”。

“浙中近年怪论百出，骇人听闻，坏人心术”，自诩儒家正宗嫡传、主张“存天理，灭人欲”的朱熹，见此情形颇为着急。他在当时学术的江湖上，犹如独孤求败四处出击，怼心学、斥永康、贬永嘉，亲自策划主演了历史上数场著名而精彩的“华山论剑”：先与陆九渊兄弟有鹅湖之会，继之同吕祖谦、张栻有包山之约，随后和陈亮则有义利王霸之辩……

南宋绍熙元年（1190），眼见快速崛起、渐成气候的永嘉学派，年届花甲、思想已臻精微的朱熹致信陈傅良，直言“寻一畅辩，归于一是”。次年，朱熹感叹“相望千里，死亡无日”，又向叶适提出“欲得会面，相与剧谈，庶几彼此尽情吐露，寻一个是处……不亦快哉”。

面对执意决一雌雄的朱熹，作为晚辈的陈傅良回信说：“念长者前有长乐之争，后有临川之辩……更相切磋，未见其益……矜持已甚，反涉吝骄。”辈分更小的叶适此时刚过不惑，正值事业黄金期、公务繁忙，加上尚未形成严密的思想体系，也没有“接招”。

十八年后，59岁的叶适罢官归里，终于可以腾出时间，开始潜心学术。他“根柢六经，折衷诸子”，穷十六载之精力，集宋代浙学之大成，完成了《习学记言序目》巨著，确立了事功学说的宗旨、方法和路径。然而此时，朱熹已经去世二十三年了。随后，朱熹的《四书集注》被确定为唯一的科举教科书，他集大成的程朱道学也被确立为官方哲学而一统江湖。

“我本将心向明月，奈何明月照沟渠。”事功学说甫一成型就面临学术垄断，《习学记言序目》初印即成绝版。而且，伴随着附和朱学的“政治正确”，门户之见甚深的朱熹对永嘉之学的片面理解和贬损打压之言，不断固化为传统偏见，并导致学界形成历史性误会，让永嘉之学蒙冤六百多年而难见“庐山真面目”。

事功学说等于功利主义吗？朱熹以想当然式的傲慢与偏见，贬斥“永嘉学问，专去利害上计较”，犹如一些人把他的“存天理，灭人欲”曲解为西方“禁欲主义”一样，徒落世人以断章取义之诟病。

清朝初年，初宗陆王、继信程朱、后乃大悟提倡实学的颜元，愤而写下《朱子语类评》，于言语犀利中对朱熹嬉笑怒骂，深为永嘉之学鸣不平。如朱子说：“正则（叶适）之说最误人，世间呆人都被他瞒。”颜元评论说：“仆谓人再呆不过你，被你瞒者更呆。元亦呆了三十年，方从你瓶中出得半头，略见帝皇王霸世界、尧舜周孔派头。一回想在呆局中，几度摧胸堕泪。”

吹尽狂沙始见金。还是黄宗羲、全祖望在编著《宋元学案》时，还了永嘉学派一个历史公道，全祖望在《水心学案》按语中写道：“永嘉功利之说，至水心始一洗之。”纪晓岚在《四库全书总目提要》里也说：“事功主于经世，功利主于自私，二者似一而实二，未可尽斥永嘉为霸术。”

永嘉学派之所以能够在百家争鸣、学派林立的南宋脱颖而出，成为全国三大思想流派之一，是有缘由的。何为“事功”呢？“事”体现的是“事皆寓理、事上磨炼”的中心命题，“功”体现的是“为民立功、为国立功”的伟大理想。为此，以实学实体实用为特征的永嘉学派，在学术界也有永嘉实学之别称，是明清实学的主要渊源之一。她秉入世之精神，求经世之功利，行济世之大义，进一步拓展了“外王之学”的内涵与外延，可以说是儒家中的儒家。

因此，正如复旦大学特聘教授何俊所言：“真正在思想上、方法上与宋代理学、心学构成鼎足之势的哲学流派只有永嘉学派。”

一脉相承，千年绽放

陈傅良说：“所贵于儒者，谓其能通事务，以其所学，见之事功。”儒者，尽人之所需也。作为儒家思想别具一格的重要分支，永嘉学派凭着志存天下、积极用世的进取精神，光大孔孟外王之学，独领有宋一代风骚，为瓯越大地埋下了珍若拱璧的事功思想种子。在尘封六百余年后，事功学说这朵思想文化奇葩，在满目疮痍的清末再次顽强破土而出，迎来了久违的绽放时刻。

“红毛昨日屠厦门，传闻杀戮搜鸡豚。恶风十日火不灭……天阴鬼哭遗空村。”亲历鸦片战争之痛、目睹晚清积弱之弊的孙衣言，认为“今日之务，以学术为急”。于是，他和胞弟孙锵鸣带领子侄门生，以永嘉经制之学为己任，以数十年治学之功，先后刊刻《永嘉丛书》15种253卷，并创办诒善祠塾，培养桑梓人才。宋恕说：“天荒首破、曙光乃来”，“温人始复知有永嘉之学”。由此开端，以瑞安孙氏、黄氏、项氏等名门望族和“浙东三杰”（陈虬、宋恕、陈黻宸）为代表的一大批地方有识之士，勠力重振永嘉学派，践行经世致用理念。

他们倡议维新强国，力求通过改良变法寻求富强之道，近代中国十多名早期维新思想家温州独占其二。被李鸿章誉为“海内奇才”的宋恕，其《六斋津谈》是清末全面系统论述各项变法主张的重要著作；作为中国近代早期维新派主要代言人之一的陈虬，所著《治平通议》被梁启超收进了近代目录学代表作《西学书目表》。有“瑞安三黄”之称的黄体芳、黄绍箕、黄绍第，积极参与戊戌变法，协助康有为组建上海强学会，并提出具体变法主张以期中国自强。

他们推进教育兴国，提出并践行“富强之原，在于兴学”，当时的瑞安出现了一大批国内领先的学校，开创了教育界的十余项全国第一：包括全国最早的新式中医学校利济学堂，全国最早的数学专门学校瑞安学计馆，全国最早的化学专门学校瑞平化学学堂，全国最早的公共图书馆心兰书社，全国最早的教育史专著《中国教育史》，全国最早的高校科技学报《利济学堂报》……乃至北大和复旦的前身，都有瑞安人参与创办的身影。

他们还力行实业救国，创立瑞安务农支会改进农桑技术，组设富强矿务公司开采永嘉铅矿，建立大新轮船股份公司开辟海上交通，创办永瑞汽轮公司开辟水运交通，以及创办电力厂和淀粉厂，等等。通过创办实业，他们参与掀起了近代中国早期现代化高潮，涌现了一大批张謇式的儒商。

诚如叶适所言,“识贯事中枢纽,笔开象外精神”,他们创造了近代史上百余项全国各行业细分领域的单项冠军,使瑞安成为晚清浙江乃至全国的维新重镇。这段知识界加盟实业圈的光辉历史,学界将其称为晚清瑞安新学,并视为继南宋永嘉学派之后温州文化史上的第二次高峰。

永嘉学派事功学说,经过南宋的创立和晚清的复兴,其重商、实干、创新的鲜明特点,逐渐成为融入温州人骨髓的集体潜意识,并内化为一种生生不息的城市精神。作为全国民营经济先发区,20世纪80年代的温州家家点火、户户冒烟,前店后厂,蔚为壮观,塘下家庭工业是考察温州模式的必看内容。1986年4月,万里副总理还为此在瑞安召开著名的“七级书记会”,共议商品经济发展大计,一时传为美谈。

从全国第一家弹棉机器厂、第一家乳品厂,到全国第一批个私企业、第一批专业市场,再到全国第一座农民城、第一个“三位一体”农村合作协会,等等,温州一直扮演着敢吃螃蟹的探路者角色,成为浙江改革开放的排头兵、中国市场经济的主要发祥地。可以说,“温州模式”是事功学说的生动实践,事功学说因此被称为“温州模式”的文化基因。

如果说,南宋的永嘉学派还仅是文人士子单一维度的事功学说的理论创新,晚清的瑞安新学已是精英群体事功理论和经世实践知行合一的融合之作,当代的“温州模式”则是事功思想融入百姓潜意识后的广泛的群体自觉行为——一脉相承,文以化人;千年绽放,日新其德。这是劳动人民创造文化、文化反哺社会发展的生动缩影。

吾浙之学,犹有永嘉,真脉乃在瑞安

看见一条脉,读懂一座城。从南宋经世致用的永嘉学派,到晚清维新图强的瑞安新学,再到当代敢为人先的“温州模式”,一脉贯注的事功学说,穿越千年而绵延至今,成为瑞安乃至温州当之无愧的文化主脉。商行天下谋功利,善行天下担道义,“义利并举”已然内化为温州人的城市精神之核,成为温州人的安身立命之基。

当我们站在新时代的战略高度,将永嘉学派放在中国哲学史,乃至整个中华文化的范畴,再去勘她的思想内涵、重估她的历史地位时,我们会恍然发现:温州先贤大力倡导的事功学说,作为宋代浙学的主要源头和高峰,既是宋明理学的四大流派之一,也是明清实学的主要渊源,更是乾嘉朴学的重要组成部分。永嘉学派不但直承伊洛之学开启浙学学术景观,而且其所蕴含的笃行大义、崇实黜虚、宽民之力、工商皆本、与时通变等精髓要义,成为以民本、求实、批判、兼容、创新为核心的浙学精神的主要源头。因此，吴光在《“浙学”的时代价值》一文中，称叶适为最能代表“浙学”基本精神的五大思想家之一。

坐言起行的永嘉学派，可谓“上得厅堂，下得厨房”，是具备她作为哲学思想流派所应有的普世意义的。儒家历来主张创造出“立德、立功、立言”三不朽的价值，来实现“内圣外王”的完美人格理想。但是立德也好、立言也罢，最终都要通过立功显现其经世之价值。从“三不朽”的角度来讲，事功学说就是关于“何为立功、为谁立功、怎样立功”的一门终极学问。

在事功学说这门学问构建的整个过程中，温州人以舍我其谁、唯道是求的使命担当，顶起了浙江学术界的思想脊梁，成为有宋一代浙学的开拓者和主力军。可以说，“浙学”一词从无到有，以及具象意义上的“浙学”从萌芽到诞生、从成型到鼎盛，乃至“浙学”精神延续至今的传承过程，都与温州、特别是瑞安息息相关。

因此，清代著名学者钱泰吉在《逊学斋文钞·序》中说：“吾浙之学，犹有永嘉，真脉乃在瑞安。”

邵定美

玄机：参禅修行大日山

玄机（662—713）

“再不听话，就把你扔到大日山去。”

这句瑞安话想必很多人都耳熟能详。

不过你恐怕不知道，永嘉大师玄觉的姐姐玄机尼师就常在大日山的石窟中打坐参禅。

玄机尼师为什么要去大日山修禅？大日山到底在哪里？他们和瑞安有着怎么样的关系呢？

地方志书载玄机为瑞安人

玄机尼师（662—713），又名元机、圆机，是玄觉的姐姐，也是他的师妹。《五灯会元》卷二《温州净居尼玄机》称：“世传玄机乃永嘉大师女弟。”明弘治《温州府志》中亦载：“玄机，宿觉师女弟。”之所以这样说，是因为玄机尼师出家迟于玄觉禅师，故称师妹。

据《祖堂集》载：“从此所有歌行、偈颂，皆是其姐集也。”换句话来说，玄觉的《证道歌》是由玄机尼师参与整理的。除此之外，玄机尼师还将《证道歌》作分段注解，落款自称“永嘉师妹净居”。她所注的1119年高丽国刻印本《证道歌》，现存北京图书馆（今国家图书馆）。

对于玄机尼师的籍贯，倒不像玄觉禅师那样说法不一。明嘉靖、清乾隆、清嘉庆版的《瑞安县志》及明弘治《温州府志》在仙释条中均写道：“玄机，瑞安人，戴氏女。”这从侧面验证了玄觉也是瑞安人。

玄机还是唐代著名的净居寺的祖师。明弘治《温州府志》载：“净居尼院，在城内雁池坊，北齐永明（注：疑为南朝齐永明）六年建。”北宋周行己撰《净居寺盖造文记》：“永嘉名郡，圆机故庐。开山五百年来，受业一千余众。庄严冠于二浙，梵修闻于四方。爰有名代之宗师，实为此邦之福地。”由此可见，净居寺是温州较早较大的尼众修持道场，玄机被尊为祖师。

玄机著有《圆明歌》一首，与玄觉在禅观、禅理上颇相近似。有学者认为，玄机通过自己对禅修佛法的领悟，深入契合了《证道歌》的思想，写下《圆明歌》，与《证道歌》相表里。如玄觉在《证道歌》中所说："直截根源佛所印，摘叶寻枝我不能。"玄机在《圆明歌》开首就提出："寻枝摘叶终非极，应须向底帮根觅。"玄觉说："无相无空无不空，即是如来真实相。"玄机则说："不如触处皆无相，将心原地寻虚空。"

"一丝不挂"原来另有禅意

大家都知道"一丝不挂"现在的意思，但这个成语原是禅语，形容一种自由自在、不受尘俗得失牵扯的修行境界，释义一丝一毫也不要挂（放）在心上。"一丝不挂"还有一个同义语，就是"寸丝不挂"，它有个典故，就来自玄机尼师。

禅宗典籍《五灯会元》卷二记载：玄机尼师常在大日山的石窟中打坐参禅，有一天，她忽然想："法性湛然深妙，原本没有来去之相，我这样厌恶喧哗而趋于定寂，算不得是通达法性的人。"她觉得自己独自到深山寻找清净，也没有通达法性，于是决定出山不再独修，到平阳埭头雪峰寺寻找门徒无数的雪峰禅师，参禅对机。

雪峰初见玄机过来，就问道："从什么地方来？"

玄机回答："大日山。"

雪峰一语双关地问道："那太阳出来了没有？"意思是问玄机独自修习禅定，看到光明没有。

玄机不甘示弱道："假如太阳出来，就把雪峰给融化了。"

雪峰见其出语不凡，便问："你叫什么名字？"

"玄机。"

雪峰又一语双关地打趣道："那你这架玄机（织布机），一天能织多少？"

"寸丝不挂！"意思是告诉对方自己逍遥自在，毫无牵挂。

随后玄机礼拜而退，才走了三五步，雪峰突然道："你的袈裟拖在地下！"

玄机听后，赶快回头看一下袈裟的衣角。雪峰哈哈笑道："好一个寸丝不挂！"

其实，玄机的袈裟并没有拖在地上，只是雪峰禅师故意逗她，她说自己寸丝不挂，什么也不放在心上，可现在听到袈裟角拖在地上，生怕弄脏，就回头了，不正是内心依然有所牵挂吗？

玄机茅塞顿开，对于禅妙和人生，有了新的认知。

后来，玄机在平阳埭头雪峰寺山下搭棚建院，名"佛日禅院"。据民国《平阳县志》记载，"大日寺，在埭头。唐景云二年（711），尼玄机建，名佛日禅院。咸通年间（860—874）改名大日禅院”，是平阳最早的佛教寺院之一。

大日山是否在瑞安？

据《祖堂集》云，永嘉大师孝顺母亲，与姐三人共住温州开元寺，互参佛法，习天台教观。后玄机大师到大日山岩窟坐禅。

那么大日山在哪里呢？

瑞安高楼东北部有座石佛山，又名“圆宝山”，海拔仅300多米。该山南麓一大片崖壁上有几组摩崖石刻佛像及相关文字，在东侧腹地山腰岩庵遗基周围能看到摩崖石刻佛像及“曹溪”等文字。

在“曹溪”石刻的上方，有一个仅能容下一人团坐的小石窟，用块石堆积而成，突出在崖边，内壁刻有观世音菩萨坐像；石刻下的平地上，还有一方残余的石砌地基。民间传说这石窟和岩庵便是唐代玄机尼师修行的地方。

那么，石佛山是否就是大日山？

石佛山的石刻

明弘治《温州府志》瑞安山川门记载：“大日山在广化乡，离城一百里。广化乡辖四十五都、四十六都、四十七都。四十七都辖黄岙、古（戈）溪、大日、冯步。”后边这个大日，指的就是现在的瑞安马屿镇顺泰社区，至今当地仍俗称“大日”，有大日汤岙村、大日河等。

大日山脉地跨马屿、高楼，包括戈溪山、五云山、软山、石佛山、雷公头等山，是这几座支山的总称，范围相当大。除了瑞安有大日山，温州市内其他县市，包括乐清、文成、苍南的地方志，都没有提到大日山这个名称。

另外，石佛山很可能曾是永嘉大师的修行栖身地之一，“曹溪”等刻字极有可能是永嘉大师或是后代弟子所留下。所以玄机尼师在瑞安这里坐禅之后，玄觉必抽空去看她，与她共参佛法。由此可基本推断，石佛山就是玄机尼师的修行处，也就是所称的大日山石窟所在之地。

瑞安市有学者研究称，应该是先有玄机坐禅于（大日）山，后才有了“大日山”之名。

“大日如来”是佛的十大名号之一，佛教经典中有“大日经”“大日供”“大日金轮觉胜印明”“大日所现之菩萨”“金刚界大日”等。所以当时面对雪峰禅师发问，玄机才脱口而出“大日山”。而随着这件事逐渐传播于世，玄机常习定的山也就成了“大日山”，并且名传各地，地方志也如此记载。

玄机倒立圆寂，推之不倒

古代出家人圆寂，有的睡着，有的坐着，有的立着，但你听过倒过来辞世的吗？

玄机尼师曾问玄觉禅师：“自古以来，大修行人临终往生，除了天乐盈空、异香满室、坐化、立化、吉祥卧化等，还有哪些瑞相？”玄觉禅师答道：“未曾闻过。”玄机尼师说：“那我以后往生时，与过去大修行的大德们，一定会有不同之处出现。”

唐先天二年（713）五月初八，玄机尼师在温州净居寺倒立而化。众人推之不倒，奇哉！

玄觉一看，为她作“半句偈”：生也颠倒，死也颠倒。大意是说：世间的人都是颠倒看问题，颠倒做人，颠倒认识世界，把世间丑的说成美的，臭的说成香的，假的说成真的，空的说成有的。正因这样，她现在通过倒立的瑞相来告诉众生：人的一生都是在颠倒中不断流转的，世尊就是为这个问题才出现于世，开示众生，悟入佛的知见。

神奇的是，玄觉刚说完，玄机尼师的身体便应声躺了下来。

据传，玄机出殡后，一夜狂风雷电大发，棺柩忽然不见了。经二日，有人从大日山过来说，那天夜间空中有箫鼓声，第二天早上发现玄机尼师的棺柩在大日山岩窟里。于是，大家就把这地方叫作“机岩”。

火化后，弟子们迎舍利于寺。宋嘉祐二年（1057），平阳佛日禅院传法弟子建塔，以《圆明歌》中的“圆明”二字将其命名为“圆明塔”，迎玄机尼师的舍利入塔，以作供养纪念。可惜的是，经过历史的沧桑，“圆明塔”如今已经损坏。

永嘉大师玄觉
（665—713）

玄觉：禅诗斐美闻天下

“山不在高，有仙则名。”

在温州市区的松台山山巅，屹立着一座始建于唐代的七级宝塔——净光塔，它是为了纪念唐代高僧玄觉（后人尊称为永嘉大师）而建的。国学大师南怀瑾先生曾为此题写“宿觉名山”，并说：“温州的文化在唐以前，没有出什么很大的人物，只有一位，那就是佛家的永嘉玄觉禅师。”

永嘉大师身世“扑朔”

永嘉大师，法号玄觉，字明道，俗家姓戴。他出生的年代，正是玄奘大师、鉴真大师活跃的盛唐时期。

据《宋高僧传》记载，永嘉大师圆寂于唐玄宗先天二年（713），“春秋四十九”，即生于唐麟德二年（665）。但最早为其立传的南唐《祖堂集》记载，“师先天二年十月十七日迁化，春秋三十九”，即出生于唐上元二年（675）。

对于玄觉的籍贯，成书于天顺五年（1461）的《大明一统志》记载其为“瑞安人，居帆游山（乡）”，这是详细记录到乡一级的史料；《禅宗永嘉集》《景德传灯录》《宋高僧传》和《两浙名贤录》都说他是“永嘉人”；《祖堂集》说他是“温州永嘉县人”。“永嘉”为温州郡名，汉称东瓯，晋改永嘉，所辖包括瑞安在内，因此称玄觉为“永嘉人”是肯定没错的。

玄觉的祖先戴侃公系汉末建安时人，后世在南朝梁天监年间，从绍兴剡溪迁入温州九曲巷，后又分迁帆游和金华兰溪等地。查阅温州各地戴氏宗谱，只有帆游霞川（又称下川）《戴氏宗祠族谱》收录了玄觉大师姐弟画像及生平文章。帆游乡古属安固(瑞安古名）县，于2001年划归瓯海区。

我们再看玄觉的姐姐玄机尼师的籍贯，史料记载是非常明确的，明嘉靖、清乾隆、清嘉庆版《瑞安县志》及明弘治《温州府志》在仙释条中均写道："玄机，瑞安人，戴氏女。"基于此，我们可以确认，玄觉、玄机属于瑞安人，居住在帆游山（乡）。

一家人皆与佛门结缘

很小的时候，青灯古寺就决定了玄觉的向佛之路。

四岁时，他随哥哥住进西山（宋朝以前松台山称为西山）龙兴寺，法名玄觉，日夜精勤。每天坚持阅读佛经和祖师们的著作，也会认真打坐，观照实践性的禅定功夫。渐渐地，他对佛法教理有了自己的理解和认知。

玄觉还曾于温州开元寺修行。开元寺位于习礼坊（今鹿城区公园路），之前叫崇安寺，是温州有史料记载最早的寺院。据《祖堂集》记载，玄觉在开元寺修行期间，出家不忘孝奉母亲和姐姐，将母亲和姐姐安顿在寺院内。当时，永嘉大师因赡养母亲常招人非议。"有一日，亲母下世，着麻，未抛姊，又更被人谤"，但他却非常坦然。

《宋高僧传》记载："兄，宣法师者，亦名僧也。并犹子二人，并预缁伍。"玄觉的哥哥是著名高僧，他哥哥的两个儿子也都出家为僧。另外，玄觉的姐姐是唐时著名净居寺祖师——玄机，由于出家迟于玄觉，故称师妹。明弘治《温州府志·仙释》载："玄机，瑞安人，戴氏女，宿觉师女弟。"可见这一家都是佛门弟子。

无论是龙兴寺还是开元寺，当时都位于温州的城中心。面对花花世界，能修行好吗？所以，天台宗八祖玄朗大师写信给玄觉说："你现在在城市里面居住很不合适，一个修道之人应该到深山里去，与白云为伴，以青山为侣，这样修道更容易进步。"

玄觉回信说："如果住山修行，应该是见道而不见山，不应该是见山而不见道。如果见山而不见道，那跟城市的喧闹有什么区别呢？如果我在城市里修行，见道而不见城市，那跟住在深山又有什么区别呢？"

如此一来，玄朗大师就没再劝他到深山里修行了。

《将进酒》的灵感来源

玄觉平生留下了两部著作——《永嘉禅宗集》和《证道歌》，是中国大乘禅法的重要典籍。

尤其是《证道歌》，是中国历史上第一次用诗体写理论的作品。

据《大藏经》记载，《证道歌》以一个悟道者自述的方式，讲述了学佛者求索智慧的心路历程。全诗共有267句，1813字，比中国历史上著名的长诗《孔雀东南飞》字数还多，被称为最长的唐诗。

《证道歌》在两宋时期有多火？北宋时期朝鲜曹溪宗的祖师知讷对《证道歌》的盛行景象是这样描绘的："余尝览吾家，渔猎文字语言极多，而腾耀古今、脍炙人口者亦少。至于永嘉著歌以证道，悭于二千言，往往乳儿灶妇亦能钻仰此道，争诵遗章断稿，况在士夫衲子蚁慕云骈，不待云后谕。"能够让"乳儿灶妇"争相诵读，可见《证道歌》的传播甚广。

《证道歌》还捧红了不少古代名人，以及他们的作品。

《央视国宝档案：最长唐诗——证道歌》里提到《证道歌》的第一句："君不见，绝学无为闲道人，不除妄想不求真。"而唐代大诗人李白的《将进酒》的第一句："君不见，黄河之水天上来，奔流到海不复回。"或是借鉴了《证道歌》的格律。

"唐宋八大家"之一的苏轼非常尊敬玄觉大师，曾书永嘉禅师《证道歌》。现存唯一的《证道歌》石刻——刻于宋绍圣三年（1096），立在广州净慧寺（今名六榕寺），更证实了两宋时期《证道歌》广泛流传于寺院、民间。

此外，南宋著名理学家朱熹多次引用《证道歌》的警句，在中国哲学史上留下光辉的篇章。永嘉学派集大成者叶适则在《宿觉庵记》中称："玄觉师歌诗数十章，虽不与中国之道合，余爱其拔钞疏之烦，自立证解，深而易达，浅不可测，明悟勇决，不累于生死，盖人杰也。既殁六百年，学者载之不衰……"叶适不仅对玄觉"自立证解"的禅学思想及其证悟的境界发出赞叹，还以"人杰"称赞之。

《证道歌》还漂洋过海，成为传世深远的佛学经典。一代高僧、明代大书法家憨山大师抄写的《证道歌》，如今被保存在美国；元代著名书法家赵孟頫的书体能够在韩国流行，也是因为《证道歌》起到了重要作用——它是众多赵孟頫书帖中版本最多、流传最广的。

如今，全世界流传的《证道歌》已超过一百个版本。南怀瑾赞叹："《证道歌》把整个佛法，三藏十二部，变得文学化，使人容易朗朗上口。文字之美与《金刚经》《般若经》等一切经典相媲美。所以我说，禅宗把真正的佛法心要变成中国文化的佛法。永嘉大师乃是我一生最钦敬之大禅师也。"

或曾于瑞安石佛山留字

《证道歌》中有这样一句："自从认得曹溪路，了知生死不相关。""曹溪"是溪名，位于广东韶关宝林寺前，因六祖慧能大师而闻名。而在瑞安高楼镇东村村，有座石佛山，其中曹溪摩崖由"曹溪"二字和六祖慧能坐像、岩窟及题款人名组成。"曹溪"二字楷书体，线条刻画精细、简练。瑞安市有研究者据此推测，玄觉大师常来探望他的姐姐玄机尼师，便在这里的石佛山结庐静修，后人为了纪念，在石壁上雕刻佛像和楷书"曹溪"二字。虽说"曹溪"位于广东韶关宝林寺前，但广东曹溪及全国各佛教圣地均没有"曹溪"石刻，唯石佛山刻了"曹溪"两个大字，且刻有六祖慧能等禅师像，可见石佛山与慧能大师及其弟子有着不可分割的关联。

苏轼手写《证道歌》拓片

慧能大师是否来过石佛山尚不得而知，但玄觉来过这里并在此修行弘法是极有可能的。

如此推断是因为早在南朝宋永初年间（420—422），佛教便已流行于瑞安。作为当时温州禅学的领军人物，玄觉来此弘法的可能性很大；石佛山南麓石壁上刻的六祖慧能坐像旁，有一篇题为"佛祖流派"的短文："世尊拈花宗旨始自迦叶，传二十八祖达摩禅师，传至六祖大鉴禅师又南岳让禅师，遂传我师高峰妙禅师乃至大坚，五十七代（世）也"。这与《证道歌》"建法幢，立宗旨，明明佛敕曹溪是，第一迦叶首传灯，二十八代西天记。法东流，入此土，菩提达摩为初祖，六代传衣天下闻，后人得道何穷数""自从认得曹溪路，了知生死不相关"的记载相契合。

永嘉大师的舍利子

松台山下永嘉大师塑像

净光塔地宫发现舍利子

温州有九座山，分别是海坛山、仁王山、黄土山、郭公山、积谷山、华盖山、巽吉山、灵官山、松台山。九座山除了黄土山跟灵官山两座很小的山以外，其他七座正好呈北斗状。堪舆大师郭璞造温州城就是按北斗来造的，温州也被称为“斗城”。而松台山正好在最中间的这个位置，四周八座山都围绕松台山展开。因此，松台山又被称为九山，旁边有九山河。

玄觉在温州的一处修禅地，为龙兴寺旁的龙兴别院。《宋高僧传》说：“睹其寺旁别有圣境”，从此过着“蓬莱仙境，岁月往还；华盖烟云，晨昏交集”的静修生涯。

有学者分析，龙兴别院的位置，就是现在松台广场上永嘉大师铜像的位置。其圆寂之后入葬的地方在松台山之巅，距离龙兴别院只有五百步之遥。从那以后，越来越多的参拜求学者络绎不绝，道路拥挤，盛况空前。而通往松台山的这条街巷就被称为“千年禅街”。后因谐音，逐渐被人们叫成蝉街。

唐玄宗先天二年（713），永嘉大师在龙兴寺别院圆寂。唐僖宗赐他“无相大师”的谥号；清雍正十一年（1733）清廷又敕封他为“洞明妙智禅师”。明弘治《温州府志》记载，唐代著名书法家李邕为他撰写神道碑，碑文言：“无证无修，不离此心而得佛；或默或语，未尝有法以示人。”

唐宪宗元和年间（806—820），温州刺史杜贲喜爱玄觉的《证道歌》，为他造真身塔。唐僖宗乾符元年（874），赐玄觉谥号“无相大师”，塔名净光。唐昭宗光化二年（899），朝廷又赐塔院为净光禅寺。

据《浙江日报》报道，2003年1月，在文物部门的组织下，建筑工人开始对净光塔进行修缮，埋在泥土下千年之久的塔砖，陆续重见天日。随着塔基清理工作的不断深入，一个看似不起眼的灰陶罐，出现在人们眼前。专家经过考证认为，陶罐里装的是永嘉大师的舍利子。在中国历史上，只有地位很高的高僧圆寂后才会享有建塔供奉的待遇。

净光塔地宫的发现，让人们找到了供奉这位高僧舍利子的地方。

如今，永嘉大师的舍利子供奉于温州妙果寺内。当我们凝视舍利子的时候，穿越一千三百多年的时空，永嘉大师变得不再遥远。

人文蔚起多状元

瑞安自古文风鼎盛，盛产“学霸”。自隋大业三年（607）到清宣统二年（1910），1300多年间的科举考试中，瑞安[含今文成县一部分及明景泰三年（1452）前的泰顺县北部]有进士356人、举人30人及贡生等。曹村镇更是典型的“科举专业户”，自南宋高宗绍兴二十七年（1157）至明成祖永乐二年（1404），200多年一共出了82名进士，有“中华进士第一村”之称。

中国古代科考，中状元无疑是读书人的最高梦想。那么瑞安究竟出过哪些状元郎？

徐奭：温州历史上首位状元

温州多士，为东南最。据统计，整个科举时代，温州共产生有据可查的文状元8人，约占全省的八分之一。他们是徐奭（音shì）、徐铎、王十朋、木待问、赵建大、周坦、徐俨夫、周旋。其中，瑞安人徐奭是温州历史上第一位状元，亦是宋代119位状元中唯一被封侯的人（晋宁侯）。

徐奭（985—1030），字武卿，出生于瑞安义翔乡五十九都木棉村（今泰顺溪口村一带）。后来徐家搬到岭下村。如今泰顺的书院村建有专供族内子弟读书的徐家书院。

徐奭的幼年和少年时代在老家度过，后跟随其父游学福建瓯宁（今福建省建瓯市），宋真宗大中祥符五年（1012）壬子科，27岁的徐奭状元及第。

他当年的殿试论题是《铸鼎象物赋》，其中有“为时人所推重，名噪天下”的名句：“足惟下正，讵闻公𫗧之猗倾；铉乃上居，实取王臣之威重。”其意为：鼎足平正，没有听说鼎中之美食倾斜倒掉的；王朝永固，取决于君王大臣的威严重信。

宋真宗是个喜欢以文辞取士的皇帝，也非常重视气质和才识。每次亲自赐进士及第后，必召文才最佳的三四个人，并列在殿堂，然后将状元赐给那名形神磊落的人。但有时他也会被那些文辞有理趣的句子感动，而将状元相送。徐奭就因上述名句而受宋真宗青睐。

徐奭考取状元后，首任兴化知府（今福建莆田一带），后升任直隶侍郎，又以著作郎值集贤院，任开封府发解试考官。在任考官期间，他因评卷不公被贬官洪州（今江西南昌）。宋仁宗即位后，便升任其为两浙转运使，协助淮南、江浙制置发运使赵贺治理河道。由于兴修水利有功，徐奭升迁礼部郎中。天圣八年（1030），刘太后降懿旨封徐奭为翰林学士（正三品），权知开封府，不久其竟暴病死于任上，归葬故里。死后七十多年，宋徽宗赐号冲晦先生。

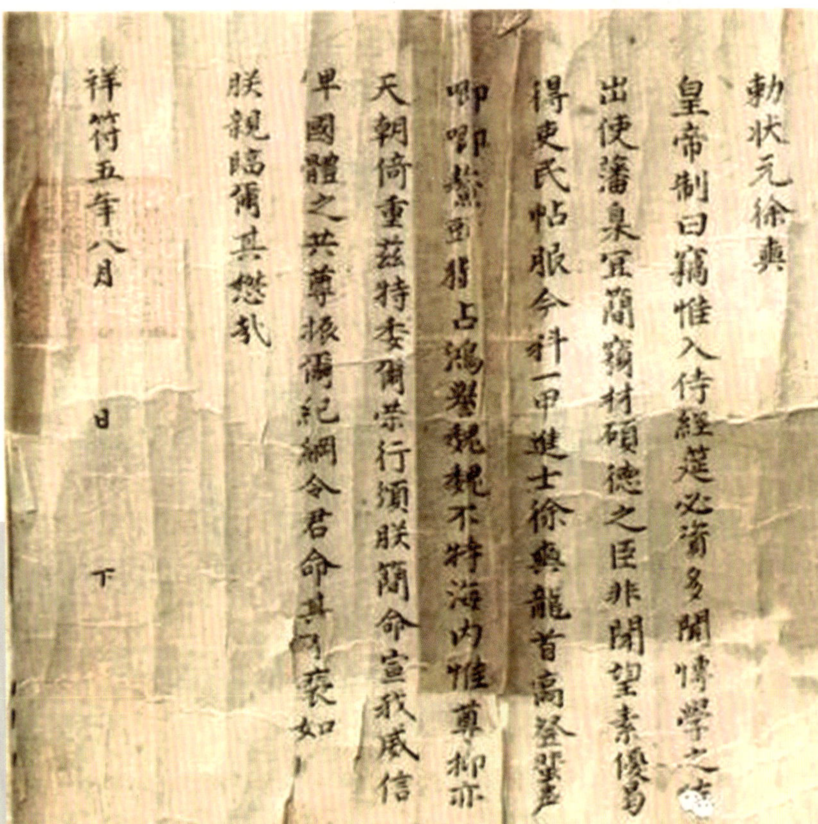
敕狀元徐奭
皇帝制曰竊惟入侍經筵必資多聞博學之士
出使藩臬宜簡寵材碩德之臣非聞望素優曷
得吏民帖服今科一甲進士徐奭龍首高登蜚聲
卿卿紫垣獨占鴻鑾魏魏不特海內惟尊抑亦
天朝倚重茲特委爾崇行須朕簡命宣我威信
卑國體之共尊振爾紀綱令君命其[illegible]袞如
朕親臨爾其懋哉
祥符五年八月 日 下

徐奭中状元后宋真宗所敕的圣旨抄件（林晓/提供）

木待问：王十朋的“臭味”兄弟

南宋绍兴二十七年（1157）至隆兴元年（1163）短短的6年间，温州连出两名状元，实属罕见。一位是大家熟悉的乐清王十朋，另一位是瑞安木待问。

木待问（1140—1202），字蕴之，出生于崇仁里藤岙村（今属马屿镇）。先世自五代后晋时由闽徙瑞，5岁随父母迁居永嘉（今鹿城区）七枫巷。聪明好学的他，颇得著名学者洪迈的赏识（后做了他的女婿），并拜另一著名学者郑伯熊为师。南宋隆兴元年（1163），木待问状元及第。历任国史院编修官、著作郎、知州等。淳熙二年（1175）四月离职回乡守丧，守丧期满赴京仍任著作郎。绍熙四年（1193），他出任宁国知府（今安徽宣城）。此时，正值荒年，木待问用心赈灾救济，深得人心，为当地百姓称颂。

王十朋有《木蕴之即席和文字韵诗酬以二绝（其二）》：“回头遥念旧时群，把酒欣论坐上文。臭味聊将比兄弟，大冯君和小冯君。”以之比拟两人之间的友谊。王十朋又以“少年才气已超群，场屋能擒锦绣文”盛赞木待问。

状元的书法、诗文也多为世人称颂。据记载，木待问于乾道八、九年间（1172—1173）在秘书省任校书郎、著作郎时，秘书省中的牌匾大多出于他的手笔。清孙锵鸣评其《千里思》乐府“婉曲多致”，《效寺》七绝则“尤见工细”。

周坦：状元楼因他省亲而建

周坦（1201—1263），字平甫，号瑞江，世居浙江永嘉郡安固县来暮乡永安地方（今瑞安市江溪坊额底村）。比起瑞安的其他状元，周坦身世凄惨。父母早逝，小时候靠替别人牧牛为生。后来被平阳的舅父收养，舅父教他读书写字。但好景不长，舅父生了儿子，周坦又被送回老家。好在周坦天资聪颖，浙东理学名儒杨简十分赏识他，认为他敏而好学，小小年纪就已头角峥嵘，日后必成大器，晚年收其为关门弟子。南宋理宗嘉熙二年（1238）应试科举，周坦高中状元，后来授宣教郎，升监察御史，以刑部尚书致仕。死后追赠光禄大夫，谥文肃。著有《平甫先生文集》，现已失传。

据说，瑞安为了迎接状元回家省亲特建状元楼，并请烹饪大师陈傅年烹制了一席有瑞安特色的佳肴。状元食罢，高声曰：“真乃美食中之状元也！”并当场吟作：“状元楼中状元游，江水文澜泳九州。酒香飘荡三千里，美味尽在状元楼。”瑞安状元楼由此名声大噪。陈傅年的状元宴从此流传至今。

周坦是朝廷谏官，嫉恶如仇，多次仗义执言，上书揭发过秘书少监王籥、太常少卿杨栋等官员的渎职行为。但上书弹劾宦官董宋臣时，皇帝不仅没有惩治这个“董阎罗”，周坦反被调离。

太学生陈宜中、陈宗等“六君子”上书，要求惩办奸臣丁大全。周坦也联络官员声援。奈何阎贵妃作梗，陈宜中等人被拘管，周坦外调，丁大全却成为宰相。后丁大全因隐匿军情罪被罢相。“六君子”平反昭雪，周坦也官复原职，以殿中侍御史擢升刑部尚书致仕。景定四年（1263），周坦在临安病逝。

王汝嘉：未张榜公布的廷试殿元

王汝嘉，瑞安陶溪人。天禧三年（1019）进士及第（也称中殿元），为宋廷重用，官至吏部侍郎兼工部尚书，死后归葬陶山镇的南口腾斗山。他的后人主要分布在现在的对坑、溪坦、项岙、直坑、南坑等村。每年王氏宗亲都会在清明节前后举办祭祀活动，各村轮流主办，共同纪念先祖、传承祖训。

据相关文献记载，徐奭曾因评卷不公，被贬洪州（今江西南昌）。当年的殿元（北宋时殿试一甲三名均称殿元）中就有王汝嘉，因考官评判不公，真宗皇帝除处分徐奭等13名官员外，还下令此年不公开张榜。所以，王汝嘉的殿试榜及出生年月很少被地方志及史籍记载。据《王氏宗谱》《宋史》等资料，初步认定王汝嘉“约生于宋太宗在位年间，卒于宋仁宗在位年间”。

徐铎：东山太史桥因他得名

瑞安东山徐家徐铎、徐锐兄弟都是“学霸”，徐铎22岁那年与哥哥徐锐一同考中丙辰科进士，徐铎夺取状元，初授签书镇东军判官。

徐铎（1051—1110），字振文。徐铎刚走上仕途，正遇王安石轰轰烈烈推行变法。元丰八年（1085）宋神宗驾崩，年仅10岁的太子赵煦即位，由祖母高太后临朝听政，起用司马光大举废除改革变法措施。

高太后病死后，随着“变法派”章惇被委以重用，徐铎担任了给事中直学士院（掌起草制诰、诏令），成为颇有权势的大臣。徐铎上任不久，中书舍人蹇序辰上疏，奏请把元祐大臣的言行汇编成册，作为“罪证”收藏。哲宗诏准，命徐铎主持编辑。事毕，徐铎进官礼部侍郎。

宋徽宗大观四年（1110），徐铎病故，享年56岁。徐氏后裔为了纪念他，在东山先后建了一座太史桥与五间二进两横轩的徐氏宗祠。

项骧："洋状元"创多个第一

项骧（1880—1944），字渭尘，居瑞安县城草堂巷。他早年就读于族叔项湘藻、项芳兰创办的瑞安方言馆，打下了英语和日语的基础。光绪二十七年（1901），项骧考入上海南洋公学（上海交通大学前身），成为蔡元培的得意门生，后赴美获哥伦比亚大学经济学硕士。宣统元年（1909）回国参加清廷留学生廷试，中进士。次年殿试第一名，被时人誉为"洋状元"。

光绪二十九年（1903）二月，项骧参与创办了震旦学院（复旦大学的前身），这是中国第一所私立大学。项骧任总干事，并起草了《震旦学院章程》。除此之外，他还撰写了中国第一本比较行政法论著，开征了中国第一笔所得税，开创了近代中国的三个第一。

项骧曾任财政部次长兼盐务署署长与全国盐务稽核所总办，居官廉洁，民国政府曾授予其一等大绶勋章。但面对军阀混战，旧中国落后局面难以改变，他在心灰意冷之下辞了所有职务。

1941年4月19日，瑞安第一次沦陷。日本侵略军进城后，意欲成立"维持会"等汉奸组织。来不及出城避难的项骧，成为他们的首选对象。日伪多次上门，软硬兼施胁迫项骧出任会长，遭到他拒绝。1944年9月，永嘉沦陷，瑞安危在旦夕，风声鹤唳，他以衰病之身，愤而绝食。项骧不能杀敌卫国，但他以绝食方式表达了不愿做亡国奴的气节。当年11月，他逝世于故居，享年65岁。

周行己：浙学之盛始于此

周行己（1067—1125）

自宋以降，两浙路一直是全国经济最发达的地区之一。经济的发展，特别是商业的空前繁荣，孕育了与以往有所不同的经济思想，永嘉学派堪称其代表。周行己是瑞安市芳山乡周湾（现芳庄乡行己村）人，博采众长，著作颇丰，为这一学派的重要代表人物之一。

在学术上，周行己率先将张载的关学、程颐的伊洛之学引入温州，成为将理学传入浙江最早的学者（关学、伊洛之学为理学的重要组成部分）；在教育上，他培育了吴表臣、郑伯熊等一批优秀弟子，对永嘉学派发展带来了极大影响。

宋人陈振孙在《直斋书录题解》中称周行己是“永嘉学问所从出也”。明末清初学者全祖望更指出：“吾浙学之盛，实始于此。”

二十五岁登科进士

翻阅周湾村周氏宗谱，发现其始祖为周朝见，朗州武陵（今湖南常德）人，五代时期曾为武平节度使。

周湾村因周朝见后人周保重迁到当地而得名。现在周姓在周湾村并不是第一大姓，目前村里的周家后人仅有80多户。但周姓迁居他处的后代很多，现在林川溪坦、塘下鲍田等地的周姓人，大多是从这里迁居出去的。

在周湾村的周氏子孙中，最有名的，要数第六代孙周行己。周行己为北宋后期人，字恭叔，因曾在温州浮沚书院讲学，又被称为“浮沚先生”。自幼好读书，7岁诵经书，10多岁学属文，15岁跟随父亲到京师宦游，两年后进入太学。入太学后，他又迷上“关洛”之学，对张载和“二程”学说大感兴趣。北宋元祐二年（1087）改从太学博士吕大临的“关学”，元祐五年（1090）离开汴京（今河南开封）赴洛阳拜程颐为师。求学期间，周行己勤奋刻苦，很受程颐赏识，成为他的得意门生。

辛劳的付出终于获得丰硕的回报。元祐六年（1091），25岁的周行己赴试汴京，在全国数千名读书人参加的考试中脱颖而出，荣登辛未科进士第。

拒权贵仕途坎坷

中进士后，周行己迟迟未被授官，直到崇宁元年（1102），才正式被朝廷录用，任太学博士，而此时的周行己已36岁。其后的官职也只是六七品的小官，一生仕途坎坷。这与他当初守信不弃贫妻，没有攀缘权贵走捷径有一定关系。

周行己进士及第后，名震京师。得知他尚未成亲，有一位地位显赫的贵人托人说媒，要把自己的女儿下嫁给他。这位贵人正是当朝参知政事、当年连中“三元”的传奇人物——冯京。冯京本人还是当朝宰相富弼的女婿。这桩婚事在谁看来都是“打着灯笼也难找”的良缘，但他却一口回绝：“吾未达时，有姨母贫家女，得吾母意属许婚之约。”

原来，当时他已与家乡一位贫家之女定下婚约，尽管媒人百般劝说，周行己都不为所动。后来，未婚妻不幸双目失明，周行己依旧不嫌不弃，将她娶回家中。后人也因此给予他很高的评价：“行己进士及第，赐婚贵室，归娶盲女为妻，其志气可谓雄矣。”

永嘉学派开山祖

尽管仕途坎坷，但周行己一生著作颇丰，有《浮沚文集》十六卷、《后集》三卷，宋、元、明、清各有刊行。今尚存清《四库全书》及永嘉《敬乡楼丛书》中。此外，还有《易讲义》及《礼记讲义》等。他曾两度在温州讲学，并创办浮沚书院，培养了不少优秀学子，对后来温州学术发展产生很大影响。

永嘉学派，又称“事功学派”，是宋代浙东永嘉（今温州）地区形成的、提倡事功之学的一个儒家学派。周行己在永嘉学派的地位有目共睹。南宋永嘉学派代表人物叶适称“永嘉之学，必兢省以御物欲者，周作于前而郑承于后也”。《四库全书总目》云：“行己早从伊川程子游，传其绪论，实开永嘉学派之先。”胡寄窗《中国经济思想史》云：“永嘉诸子重视实用之学的风气，实由周行己开其先河。”因此，周行己在《宋元学案》中被称为“永嘉学派开山祖”。

首提准备金理论

当前，存款准备金作为三大货币政策工具之一，已被中国人民银行视为主要的货币调节政策，为国家调节经济的重要手段。实行准备金是为了确保商业银行在遇到客户突然大量提取银行存款时，能有相当充足的清偿能力。而世界上最早提出这一理论的是周行己。

北宋末年，货币制度和货币流通混乱。针对这一情况，周行己于徽宗大观年间（1107—1110）撰写《上皇帝书》，陈述己见，阐述发行交子"常以二分之实可分三分之用"，提出纸币的发行准备只需三分之二，不需百分之百。因为流通中的纸币有三分之一或损于"水火之失"；或失于"盗贼之虞"；或滞留、周转在流通中，即"往来之积"。前者属于自然消耗，中间属于个人损失，后者是流通中交钞的最低存量。

周行己的这一整套纸币发行准备金的理论在世界范围内当为首创，尽管在理论的科学性、系统性方面还很不够，但他毕竟是认识纸币流通规律并进行科学概括的第一人。

芳庄尚存其旧踪

瑞安市芳庄乡仍留有周行己遗迹两处，其中一处是位于周湾村的周行己故居，不过由于年久失修，仅剩下一个门台。在瓯湖公路周湾段的一侧，有一个刚修建的门台和小广场，这里便是周行己故居的所在地。门台为一个庭院的正门，入门后便是正屋。然而除了这门台之外，其他建筑物均已损坏。

周行己故居三檐门台

另外一处遗迹便是周行己的陵墓。据有关资料记载，北宋宣和七年（1125），周行己原拟回乡，时因方腊在浙江起义，归途被阻，改赴山东郓州，不幸病卒。好友郓州知府王靓报准朝廷，请其归丧，葬于瑞安芳山乡杉坑山之原、其父正议大夫墓侧，在今湖岭镇闲心寺附近。

黄国夫 余盛强

许景衡：开源导流拓新学

许景衡（1072—1128）

温州在东晋时为永嘉郡，故称永嘉。两宋时期的温州（下辖永嘉、瑞安、平阳、乐清四县），汇集了文人学士、富商巨贾及大批匠人，是文化经济史上的黄金时代。

影响温州人千年的永嘉学派，就催生于两宋时的“元丰九先生”。因为从他们开始，以永嘉地域命名的文化人群体，开始被世人所熟知。九先生分别是许景衡、赵霄、张煇、周行己、刘安节、刘安上、戴述、蒋元中、沈躬行，曾先后于宋神宗元丰至哲宗元祐时入太学学习。

其中，许景衡是九先生中官位最高、著作最多的，也是温州历史上第一个官至尚书右丞（副丞相）并被正史立传的重要人物。作为肇始光大永嘉之学的功臣，许景衡留下了事功学说这一宝贵的精神遗产，为宋代浙学的兴盛发挥了重要作用。

仕途不顺一生三起三落

许景衡（1072—1128），字少伊，瑞安白门人（今瓯海区丽岙街道姜宅村）人。因他著有《横塘集》，故世称“横塘先生”。清乾隆《瑞安县志》卷八《人物志》载：“许景衡，程子门人，字少伊，居白门里，再徙东山。”这一记载表明，许景衡原居白门，后来迁居瑞安县城东郊。北宋元祐八年（1093）中进士，官至尚书右丞，一生三起三落。许景衡生性刚直不阿，奉公廉洁，嫉恶如仇。在徽宗朝，面对内忧外患局面，当时把持朝政的王黼、蔡攸、蔡京等人，为了取悦皇帝的欢心，动用几十万民夫启动“花石纲”劳役，营造皇家园林。许景衡敢于直言上书皇帝，痛陈“财力匮乏在节用，民力困弊在恤民”，要求停止这种劳民伤财的劳役，因而为王黼等人所不容，被排斥出京。钦宗即位后，以左正言召，不久许景衡改任太常少卿兼太子谕德，迁中书舍人。那时朝廷中主战派与主和派斗争剑拔弩张，许景衡坚定地站在以李纲为主帅的主战派阵营，然而随着李纲被罢相，主战派倒台，许景衡随之被罢官。

南宋建炎元年（1127），高宗登基后，许景衡入朝任御史中丞，为宗泽辩护，得罪主和派汪伯彦、黄潜善等人，罢为资政殿大学士，提举杭州洞霄宫。建炎二年（1128），他赴临安（今浙江杭州），途经瓜洲（今江苏扬州）得暍疾（中暑），及至京口（今江苏镇江）而卒，享年57岁。

许景衡一生仕途不顺，多次遭受沉重打击，但他始终心怀国家心念百姓，即使在被逐途中，还惦记着朝廷的安危。临终前他端坐自语："陛下宜近端人正士，以二圣苍生为念。"足见他是位当之无愧的忠臣。

南宋迁都临安后，朝廷发生内讧，宋高宗这才思念起许景衡，特追谥忠简。《宋史》称："既没，高宗思之曰：'朕自即位以来，执政忠直，遇事敢言，惟许景衡。'诏赐景衡家温州官舍一区。"

九先生为温州文化开新

温州地处东南偏远之地，自东晋置郡到北宋前期，学术上尚未开化。元丰年间，以许景衡、周行己、刘安节为代表的"元丰九先生"陆续去京师求学，在瑞安掀起了一股"科举热"。许景衡是这支科考大军的"先锋"。

许景衡描述其夫人陈氏："其始嫁也，会家弟少雄欲游太学，无以为道路费，为斥奁具以资其行。"足见科举在温州地区的盛行。他与周行己、刘安节等九位温州学子不畏艰苦，排除经济、地理等困难，从温州走入京师这一学术中心，使温州这个无闻之地渐渐进入大众视野。

许景衡等九人先后于宋神宗元丰至哲宗元祐时入太学学习。明弘治《温州府志》就已经载有"元丰太学九先生"称号，后来称为"元丰九先生"。他们为温州文化开源导流，不仅促进了科举业的兴盛，也催生了南宋永嘉学派的形成。

永嘉学派起源于北宋洛学与关学，而洛学与关学之所以能传入温州与许景衡有莫大关系。

洛学是北宋洛阳以程颢、程颐兄弟为首的学派，注重心性修养，践行"内圣外王"思想，讲求"格物致知""正心诚意"，从而上达浑然与万物同体的仁者境界。许景衡作为九先生之首，对洛学心向往之。这在《横塘集》中有明确体现。

许景衡有诗云："我欲收心求克己，公知诚意在闲邪。"他在政坛多年，遇事敢言，勤政爱民，一直秉承"以实用为贵，以涉虚为戒"之关学思想特色，为后来永嘉学派"新儒学"注入文化精髓。

孙诒让曾这样评价许景衡的学术成就："盖元丰九先生，惟忠简（许景衡）独后卒，名德亦最显。厥后永嘉学者后先辈出，多于忠简为后进，或奉手受业其门，靖康、建炎之际，永嘉之学几坠而复振，于忠简诚有赖哉。”

身后葬于何处至今成谜

许景衡去世后，葬于何处，史书几无记载。

宋高宗即位初期，浙西军变，多地被占领，朝廷数次下令招安，效果却不明显，负责招安的朝廷官员反而被杀害。许景衡生前曾建议朝廷放弃招安，果断捉杀军贼。乡里人认为，许景衡生前敌人多，况且这些军贼离温州也不远，为避免死后其墓被盗掘，可能设置多座，故布疑阵。

在“农业学大寨”时期，原白门姜宅一带五个自然村合并成“联成大队”，在吹台山五凤楼山腰开荒种地，一些坟墓被挖开。有一块刻有“横塘”两字的墓碑，被当地人拉到地里，作为抽水机边的挡水板。

如今，这块墓碑竖立在姜宅文化礼堂旁的忠简亭。因为当年墓碑正面被水冲击过多，大部分文字已不可识，但是“宋尚书开国男谥忠简许公墓”“瑞安帆游白门”“高宗”几个字，还是很清晰的。

曾被当作挡水板的许景衡墓碑

晨练之处被赐名“舒啸台”

瑞安西山的章安四贤祠内，高挂乡贤北宋许景衡、南宋陈傅良、元高明、明卓敬画像，许景衡被尊为“章安四贤”之首。其后裔许希濂说：“瑞安旧称章安，章安四贤祠是瑞安市文物保护单位，修建于清雍正年间（1723—1735）。1986年，后人集资重新整修并在原有规模上扩大，才有了现在的规模。虽然并非完全的修

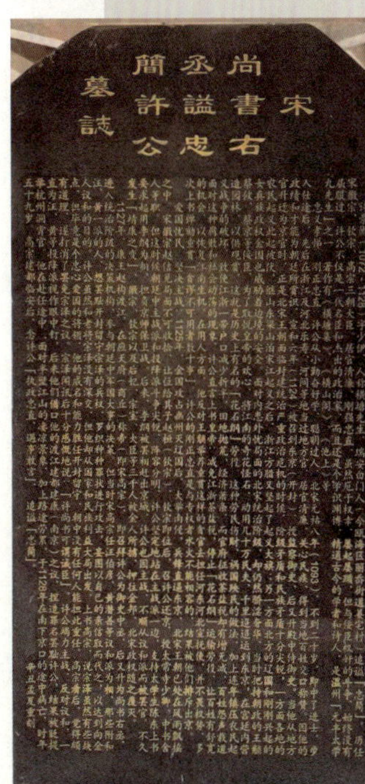

新立的《宋尚书右丞谥忠简许公墓志》碑

旧如旧，但是横梁那块‘四贤祠’匾额却是前人留下的。”

除了四贤祠外，位于东山上埠的舒啸台也因许景衡得名。九百多年前，瑞安市区东山临近飞云江口，与东山接壤的安禄庙山（在瑞安城东门外约2.5千米处）有两块岩龙蜿蜒入海。站在高处，放眼东方，海天一色，令人心旷神怡。据传许景衡经常在此晨练作深呼吸，他死后这个地方被宋高宗赐名为“舒啸台”。

清乾隆《瑞安县志》卷十《杂志·古迹》记载：“舒啸台：在清泉乡东山笔架岩左，许景衡居于此，‘舒啸’，高宗赐额，遗址存。”许景衡死后，高宗不仅“诏赐景衡家温州官舍一区”，还为他生前居住地命名，可见高宗对许景衡的眷恋之深。舒啸台为高宗赐额后，声名鹊起，至晚清的几百年间，一直为瑞安民间游憩的好去处。

叶适（1150—1223）

叶适：相携荆楚成佳话

2020年春，“新冠”疫情暴发，温州成了湖北省外疫情最严重的城市之一。随着疫情发展，温州医者于当年正月初一赶赴武汉增援，温州企业提前返工生产防疫物品赠送给武汉……大疫之下有大义，两地情缘紧密相连。

事实上，温州和湖北早在南宋期间便有了渊源，宋代永嘉学派的集大成者、瑞安大儒叶适曾任职于湖北，他以利、义并举的务实理念，在当地留下了救灾拯民、率先垂范的一段佳话。

倡事功学说为“温州模式”渊源

叶适（1150—1223），字正则，号水心，学者称水心先生，生于瑞安，后迁居温州鹿城。南宋淳熙五年（1178）中进士第二名。他是南宋著名的思想家、政治家、文学家，永嘉学派的集大成者，其事功学说体系与当时朱熹的闽学、陆九渊的心学鼎足而三。

叶适一生著述宏富，传世之作有《习学记言序目》《水心文集》《水心别集》等，他的文、赋、记、铭，被誉为“近世之最”。叶适认为“既无功利，则道义者乃无用之虚语”，主张“通商惠工，皆以国家之力扶持商贾，流通货币”，其倡导的事功学说，正是“温州模式”务实创新精神的思想渊源。

值得一提的是，宋代是浙学实现思想自觉的关键时期，而永嘉学派是宋代浙学的中坚力量。叶适的思想对浙学的形成发展起到了重要的作用。黄百家在《宋元学案》卷三十二《周许诸儒学案》中说：“伊洛之学，东南之士，龟山、定夫之外，惟许景衡、周行己亲见伊川，得其传以归……其后叶适继兴，经术文章，质有其文，其从甚盛。”

任湖北要员撰《江陵府修城记》

叶适为官清廉，素以经世济民为己任。淳熙十二年（1185），36岁的他从平江（今江苏苏州）调任京官，三年后，升任太常博士兼实录院检讨官，从京官步入朝官行列。然而，面对朝堂斗争的残酷，当光宗升任他为秘书郎兼实录院检讨官后，叶适请求外补，获得了添差湖北安抚司参议官的任命。

宋代湖北全称荆湖北路，其安抚司治所在江陵府。江陵古称荆州（属于湖北），是长江中游的战略要地，时任江陵府知府兼湖北安抚使的是太原阎苍舒。阎苍舒初到江陵，见新修城墙巍峨雄伟，便令参议撰文记之。叶适遂于八月撰成《江陵府修城记》，文章主旨为歌功颂德，同时也为后人留下了江陵城重修前后情景的真实记录。

叶适在江陵参议任上，闲暇时研读佛教经典数千卷，他将自己攻读佛书颇有心得之事告诉朱熹。朱熹回信说，叶适对佛书的理解使他十分惊骇，他希望有机会深入探讨。此时，永嘉学派中承前启后的重要学者、同为瑞安人的陈傅良在湖南任转运判官，知道叶适正研读佛经，也与之和诗交流。可以说，在湖北荆州任职时，叶适是工作、学习两不误。

念民生福祉为百姓祈雪谢雪

南宋绍熙二年（1191）春，叶适携眷属到达时属淮南西路的蕲州（今湖北蕲春），首次担任一州的最高长官知州。次年，他被任命为淮西提举，兼提刑，转盐铁冶司公事，一时身兼数职。

蕲州乃“山泽之聚”，叶适这样描写赴蕲州的沿途所见：“州无城堞，市无廛肆，屋无楼观，佳卉良木不殖，公私一切简陋。四方之集徙者，以欺诞苟且为生，促具衣食则止。”意思是此处田野衰败，城市简陋，文化落后。蕲州与叶适此前任职的江陵不能比，与平江更不可同日而语。

治理这样的僻壤穷州，叶适十分上心。作为地方父母官，他时刻关心人民疾苦，即使季节气候变化，也不敢怠慢。他在蕲州写过《祈雪文》《谢雪文》一组，因天气过暖而祈雪，因得降雪而谢神，展示了他对百姓生计的关注。

妙招治“假币”展不凡执事能力

淮南地处宋、金交界处，为防止南宋的铜钱渗漏到北方，朝廷命两淮、京西等地使用铁钱，并于乾道初年设立了淮西铁冶司，管辖舒、蕲、黄三州，监铸铁钱。但铸铁钱有利可图，民间私

南宋“绍熙元宝”铁钱

铸渐多，造成币制混乱，朝廷和百姓的利益都受到损害。为了稳定币制，朝廷又采取增铸官钱、收换并禁绝私钱的措施，但在执行中困难重重。

叶适兼领盐铁冶司公事后，专职负责此项事务，他经过广泛的调查研究，摸清了情况，提出了五项应对措施：

第一，“开民间行使之路”。原来铁钱不分官私，百姓得钱便用，禁私钱后要仔细拣择，区分官私，影响了货物交易。叶适将新旧各种官钱，钉板印榜，布告民间，大大便利了百姓的使用。

第二，“责州县关防之要”。禁私钱法令执行中的宽或严，都会造成很大的矛盾，叶适提出让用钱大户定期签订不用私钱的保证，申报上级进行监督，这样坚持执行，私钱无用，私铸自息。

第三，“审朝廷称提之政”。当时铜钱过江北，可以兑换成铁钱，但铁钱过江南，就不能兑换成铜钱，时间一久，就造成富商大贾资金流转的阻碍。叶适提出，要使铁钱过江南，也像铜钱过江北，都有兑换之处，这样才能公平交易。

第四，“谨诸监铸造之法”。原先冶司为对付私铸者，在官钱字文、重量等形制上不断翻新花样，致使百姓无法辨认。叶适认为文字宜统一，轻重大小宜平均，则百姓听不疑，用不惑，并确定以蕲春监淳熙七、八、九三年（1180—1182）所铸铁钱为质量标准。

第五，“详冶司废置之疑”。对于冶司和各路监司的关系，叶适认为应分清职责，相互协调，冶司只需督察稽考，总揽大权，铸钱则由各路监司负责。这些措施，在职权范围之内的，叶适已经施行，其余则要求朝廷发令贯彻。叶适提出和施行的五项措施，思路十分清晰，考虑颇为周到。这说明，他不仅具有议事论政的能力，且具备处理具体政务的实功。

事实上，宋朝开禧前后，温籍驻湖北官员还有很多，如永嘉县城（今温州鹿城区）人、乾道八年（1172）进士薛叔似；永嘉县楠溪人、淳熙八年（1181）进士王允初；平阳归仁乡三十九都四溪（今泰顺泗溪）人、淳熙十一年（1184）进士林淳厚等都曾到湖北为官。他们尽责于岗位，用自身学识、才干为百姓筹谋。荆楚有情，东瓯有义，在荒灾困蹇面前，历史告诉我们——两地相携同风雨，一夜春风回大地。

项湘藻：内河航运先行者

项湘藻是温州早期现代化的探路者，也是温州近代内河航运的先驱。当年，他创建了轮船公司，购置小火轮运行于温瑞塘河、飞云渡口及瑞平塘河，连接温州市区和瑞安、平阳两地，打通了温州内河航运的主动脉。另外，飞云渡口沿用了近一个世纪、世间罕见的竹签船票，瑞安最早的电厂，都与他有着密不可分的关系。

首创轮船公司，塘河上有了小火轮

清末，朝廷推行“新政”，全国掀起了大办轮船公司的热潮。1904年，项湘藻（1858—1918）协同孙诒让组织富强矿务公司，又集资组成大新轮船股份公司，租用上海“湖广号”客货轮，开辟瑞安至宁波航线。1905年，项湘藻、项崧兄弟创设永瑞轮船公司，购置小火轮“永瑞”号首航于温瑞塘河，开启了温州通航小火轮的新篇章。

航道北起温州小南门埠，南至瑞安东门埠，沿途设莘塍、塘下、穗丰、霞林、帆游、白象、梧田7个停靠埠，全长33.85千米。拖带两艘客货驳，货驳装篷，客拖轿式木篷，两弦设靠椅，每天来回两次，每次行驶四小时，运量运速成倍提高，真可谓“百里邮程一朝促”。

项湘藻引进的小火轮以其运量大、乘客多、速度快、运价低成为温瑞塘河运输的主力军。1914年，永瑞轮船公司改组，取名通济轮船公司，这是温州地区最早经营内河客货运输的民营股份合作制企业。航线连接的两端是温州城区与瑞安县城，这是旧温州六个属县中最为发达的两个城区。

温瑞塘河通航小火轮

飞云渡告别舢板，竹签船票世间罕见

项湘藻的通济轮船公司越办越红火。1915年，他又购置汽轮，进一步将航运业务扩展到飞云江的轮渡上，从而改写了飞云渡口依靠舢板木船摆渡的落后历史。汽轮摆渡既安全又快捷，深受旅客欢迎。

在瑞安飞云渡口竹签代票，也是当时应运而生的一项创举。改革开放后，《中国日报》《世界日报》等多家媒体，还专门就此事作过报道，称飞云渡口这种既环保又节约、世间罕见的竹签船票，是温州人独创的一种民间特色文化。

不久，公司又开辟了飞云江南岸至平阳的内河汽轮航线，进而将温、瑞、平三地连成一片，对浙南经济和社会的发展起到了重大的促进作用。

瑞安东门和温州小南门两处的轮船码头，都设有“项太守创设汽船公司”的碑记，详细记录了通济轮船公司创建的经过，是项氏兄弟竭尽全力、振兴地方航运事业的历史见证。1934年春，瑞安建海粟亭，纪念项湘藻创办公司购置汽船航行，以汽轮设轮渡摆渡飞云江。后来，项湘藻堂弟项荫轩继承公司业务，进一步开辟平阳至鳌江直达航线，促进了平阳、温州之间的联运业务。

欲兴电力事业，其子承志办电灯厂

1909年，项湘藻当选浙江省谘议局议员，致力于地方其他公益事务。民国初年瓯海关监督冒广生在温州主持刊刻《永嘉诗人祠堂丛刻》，他还协助校刊徐玑诗《二薇亭集》。

项湘藻生前倡办电灯局，筹办未竣而病逝。其子项沆同自日本东京留学归国后，继承父亲遗志，1919年筹建瑞安南堤电灯厂，至1920年竣工。他独资经营，属社会公用事业，选址县城八角桥边的踏碓巷，购置一台24匹柴油机和8千瓦直流发电机，请李毓蒙等安装机器，立杆放线。1921年建成供电，共16瓦灯泡500只，在旧温州各属县中最为领先。后由项荫轩投资经营，改为南堤电气股份有限公司，夜晚发电供居民照明，白天供加生、同盛、泰丰三家米厂碾米之用。

瑞安先贤项湘藻等人以兴办企业为基，合作推进地方实业发展，这种文化血脉、精神面貌在不断延续。20世纪80年代的“温州模式”和温州人精神，正是近代史上温州人推进早期现代化建设实践的接力。

黄春翔 周田田

许漱玉：巧思开新五马街

许漱玉（1880—1967）

如今的电商购物节越来越多，各大平台、商家、主播血拼促销，纷纷推出“满减”“抽中免单”“购物竞赛”等活动。其实，这些营销手段早在近百年前就已出现。得心应手者，正是著名实业家、百货业巨擘许漱玉，一位打造了五马街多个商业地标、名下商场日入百万元的营销奇人。

卖布练手，学徒逆袭成口碑店老板

清光绪二十一年（1895），15岁的瑞安城关人许漱玉（原名云章）经亲友介绍到温州城区益大布店当学徒。小伙子灵光勤快，又粗通文字，时常被派往上海进货。

有一次，向来精明稳重的许漱玉干了件出格事：他从上海购入200匹失水布。“这么多失水布卖给谁？这小子胆子也忒大了，连声招呼也不打！”店主急坏了，让许漱玉立即将布退回。许漱玉却认为，失水布是削价购入的，对方肯定不愿退。两方争执不下，店主最后抛下狠话：“不退那就自己去卖，盈亏自负！”许漱玉一咬牙将这批布全部揽下。时值农历正月，他向店主许诺，布匹先赊给他，欠款分端午、中秋两期付清。

200匹布都是42码的细洋布，许漱玉脑子活，将每匹布裁成8开或16开，正好适合做一件男长衫或一件女短衫，并将之统统染成蓝布。从那以后，他每天起早贪黑，挨家挨户地兜销卖布。由于适销对路，不到中秋，200匹布已卖个精光。算了算，除还清欠款外，还净赚了两三百元。

许漱玉掘到第一桶金后，第二年自立门户做布贩。凭着与上海布商的老关系，懂行情、善经营的他，很快将“许云章布店”做成了一家口碑店。

多元经营，打造吃、购、玩“商业综合体”

有了一定人气，许漱玉决定仿效上海大布商，搞规模经营。寻思一番后，他买下五马街10多间矮旧平屋。正是这一步，让他的名字从此和五马街联系在了一起。

1919年，许漱玉将平屋拆除，按照上海南京路“老九章”“老九纶”绸布店的布局，建成东面经营洋布、西面经营绸缎，两店贯通的“许云章百货”。

“时云章新造洋式高楼，其高三层，坚致华丽，其上下梯级皆水门汀筑成，左右扶栏均以铁铸，玲珑轻巧。”著名教育家、瑞安人张棡在其《杜隐园日记》中记下了当时洋楼的盛大和富丽。“许云章百货”不仅是五马街第一座洋楼，也是当时温州最高的建筑。

几年下来，“许云章”的生意越做越大，店内雇用的伙计、学徒有30余人。踌躇满志的许漱玉在“许云章”西首开设了博瓯百货商店，生意兴隆。许漱玉此后又不断扩建、改建，打造出了浙南闽北最大的综合性商场，取名“云章博瓯万物大市场”（简称“云博商场”）。云博商场格局之大，如同当今的商业综合体。一层专售日用百货、针棉织品；二层出售钟表、唱机、唱片、五金交电和名酒、香烟、饼干、糖果等；三、四层为剧院，设有包厢，装置近千把活动椅。戏院旁有归国华侨开设的“意大利餐馆”（后改名“华大利”），还有供应本地茶叶及上海产的汽水、啤酒、蛋糕的茶室。值得一提的是，中央大戏院于1933年开业，采用旋转式楼梯，内天井还用了玻璃采光顶棚，既可演舞台剧，又可放电影，是温州第一家新型电影院，为大众电影院的前身。

创意满满，商场旺季日入100多万元

只要不是雨天，镶嵌玻璃门面的云博商场就会沐浴在午后阳光中，让人心情愉悦。喜欢热闹、新鲜的温州人纷纷被这幢漂亮精致的洋楼吸引而来。人来了，如何让他们开心购物呢？

除了注重商场信誉，做到货真价实、童叟无欺之外，许漱玉还有不少独门秘籍，比如善于研究顾客心理。当时许多绸布店为防止绸缎日照变色，大多将其包得严实，待顾客购买才从货橱拿出。许漱玉却反其道而行，将绸缎暴露在玻璃橱内，五颜六色，吸引顾客进店选购。

许漱玉对新潮产品尤为重视，但不盲目进货。他常说：“上海、杭州刚流行的时髦衣料，温州人还不敢穿，不能进货。待上海、杭州人穿得满街跑，这时就得大批进货。”时髦货他进得最及时，当时温州人都说：“只有许云章有时髦货。”待别的店学样进时髦货时，许漱玉即削价销售，做到时髦货“你无我有，你有我廉”。

“是标准衣料的先锋队，是日常用品的优胜军”，这是许漱玉在《浙瓯日报》上打的广告

语。除了舍得花钱上报纸、发传单外，他还善用话题宣传。许漱玉娶媳妇时，迎娶乐队达百人之多。有意思的是，从五马街到新娘家三官殿巷仅一里之遥，迎娶队伍却举着“许云章”招牌绕道五六里。沿街市民围观，“许云章”的名声也随之远扬。

比起现在的“双十一”促销，许漱玉当时做的促销活动也亮点多多，如放价销售、摇珠得奖、购货竞赛、白送奖等。不论办何种促销，他都能提出富有吸引力的口号。宣传摇珠得奖时，广告打出“买货三元，就给奖券，头奖百元，人人有得奖希望，购货越多，希望越大”。宣传白送奖时，广告打出“买满50元，送奖券一张，对上奖号，白送同金额礼券一张”。

服务也是亮点之一。云博商场的店员迎送有礼，老客还能享受分期结账、送货上门等服务。据估算，商场旺季每日最高营业额七八千元（相当于现在的100多万元）。

许云章百货顶楼，左上角那盏灯，表明电灯公司已经向五马街一带供电了。

摄影师邵度镜头下的中央大戏院招牌，据说此楼挺过了日机轰炸。

老街新颜，续写“第一商街”传奇

温州百货业兴起较早，清咸丰年间（1851—1861），温州已有萃昶和洋广货店。而让五马街日趋繁荣，成为温州著名商业地标之一，许漱玉担得上开拓者的美名。

许云章百货、博瓯百货、云博商场、中央大戏院等，许漱玉打造的这些商业地标纷纷被效仿，各种商铺高楼也跟着平地而起，并随时代不断演变。五马街口的温州一百，便是旧时许云章百货的所在。

抗日战争期间，许漱玉支援学生抑制日货，他的商店坚决不私售日货。抗战后期，日军多次侵扰温州，许漱玉关了“云博商场”移居上海，1965年才回温定居，两年后辞世，终年88岁。

如今，停映了十余年的大众电影院在2013年翻建后重新开业，五马街也在近几年里不断提升改造。它以自身中西合璧的独特风韵，如一颗心头朱砂，刻印在温州人的过去和将来。正应了许漱玉那句话：“人生一世不过数十年，坚固的楼房比人的寿命长得多……造雄伟高楼于大街，千千万万人都知道是谁人所造。”

周予同：
壮思斗杓燃薪火

周予同（1898—1981）

100多年前那场为民请命、争取国权的学生运动，掀开了中国新民主主义革命的序幕，也诞生了我们熟知的五四青年节。在这场轰轰烈烈的爱国运动中，火烧赵家楼事件被誉为“五四之光”，而这把照亮中国现代史黑暗前夜的大火，正是当时在北京求学的瑞安青年周予同和他的同学匡互生点燃的。

其实，“火烧赵家楼”只是周予同人生履历中的“惊鸿一瞥”，他更为人们所熟知的身份是中国经学史学科的开创者和奠基人。通过周予同的妻侄——瑞安市诗词学会会长蔡圣栋的直观视角，我们将看到这位经学史名家爱国爱乡的耿耿丹心和为人处世的傲人风骨。

火烧赵家楼前留遗书

周予同（1898—1981），经学史家、教育家，1920年毕业于北京高等师范学校国文部。历任北京高师附中教员，厦门大学教员，商务印书馆编辑、《教育杂志》主编，安徽大学教授、国文系主任兼文学院院长，暨南大学教授、史地系主任，复旦大学历史系教授兼系主任，兼任上海社会科学院历史研究所副所长、《辞海》副主编等职。著有《孔子》《朱熹》《群经概论》《中国现代教育史》《中国学校制度》等。

1919年，周予同正在北京高等师范学校国文科（北京师范大学中文系前身）读三年级。周予同是“德赛二先生”的拥护者，他和数学科学生匡互生等人共同发起，在学校成立工学会。1919年5月4日上午，包括周予同在内的各校代表在法政专门学校举行联合会议，大家讨论游行示威的办法，决定发表“北京学界全体宣言”，提出“外争主权，内除国贼”的政治斗争口号。抱着随时牺牲的准备，周予同和匡互生等人都写下了遗书。

当日午后，各校示威队伍陆续前往天安门前。临近曹汝霖宅时，众人高举写有标语的小旗，大喊“严惩卖国贼曹汝霖”“外争国权，内惩国贼”。扰攘许久，匡互生一拳打开曹宅大门右侧一扇木制小窗，周予同在下面托了他一把，匡互生就从这仅容一人通过的小窗口爬进曹宅，随后众人蜂拥而入。院子里停着曹汝霖的汽车，周予同满怀愤怒一拳打碎车窗玻璃，手被割破了，鲜血淋漓。

进入室内，匡互生便取出火柴，与周予同一起将卧室的帐子拉下一部分，加上纸张放火。1979年2月，周予同曾撰文《火烧赵家楼》，详述整个事件的来龙去脉，还原该事件的全部真相。

五四运动的消息传至周予同母校瑞安中学后，师生立即响应，开展声援活动。1920年暑期，周予同、金嵘轩等人组织“知行社”，并创办平民阅报所，宣传新思想、新文化。

人气满满的周氏授课

“周老个子不高，穿着一件宽大的长衫，体形略胖，大四方脸，头发向后梳得锃亮，露出白净而又饱满的额头，走起路来总是慢吞吞，一摇一摆地踱着方步，一副和善的长者样子。他待人接物总是笑嘻嘻的，没有一点架子。”妻侄蔡圣栋至今清楚地记得。

周予同的学生回忆，周教授有“三光”：头光，他的头发永远梳得油光水亮；目光，上课时目光四射，炯炯有神；肤光，肤色白皙。上课有“三快”：板书快、讲话快、列表图解快。

据复旦大学历史系教授朱永嘉回忆，周予同的板书写得非常漂亮，讲课很生动，为了提高同学听课兴趣，经常即兴讲一些俏皮话，把古人的生活与当今的生活做一些类比，常常引得同学发笑。比如他说：“汉代的经学大师可比今天的知识分子风光啊！年俸有二千石，出门坐大轿，家里养着歌姬为他唱歌跳舞，上千学生围着他转，一般的学生只能在门外听他学生间接授课，能进门听课是很不容易的，那叫登堂入室，即所谓入门弟子。那时还没有课桌椅，学生在房间里是跪着听课，先生是盘腿坐着给学生讲课。现在我是站着给你们讲课，而你们可以坐着舒舒服服地听课。”

“东周西周”的特殊情谊

20世纪50年代，复旦大学历史系名师荟萃，周予同是当代中国研究经学的最高权威；周谷城是全国史学家中著有两部《通史》（《中国通史》和《世界通史》）的唯一学者。周予同被尊称“周予老”，而周谷城被尊称“周谷老”。

周谷城说，周予同是他这一生最为亲密的好友。周予同去世，周谷城撰写并诵读悼词《怀念周予同教授》，情真意切。他说："朋友们常笑谓予同与我为复旦'二周'，我与予同，同年、同姓、同学又同行，被称为'二周'，当然有意思；予同治经，转而兼攻中国史。我治中国史，转而兼攻世界史。中国史与世界史，可以称为东与西，因此，我们又被笑称为'东周西周'，这并非刺讽，只证明我们两人关系密切而已。"

为朱自清来温牵线

周予同长期行走在中国文化的顶层，还与郑振铎、朱自清等文化名流有着许多友情佳话。

"姑爹与郑振铎关系很好，温州同乡，又是上海商务印书馆同事。我在看他们的书后发现，姑爹出书多是郑振铎作序，郑振铎出书多是姑爹作序，足见两人友情之深。"蔡圣栋说。

1958年10月17日，已是文化部副部长的郑振铎率领中国文化代表团出国访问，因飞机失事遇难。出国前，郑振铎在北京给周予同写了一封信。等接到这封来信，已天人永隔，周予同连哭了两天。

很少有人知道，如不是周予同，著名散文家朱自清很可能不会来温州，也就没有了那篇脍炙人口的名篇《绿》。原来，周予同与朱自清曾同时在北京读书，同年毕业，"五四"时相识。周予同和金嵘轩是同乡，年龄相仿，又曾一起在瑞安创办"知行社"，两人非常熟悉，金嵘轩当时任浙江省立十中师范部主任。资料显示，朱自清正是受周予同介绍，而应聘来温州任教的。

周予同伉俪（蔡圣栋/提供）

唏嘘“少小离家总未回”

周予同一直挂念着老家。平时，寥寥话语中总不经意透露出思念之情来，尤其是对玉海楼。他常喃喃自语:“孙诒让是大家。受孙诒让影响，我才走上这条道路的。”他还常问:“塘下有一块纪念陈傅良的石碑还在不在？”对乡贤的记忆从未在他的心头淡去。

周予同一生受孙诒让影响颇大。他在自传中写道:“辛亥革命前，我在瑞安曾亲睹著名汉学大师孙诒让的风采；当时虽不懂其学问如何高深，但已知他以研究难读的《墨子》而闻名；他在乡里受到极大尊重。”

1971年夏，蔡圣栋从黑龙江回家探亲，返程路过上海，从瑞安带了蝤蛑看望周予同。

周予同彼时瘫痪在床，双眼失明。他用纯正的瑞安话问:“阿栋，到哪里去？”

“去黑龙江。”蔡圣栋答道。

“北面，很冷的!”周予同说道。

“姑爹，回老家看看啊!”蔡圣栋说。

“想，怎么不想啊！现在恐怕去不了！人家‘少小离家老大回’，我‘少小离家总未回’！”周予同答道。

“人老爱忆旧，落叶思归根。”老人自言自语。

陈关杰

林尹：
“国学之钥”播高风

林尹（1910—1983）

2019年11月26日，瑞安籍国学大师林尹的100余件手稿、图书、录音等资料，经由其后人捐赠给瑞安市档案馆。这份珍贵礼物让瑞安文化卷轴又添新彩。

林尹（1910—1983），字景伊，瑞安城区屏星街人，擅长汉语文字、声韵、训诂之学，并致力于中国学术思想史研究，是继孙诒让、林损之后的瑞安第三代国学大师。

他的一生桃李芬芳满天下，仅在台湾就培养出了500多位硕士、博士。台湾铭传大学教授康世统这样评价：“如今台湾各大高校教授音韵学（即声韵学）的讲师、教授，百分之八十都出自林尹老师门下。”

家学渊源，受北大“温州学派”启智

林尹家学渊源，与北京大学有着非同寻常的关系。其父亲林辛、叔父林损，均为北大教员。其舅公乃东瓯大儒陈黻宸，早年也执教于北大。

1924年，15岁的林尹随叔父来到北京大学，得见当时的陈汉章、黄节等学界名流。胡适曾将陈黻宸、林损归为北大的“温州学派”。幼承家学、乡学的林尹启智于温州学派，埋下了对传统国粹的深厚感情。

次年，他考入了北京大学（也有资料称中国大学），投身国学大师、著名语言文字学家黄侃门下。后又于1930年进入北京大学研究所国学门深造，从学刘半农、钱玄同两位大家，著论文《温州方言》。得黄侃学术精义，更返溯清代朴学传统，自家传、师说和自己独到见解三个方面，林尹博采众长，终得集大成之作——《中文大辞典》。他曾于南开大学、河北大学、金陵女子大学、北平师范大学等高校任教，埋首耕耘杏坛。

一把钥匙，开启国学神秘宝库

因为赏识，黄侃曾带林尹到自家住了两年多，朝夕教诲。帮他分析《广韵》、参校《尔雅》，每天晚上还督促其点读（古书没有标点，需边读边用笔作断句标点）古籍。

这两年里，林尹几乎把《说文解字》《资治通鉴》《十三经》和“前四史”等国学必读的基本书籍，全都通读了一遍，这奠定了他一生博学的基础。

1935年，黄侃逝世，钱玄同（“五四”时期新文化运动主将之一）邀请林尹到北师大任教。师生两人同住中南海居仁堂西四所，经常就学术问题秉烛深谈至夜阑。钱玄同深知林尹才学，鼓励他继承并弘扬黄侃之学：“足下既受教于黄君，又尝从学于余，倘能出其所学，重著一编，此固余所愿也。”

1936年，林尹的《中国声韵学通论》完稿，这是第一本大学声韵教科书。钱玄同欣然为之题名、作序。在此书再版时，林尹将珍藏多年的钱玄同序言手稿，影印刊于书中，表示深切之怀念。

有人曾在网上做过假设：

假如你穿越了，突然醒来时，你觉得你遇见的第一个人会和你说什么？

A.他：“小姐（少爷），你终于醒了！你不知道人家好担心你呢！”

B.他：“噫，汝归乎？胡为不与人道也？”

如果选A，恭喜，你被穿越文成功洗脑。如果选B，也要恭喜你，你对古文入戏太深，出不来了。

请看正确答案：

他：“……”

你：“……”

没错，不管你穿越到哪个朝代，你俩都是互相听不懂的。因为古人，不说普通话！那么古人到底是怎么讲话的？没关系，声韵学可以告诉你。

声韵学，即研究汉语语音系统的学问。因难学难懂，曾被视为一门神秘学。林尹在段玉裁的《六书音均表》、章太炎的《小学略说》和钱玄同的《文字学音篇》等著作基础上，将古今字音合并为三个时期。由此，今人可凭已经熟悉的音标，上溯至周秦、两汉的字音变迁的轨迹，阐述汉字形音义的相互关联。林尹的研究，为普及声韵知识作出贡献。

林尹曾说：“声韵学是开启国学宝库的钥匙。”通过这把钥匙，他畅游于国学领域，相继出版了《群经略说》《清代学术思想概论》《中国古音学》《庄子通释》《中国声韵学通论》等著作。钱玄同夸奖林尹：“复解潜心绎理，心得甚多……综合之功与组织之力，皆可赞叹！”

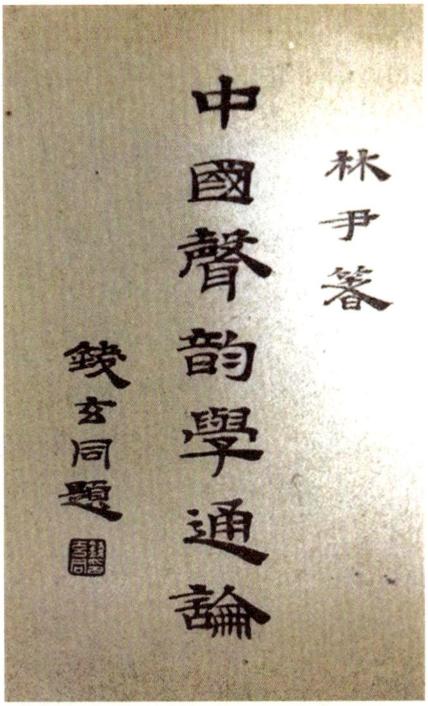

畅达于汉隶魏碑书体之间的庄重题名，出自钱玄同手笔。

当代儒宗，弘扬优秀传统文化

抗战爆发后，林尹放弃教职，投身民族救亡事业。林尹于1949年赴台，此后在多所大学担任教席，创立了台师大国文研究所，并协助台湾政治大学、“中国文化大学”创办了“中国文学研究所”。

东亚各国，尤其是韩国学子，纷纷负笈来此受业。学成后分赴本国各大学创设中（汉）文系或儒学系，使中华优秀传统文化得以弘扬。为此，韩国建国大学授予林尹名誉博士学位，汉城（首尔旧称）还向他颁赠市钥（相当于荣誉市民）。

在台期间，他主持编纂《中文大辞典》《大学字典》等，并出版《中国声韵学通论》（修订增补）和《文字学概说》《周礼今注今译》《两汉三国文汇》《景伊诗钞》等多部著作。其中，历时7年时间完成的《中文大辞典》曾被誉为“集古今辞书之大成”。因为林尹的努力，国学在台湾高校受到广泛推崇，很多学校将其列为必修课。在台湾，林尹有“当代儒宗”之誉。

游子“归航”，架起两岸交流桥梁

怀揣着对故乡的眷恋，林尹1983年病逝于台北。“白头凝望待归航”，这是他晚年发自肺腑的心声。

2011年，林尹文化艺术基金会在台北成立，其外孙女、辅仁大学副教授凌亦文为董事长，林尹长女林慰曾为荣誉董事长。林尹的国学思想与教育理念，通过他的后人和学生得以传承、弘扬。

2014年，林尹国学交流基地在其故乡瑞安启动，林慰曾一行特地从台湾带来了林尹生前所著书籍、书法和收藏品等，悉数捐赠给家乡。这批珍贵的资料，被陈列于瑞安市图书馆的“林尹著作及部分文物陈列馆”。几年后，林尹的后人再一次送来珍贵礼物。一条两岸文化交流的纽带，因林尹这个名字，紧紧绑在一起。哲嗣林安曾说：“我们的根在浙江瑞安，要让父亲的文学、思想回归故乡。”

他乡故知

陶弘景：
千古风光觅旧踪

陶弘景（456—536）

水心街与叶适、忠义街与蔡敬则、会文里与项公泽……在瑞安，不少地名与名人有关，有故事，有特色，是宝贵的历史文化遗产。其中，陶山与“山中宰相”陶弘景的故事流传千年，至今仍为世人所称颂。始建于唐朝天宝年间的陶山寺如今依然留有清人撰写的楹联：“六朝霸业成逝水，千古名山犹姓陶”，表达了人们对陶公的深切怀念和无限敬仰之情。《辞源》中，“陶”字条下有“陶山”与“陶弘景”两目。“陶山：山名。在浙江瑞安县西。南朝齐、梁时，陶弘景曾居此，因名。道书以此山为七十二福地之一。”

隐居深山，皇帝依旧“书问不绝”

陶弘景（456—536），字通明，自号华阳隐居，丹阳秣陵（今江苏南京）人，卒后谥贞白先生，是一位经历宋、齐、梁三朝的博物学家。

陶弘景自小聪明好学，四五岁时就会用芦秆作笔习字，九岁开始读儒家经典。他读书务求甚解，一事不知，便深以为耻。此外，他善棋琴，工草隶，通晓历代典章制度。南朝宋末时，陶弘景被召为诸王侍读。齐武帝永明十年（492），他决意辞官修道，脱朝服挂神武门，归隐茅山。从此，徜徉于山水之间，卧听松涛，吟咏为乐。

梁武帝萧衍未做皇帝前，就和陶弘景交好，对他的盖世才华钦佩之至。及至萧衍当了皇帝，几番派人请陶弘景出山辅政，他都坚辞不就。陶弘景还画了两头牛让使者转呈梁武帝，其中一牛放养在水草间，怡然自得；另一牛则被套上金鼻笼，有人执鞭在驱赶它。梁武帝看后，明白他的意思，只得无奈地一笑置之。

不过，每逢军国大事疑义难决时，梁武帝都要派人去征求陶弘景的意见，有时一月之中竟有数信来往。史书上称当时萧衍对陶弘景“书问不绝，冠盖相望”。陶弘景虽隐居深山无一官半职，仍能“知时运之变，俯察人心，悯涂炭之苦”，所以萧衍待他“恩礼愈笃”。在时人心目中，陶弘景俨然是影响朝廷决策的重量级人物，故有“山中宰相”之誉。

仁心妙手，瑞安多地因他得名

陶弘景为潜心修道、避免受扰，后来干脆隐姓埋名，四处云游，遍历名山大川。他曾在瑞安隐居多年，留下不少遗迹和脍炙人口的民间故事传说。

相传陶弘景在瑞安（当时称安固）的屿山隐居。平日里，除了读书著述、修道炼丹外，他还经常自己上山采药配方，为周边穷苦百姓治病疗伤，从来不收诊费和谢礼。当地男女老少无不感恩戴德、交口称赞，都尊称他为陶公。后来为纪念陶公，还把他住过的屿山改称为陶山。

这一带景色宜人，陶弘景曾在《答谢中书书》中这样描绘：“高峰入云，清流见底；两岸石壁，五色交辉；青林翠竹，四时俱备；晓雾将歇，猿鸟乱鸣；夕日欲颓，沉鳞竞跃……”真如人间桃源、世外仙境。陶弘景在这里，或携童荷锄入山采药，或烹茶焚香谈经论道，或挑灯夜读研纂医书，日子过得逍遥快活。

陶弘景隐居陶山没多久，梁武帝萧衍还是打探到了他的行踪。一天，钦差信使找到陶公，递上诏书。梁武帝在诏书中问他：“先生为何如此依恋山林，难道山中真有什么奇珍异宝迷住了你？”

陶弘景由是写下了千古绝唱《诏问山中何所有赋诗以答》：“山中何所有，岭上多白云。只可自怡悦，不堪持赠君。”后来，这一带曾以白云乡为名，直到20世纪50年代被并入陶峰乡为止。

陶山还有一处叫药齐的村庄和一座叫药齐顶的山，相传也与陶弘景有关。当年，正是陶公抛下的草药，在那儿生长，长满山岗。由于这一带的常用草药品种齐全，大家便管这个村庄叫“药齐”，把村后的山巅叫作“药齐顶”，两处地名一直沿袭至今。

此外，陶山福泉山顶有片平地名“种玉畦”，传说陶弘景曾在此修炼，并种白谷，故名。吴鹏《种玉畦》诗云“陶公仙去玉畦空，剩有白云护垄东”。

巧思独创，奠定本草学里程碑

陶弘景还是我国本草学发展史上贡献最大的早期人物之一，为古代药物学集大成者。陶氏为世医出身，祖父及父亲皆习医术。在陶弘景生活的年代，本草著作有10余家之多，但无统一标准，特别是年代久远的古本草，内容散乱，草石不分，虫兽无辨，临床运用颇为不便。陶弘景便将当时所有的本草著作整理成《神农本草经》及《名医别录》，并把两者合而为一，加上个人在这方面的心得体会，著成《本草经集注》，成为我国本草学发展史上的一块里程碑。

该书对后世的影响十分重大，它总结了南北朝之前的药学书籍，把前人认识错误的药物加以勘正，增加被遗漏的药物365味，第一次把药物按植物、矿石、动物等自然属性分类，还把多个病可以共用的药物加以总结，并在有副作用的药物后面附上食用时的注意事项和不良反应。这是我国第一本综合类本草著作。

陶弘景还尝试了一些具有独创性的发明，例如创立按药物治疗性质分类的“诸病通用药”分类法，在体例上开创本草著作分总论、分论叙述的先河。在当时历史条件下，他还应用朱书、墨书来区别《本经》和《别录》的原文等。

此外，陶弘景还是一位继葛洪之后的大炼丹家，在长期炼丹实践中，为后人积累了大量物理与化学知识。

宋高宗：中国“公筷第一人”

为应对“新冠”疫情的持续影响、避免病毒经唾沫传播，使用公勺公筷成为把好“舌尖防疫关”的重要一环。瑞安也在2020年上线“公筷行动”，成为浙江省率先实施公筷公勺的试点城市之一。

有意思的是，近900年前，古城温州也曾和公筷挂上关系。彼时，一位尊贵的客人南下逃难至此，他正是南宋开国皇帝、被称为中国“公筷第一人”的宋高宗赵构。

分餐传统，商周有之

在不少人的印象里，热闹的围桌合食、交箸换盏是最具中国味的饮食文化。其实，这种同盘共餐的“会食”习惯，不过只有一千多年历史。反倒是分餐、分食制，可追溯至更古老的周朝。

据说商周时，人类发明了夯土技术，可以把地面修理平整，于是中国历史上最早的室内家具开始出现，那就是由蒲草编成、铺于地上的“席”。

席地吃饭叫宴席。贾公彦疏《周礼》中关于“筵”的记载曰：“设席之法，先设者皆言筵，后加者为席。”孙诒让《周礼正义》：“筵长席短，筵铺陈于下，席在上，为人所坐藉。”大致描述了众人席地而坐、分餐而食的场景。

古时分餐，和中国礼制密不可分，西周礼制规定天子用席五重，诸侯三重，大夫两重。小食案就是礼制化的分餐制的产物，体现了吃饭也要讲究规矩和艺术。古人席地而食，并不是用手扒拉食物就吃，面前要摆放一张低矮的小食案，案上再放着轻巧的食具。这种案，就是分餐的标志。

我们熟知的成语“举案齐眉”，其中的“案”在汉代是个类似托盘的器具，妻子将其托举呈给丈夫，以示互敬互爱。由此可见，“席地而坐，分案而食”是中国古已有之的传统，不仅觞宴如此，夫妻间亦是。

伙食恭俭，分勺分筷

筷子，是华夏饮食文化的标志之一，一头圆、一头方，对应天圆地方，体现了国人对世界基本原则的理解。其具体出现的时间尚不可考证，但至少已有3000年历史，而正式普及，差不多是在宋朝。

宋朝不仅时兴筷子，还出现了“公筷”的概念。

据明人田汝成在《西湖游览志余·帝王都会》中记载：“高宗在德寿宫，每进膳，必置匙箸两副，食前多品，择取欲食者，以别箸取置一器中，食之必尽，饭则以别匙减而后食。吴后尝问其故，对曰：‘不欲以残食与宫人食也。’”

翻译成白话，再加入一点联想，上文说的大致为这样一个故事：

南宋开国皇帝宋高宗赵构（1107—1187），每逢吃饭必定让手下的太监、宫女们准备两副碗筷。一顿饭端上几十样菜肴，宋高宗将要吃的菜用一双筷子挑拣出来，喝的汤用一汤勺盛出来，再用另一副碗筷食用。每次挑入自己碗中的菜肴、舀入自己碗中的汤羹，他都吃得干干净净。宫女、太监们见状，纷纷在私下笑话高宗小气。

一日，宋高宗的妻子吴皇后终于忍不住问起他为何这般吃饭，高宗这才道出：“吾不欲以残食与宫人食也。”因为皇帝一顿所吃的饭菜样式很多，一人怎么也吃不完，剩下的饭菜按照规矩都会赏给有头脸的宫女或者太监们食用。宋高宗不愿意看到宫人吃沾了自己口水的剩饭剩

古代砖画拿着筷子的女仆（局部）

菜，于是就用了这副“公筷”。

历史上的宋高宗赵构，是个评价两极化的复杂人物。有人痛恨他与奸臣秦桧制造岳飞父子谋反冤案。但其却在两方面为中国的社会发展作出了重大贡献：一是卓越的艺术成就，他精通诗词、音乐，擅长书法、绘画，传世书画有草书《洛神赋》等；二是他注重卫生、饮食恭俭，率先使用公筷，应是中国历史上乃至全球使用公筷的“第一人”。

皇恩临城，取瑞安名

南宋建炎四年（1130）正月二十一，一支特别的船队来到温州瓯江口青澳门（今洞头大门岛洋面），南下躲避金兵的宋高宗赵构就在这只船上。

逃难至此的天子，受到了当地百姓的焚香奉迎，至三月十八离开，宋高宗在温州停留了55日，移跸龙湾金岙、江心普寂禅院、城内的州治衙门等地。有学者研究认为，宋高宗此次驻跸（指皇帝后妃外出，途中暂停小住或帝王出行相关事宜）温州，给当地士大夫接近朝廷政要乃至皇帝本人提供了机会。原来偏处东南沿海一隅的温州，也因此升格“次辅郡”，成为臣子厚积薄发之地。

值得一提的是，南宋咸淳元年（1265），度宗赵禥做了皇帝。由于他登基前被封为温州郡王，温州是他的“潜邸”（储君居处）。于是他诏升温州为“府”。李正民的《知温州到任谢表》记录了此事：“以度宗潜邸，升（瑞安）府。”这里的（瑞安）府为当时温州，因度宗喜欢“瑞安”两字的祯祥寓意，便把温州的下属瑞安县名称拿去用作新建府的名称，瑞安仍旧保留原县名。

从一双公筷的故事开始，到一位避难的皇帝，以及温州、瑞安地名的渊源，历史中的很多事物，看似没有关联，但因某一个恰当的时刻、某一个奇妙的契机，就会碰撞相遇。曾经的分餐分食，再到后来的聚餐合食，不能说哪一种饮食习惯更优一等，只能说哪一种最契合事势。

眼下最适合我们的，恰恰是瑞安老乡张文宏医生所倡议的：“最好的相聚，从公筷公勺开始。”

刘基：流风遗韵世难忘

刘基（1311—1375），字伯温，文成南田人。明朝开国元勋，著名政治家、思想家、军事谋略家、文学家，因辅佐朱元璋平天下，民间流传着“三分天下诸葛亮，一统江山刘伯温”的说法。

刘基精通天文、兵法、数理等，尤以诗文见长，与宋濂、高启并称“明初诗文三大家”。身为温州文化星河中的一颗璀璨明星，刘基也是瑞安人的老朋友。

与瑞安素有渊源

瑞安人敬重刘基，源自多方历史渊源：

其一，刘基家乡南田曾属于青田、文成，都是瑞安的邻县。民国三十五年（1946）文成建县之前，南田属青田县，是瑞安县西北隔山近邻。文成建县后，划出原属瑞安的大峃、玉壶等10个乡镇，加上原属青田县的南田等乡镇归文成县。文成县是瑞安县西边由飞云江一水相连的邻县，两地民间往来频繁。1958年秋到1961年9月，文成县还一度并到瑞安县，南田成为瑞安县所辖的一个区级行政机构，成了“本家”。因此，瑞安人说起刘基的故事、传说来，有如数家珍的亲切感。

其二，刘基辅佐明朝君臣灭元，顺应民心。元朝统治阶级统治中国时，民族矛盾和阶级矛盾叠加，人民苦不堪言。元朝统治下，原南宋统治区的汉人被划为“南人”，处在最低下的层次。

其三，刘基被明朝佞臣胡惟庸迫害致死，殃及家族、地方百姓，瑞安人民深表同情。相传，刘基的第二房两个孙子逃避到瑞安河乡一带，受到当地百姓庇护，后在瑞安安家。其族人在今仙岩穗丰村（原属瑞安，2001年划属瓯海）建造规模较大的刘氏宗祠，每年各地刘氏族人聚集祭祀不衰。

“空心月饼”与其相关

瑞安人自元明以来，对刘基的故事、传说并不生疏，人人都能说出个子丑寅卯来。

读书人几乎都读过他那篇古朴沉郁的寓言体散文《卖柑者言》。大家结合身边十分熟悉、年年吃的瓯柑，对出自此文的成语“金玉其外，败絮其中”，有了形象而深刻的体会。表里一致、言行合一，成为瑞安民风之一。

瑞安特产“空心月饼”的传说也与刘基相关。相传，元朝末年，懂天文的刘基预测到当年八月十五日夜阴晦，见不到月亮，发动民众事先把“八月十五日无月亮，杀鞑子（元朝官员）”的小纸条嵌入空心月饼中，通过月饼传递，号召群众参加反元斗争。又传说刘基撰写“烧饼歌”，预测浙南大地战祸频仍，民间苦难深重，有“瑞平当路走，东瓯作战场”的话。后来，果然浙南农民起义，战乱较久。

瑞安李大同空心月饼（李敬斌/提供）

刘基《卖柑者言》文意图

高则诚是刘基挚友

著名戏剧家、《琵琶记》改编者高则诚与刘基是同一时代人，又是邻县同乡。他们都出身书香门第、官宦人家，具有较相似的家庭教育背景。两人从小都聪明好学，工诗文，均在元朝后期考取进士。高则诚生于元大德九年（1305），比刘基大6岁。但高则诚中进士是在元至正五年（1345），比刘基中进士要迟12年。此后，两人均在浙江，尤其是处州（今丽水）、杭州、绍兴等地为官。因政见相同，至正八年（1348）两人同在处州为官时认识并成为至交。

在任上，他们都不肯对上级阿谀奉承，性格耿直，因敢于提出爱民、安民的策略而屡屡受阻，甚至被排挤。从考上进士当官，到屡遭排挤辞官归里写作，两人有较相似的经历，又都与当时对元朝政府时叛时降的浙东台州方国珍有关。

元至正十年（1350），方国珍在台州夺取元廷漕运船只反元。元廷浙东元帅泰不华看到高则诚的才能，且因他是浙江温州人，熟悉浙东地理、民情，调他任帅府参军，准备征讨方国珍。曾任元帅都事的刘基，也参与过对方国珍作战的策划，得到高则诚任参军武职的消息后，写了《送高则诚南征》，用“壮士缦胡缨，伐鼓开洪澜”“伏钺指天狼，怒发冲危冠”“人言从军恶，我言从军好”等句加以鼓励支持。这组诗感情慷慨激昂，充满建功立业的情怀。

可惜事与愿违，高则诚提出的主张与主帅不合，便请辞离职。这又与刘基不与兵事的遭遇相似。《明史·刘基传》中称：“方国珍起海上，掠郡县，有司不能制。行省复辟基为元帅府都事。基议筑庆元（即今宁波）诸城以逼贼，国珍气沮……国珍乃使人浮海至京，贿用事者。遂诏抚国珍，授以官，而责基‘擅威福’，羁管绍兴……授（基）总管府判，不与兵事。基遂弃官还青田，著《郁离子》，以见志。”说的是刘基看清方国珍对元朝政权的威胁，但被朝廷执政者所阻，反把自己的“军职”也丢掉了。

高则诚辞官回家不久，元朝又召他任福建行省都事。他路过宁波时，被方国珍留住。此时方国珍贿通京都当权者，受诏任江浙行省参知政事，想留高则诚在自己幕下。聪明的高则诚怎敢留在“对头人”的幕下？且他真的留下来，还对得起自己的挚友刘基吗？高则诚从刘基和自己的处境，早看透了元朝政府的痼疾，便索性辞官，在鄞县栎社的沈氏楼从事《琵琶记》的最后定稿工作，成就了中国文学史、戏剧史上的一大创举。

刘基、高则诚与朱元璋关系

据徐渭的《南词叙录》及《明史·文苑传》等书记载，朱元璋曾征召高则诚，但他以老病不出。不久病卒。余尧臣在陆游《晨起》诗卷的题词中明确提到，高则诚于至正十九年（1359）“以不屈权势病卒四明”（清陆时化《吴越所见书画录》）。可见，朱元璋应是至正十九年（1359）之前，还未当上皇帝时征召高则诚的。有人还说，高以佯狂来拒绝。

高则诚死后第二年，刘基在朱元璋多次派人征召后，彻底看清元朝必亡的情况，决定去南京为朱元璋策划，提出《时务十八策》，成为帝师，辅助朱元璋建立明朝大业，可谓一时功成名就。

朱元璋当上皇帝后，极力推崇《琵琶记》，曾说：“五经四书，布帛菽粟也，家家皆有。高明《琵琶记》如山珍海错，富贵家不可无。”这是帝师刘基从中介绍、促成呢，还是帝王出于统治需求而主动推荐？这又是一件值得深思的事。

赵之谦：客居五月绘奇作

赵之谦（1829—1884）

2011年，清代著名书画家、篆刻家赵之谦的《异鱼图》在西泠印社秋拍中以1150万元人民币成交，此后，在中国嘉德2017春拍“大观——中国书画珍品之夜·古代”专场中，此画又以2530万元人民币易主，身价翻番。

《异鱼图》是赵之谦30多岁客居瑞安时所作。这位与任伯年、吴昌硕并称“清末三大画家”的海上画派先驱，虽是绍兴人，但与温州结缘颇深。他在创作的盛年曾三次避难、游宦温州，其间更在瑞安有过一段当幕僚的经历，许多具有划时代意义的书画、篆刻作品，就是在这段时间创作的。瑞安博物馆现藏有赵之谦的一幅扇面书法作品。

瑞安任幕僚，守城四十日

赵之谦（1829—1884），字㧑（huī）叔，号悲庵、梅庵、无闷等。赵家本是绍兴富贵人家，世代为商，到了赵之谦这代，家道中落。赵之谦年少时聪颖过人，饱览诗书，乡试却屡次落榜。他在22岁入绍兴知府缪梓幕中，随之辗转四方。咸丰九年（1859），30岁的赵之谦终于中了举人，正欲大展宏图，不料次年太平军攻克杭州，时任按察使的缪梓战死，赵之谦顿时失去了依傍，只得逃离杭州。

咸丰十一年（1861），江浙一带太平天国战事如火如荼。为了躲避战祸，同时也是为了谋生，赵之谦于当年4月来到温州。他先在时任温州府同知兼署永嘉知县的陈宝善署中停留。陈宝善擅长书法，工行草，诗词亦佳，是晚清一位很有文人情致的官僚。他非常欣赏赵之谦的才华，多次在赵之谦困难之际，援手相助。赵之谦在温州期间，为陈宝善作诗两章、书画印多件。两个月后，赵之谦到了瑞安，谋了个幕僚的职位。其间，因金钱会动乱，赵之谦曾参与守城四十日，五日不寐。

瑞安历来为文风鼎盛之邑，科甲繁盛，文士辈出。但赵之谦个性兀傲，在其所著的《章安杂说》中称“瑞安文字少通者”，显然当时他并未融入地方文士的圈子，带有一种偏见与傲慢。例如文中提到孙衣言之弟、孙诒让之叔孙锵鸣：“瑞邑孙渠田侍讲锵鸣，前广西提学。洪逆初起时已解任。独秀峰题壁诗尚道之，意其有用才也，然极无取。闻其无子，有四妾，终日调停不能安。喜为地方干预公事。先是奉旨派办团练，近处州又警，遂群奉以为主。侍讲乃以白布方寸，钤关防于上，人给一方，出领钱百四十，歃血饮酒，名白布会……”

咸丰十一年（1861）八月末，金钱会攻进永嘉城，纷乱之中，赵之谦在永嘉官署中诸物均失，仅剩妻信一封和一幅赠陈宝善的画。

赵之谦行书折扇面（瑞安博物馆藏）

记地方风物，留传世名作

温州是海滨城市，其风土人情、自然环境均与赵之谦之前生活游学过的地方不同，这引起了他的极大兴趣，他由此创作了一批开创了海派画风的画作，其中最为著名的是《瓯中草木图》《瓯中物产图》和《异鱼图》，描绘的都是此前从未见过的花木和奇形怪状的海中物产，共32种。或许赵之谦当时是出于记录考证的目的而动笔，没想到却留下了中国绘画史上不朽的名作。

《瓯中草木图》一直以来被认为是赵之谦粗笔花鸟的代表作。画取琪树、仙人掌、铁树、金莲宝相等组成四屏，章法奇绝，设色明艳，令人耳目一新。著名书画篆刻家钱君匋称之为“敢

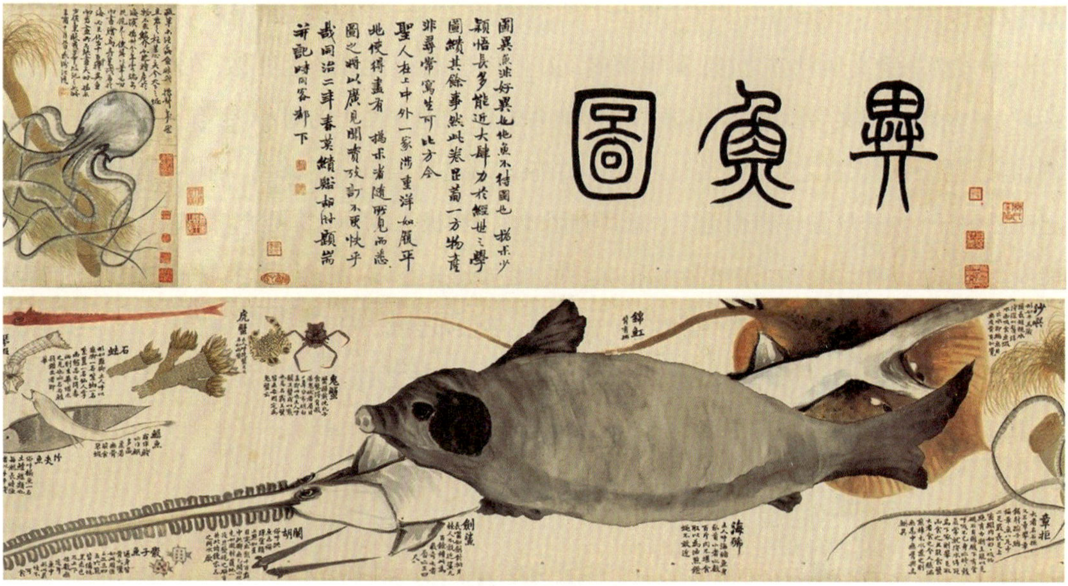

赵之谦《异鱼图》局部

于创新，敢于从俗”。据题跋可知，其中琪树出自永嘉城区曾氏园，仙人掌采自瑞安乡间，铁树则见于瑞安城隍庙。

《异鱼图》是赵之谦最钟爱的作品，为其在瑞安所作，构图丰富和谐。异鱼15种虽参差向背，大小各异，却能疏密交错，繁而不乱，笔笔相生、物物相需，有一气呵成之势。所画异鱼，不论大小，其下必有考证题识，所书小中见大，精气内敛，颇具金石气。赵之谦在画卷上落款：“咸丰辛酉，㧑叔客东瓯，见海物有奇形怪状者，杂图此纸，间为考证名义，传神阿堵，意在斯乎。”钤白文印“赵氏之谦”。

赵之谦留存于世的唯一诗集《悲盦居士诗剩》，其中近百首诗都和温州有关。此外，其著名的札记《章安杂说》，经考证大部分内容都是写于瑞安客居期间。如他在书中提到了陆放翁祠：“瑞安署后西偏，有陆放翁祠，祠前有亭，曰放翁亭……里巷犹传主簿贤。”赵之谦记录了瑞安民众传诵陆游主簿贤名的景象。

他乡遇知音，诗作多王生

夏季瑞安多台风，赵之谦在《风痴》一诗中写道：“东瓯夏秋多风痴，土囊盛怒不可挫。三日西方见飓母，炼风既出声势大。奔驰一气无何有，旋转九天如此作……世上风波聊复尔，客里遭逢亦无奈。”另有“西邻昨夜屋茅卷，野老伏地愁儿童。榱崩栋折等闲事，谁当此压凭天公”“风来忽转遽集此，风去忽回非恋谁”等句状写天灾。

沿海地区的台风让外乡人赵之谦颇感不安，好在他结识了一位挚友——瑞安人王金庚（1821—1862）。

王金庚擅画山水人物，隶书写得也好，当时却寂寂无闻。在瑞期间，赵之谦非常欣赏王金庚的作品，极力赞许，后者名气逐渐大了起来。怀揣知音情义，王金庚与赵之谦特别亲近，常常向赵之谦介绍瑞安当地掌故，两人经常谈论书画，或考证事物。关于这些往事，赵之谦在《章安杂说》里8次提及。

赵之谦到温州后，本打算游览东瓯名胜，但由于战乱，未得如愿游雁荡。他在《瑞安杂诗》中记道：“雁荡自干净，兹行未可卜。信如王生言，子无游山福。”诗中自注“王生”即是王金庚。

赵之谦还曾为王金庚临写《泰山刻石轴》，款记：“泰山刻石二十九残字拓本，今不可得矣。此为钱叔盖旧藏。叔盖殉节后，其子，余弟子也，抱以来温州，因得重见。临为云西仁兄法家正讹。同治纪元太岁在壬戌秋九月，会稽弟赵之谦记于永嘉官廨。”

跌宕风流处，竟是悲怆境遇

咸丰十一年（1861）九月，在瑞安客居五个月的赵之谦与另一位在当地结识的好友梁衡同返温州。同月，太平军攻陷绍兴，赵之谦家中世传书籍、字画散佚，他亦无意羁留温州。至十二月，他取道福州，准备进京考取功名。不料，他此时接到消息，称其夫人范敬玉在两个多月前过世了，两名未成年女儿也接连夭折。当初只打算南下讨生活，未承想竟成天人永隔。

从此，赵之谦改号“悲庵”，又作“悲庵”印章一方，发誓终身不再娶正室。

同治元年（1862），赵之谦还在为进京赶考的盘缠发愁时，陈宝善发来信函，请他重回温州协助军事。重归温州，赵之谦的行囊里，除了夫人生前留下的最后一封家书，还有《异鱼图》。此行他在温州逗留了7个月。

同治八年（1869）十月，赵之谦第三次来温，次月初离温返杭。

光绪十年（1884），55岁的赵之谦客死异乡。赵之谦去世后，作品散落各地。因受日本人推崇，其存世的大部分作品流散在日本，二战时期不少作品不幸毁于关西大火。如今，赵之谦的作品在收藏界有着极高的收藏价值。在中国嘉德2017年秋拍中，赵之谦刻制的青田石自用印章“为五斗米折腰”最终以1207.5万元人民币成交。

张謇：名士君子多契交

张謇（1853—1926）

张謇（1853—1926），字季直，我国近代著名的企业家、教育家。1956年，毛泽东在谈及中国近代民族工业时说，讲重工业，不能忘张之洞；讲轻工业，不能忘张謇。

对于瑞安人来说，张謇也许是一个并不熟悉的名字。但他却和诸多瑞安名士成为非同寻常的契交。

与黄体芳父子：志同道合共进退

人称“瑞安先生”的黄体芳，曾任内阁学士、江苏学政、兵部左侍郎、左都御史等职。一生正直敢言，被誉为“清流巨子”，为“翰林四谏”之一。

黄体芳视学江苏五年间，结交的江苏籍士人多与他有师生之情，其中就有曾以制艺问业于黄体芳的张謇。

身为一省教育长官的黄体芳对正在科场拼搏的士子张謇颇多关照，两人来往密切，平素或信札往来，或诗文唱酬，长久保持着这一段交谊。光绪十七年（1891），黄体芳以《六十述怀》寄示张謇，张謇和诗“人尊司马节，朝重惠文冠”，对黄的文章气节大力推崇。

甲午战败，清政府日益腐败，外患日逼。慈禧太后掌握国柄，光绪皇帝没有实权，不满后党的官僚、文人、名士日益增多，翁同龢等竭力结纳以清议见长的士大夫。黄体芳之子黄绍箕（清末著名教育家）继承父辈清流遗风，与张謇同为“后清流”中的健将。他们坚决主张抵抗日本侵略并反对当时弊政。光绪二十年（1894）九月，黄绍箕与张謇等申议联络英、德以抗日，由文廷式领衔上奏《奏请密连英德以御倭人折》。

光绪二十一年（1895），康有为组织了近代中国最早的具有政党性质的政治团体——强学会，“以求中国自强之学”。黄体芳与儿子黄绍箕、侄子黄绍第三人均加入该会，张謇同列会籍。光绪二十二年（1896）一月，《强学报》第一号出版发行。黄体芳、康有为、黄绍箕、黄绍第、张謇等16人联名发表公启，公布《上海强学会章程》。

温州博物馆现藏有张謇致黄体芳、黄绍箕信札四通，共十纸，字里行间流露出张謇与黄体芳之间浓浓的师生之情，以及与黄绍箕的朋友之谊。

与孙诒让：履历相似结知音

张謇比孙诒让小5岁，身处同一时代，他们的人生有着很多相似之处。两人的科举入仕之路均不平坦，一生看淡官场名利，兴实业，重教育。

张謇16岁中秀才，此后五次乡试均不中，四次会试皆受挫，直至41岁时，因帝师翁同龢极力提携，终于得中一甲第一名状元，授以六品的翰林院修撰官职。甲午中日战争爆发后，面对落后就要挨打的现实，张謇认为，只有发展民族工业，才能抵制帝国主义列强的侵略、抵制外国资本的侵入。他放弃功名仕途，回到家乡创办了大生纱厂。他这样表明心志：“愿成一分一毫有用之事，不愿居八命九命可耻之官。”

孙诒让19岁中举人，此后八应礼闱而不第，虽报捐了刑部主事，但只在刑部行走四个月，便乞假离开官场。虽清廷三开经济特科，五被征召，孙诒让却一概不就，曾屡次坚拒军机大臣张

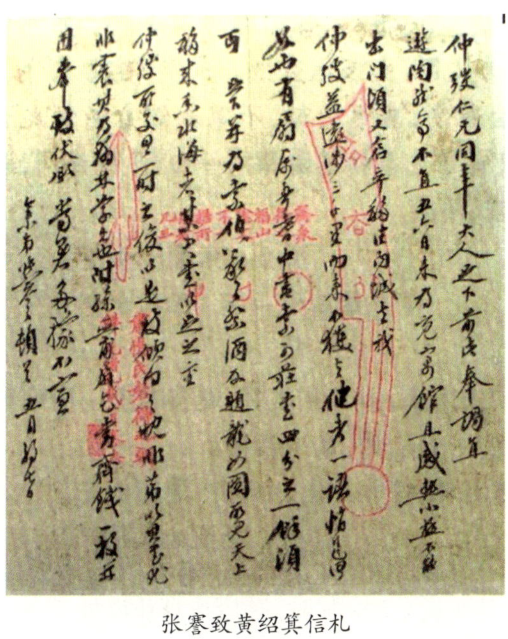

张謇致黄绍箕信札

之洞、学部尚书张百熙、湖南巡抚陈宝箴等人的举荐，时人称之为“孙徵君”。

孙诒让和张謇，有个共同的密友黄绍箕；孙诒让和张謇，还都是张之洞十分欣赏的才俊。

同治六年（1867），孙诒让参加浙江省乡试，考中举人，担任乡试副考官的正是张之洞。光绪二十二年（1896），孙诒让在瑞安创办学计馆，张之洞为之题写匾额，这个匾额尚保存在瑞安中学。光绪三十年至三十三年（1904—1907），张之洞数次邀请孙诒让到武昌，担任其创办的存古学堂的监督、总教。孙诒让还数次向张之洞乞援，请求设法营救爱国志士谭嗣同、秋瑾等人。

同样，张之洞和张謇也颇有渊源。张之洞曾通过时任江苏学正的黄体芳等人力邀张謇为幕僚。张之洞曾竭力向清廷保举张謇，帮助张謇实现了在南通创办大生纱厂的愿望，而且凭手中的权力，给张謇以支持和帮助。张謇一直把张之洞看成是“能知言可与言”的知己，两人在创办实业上多有交流。

光绪二十九年（1903）一月，张之洞保荐经世人才30人，张謇、孙诒让均在列。

相似的人生经历，相同的朋友、师长，相近的政治主张，孙诒让和张謇颇有默契，交往匪浅。在国家危难之际，他们均走出书斋，阐西学，议变法，办实业，兴学校，力图开通民智，革新政治，以挽救国家和民族于危亡之际。孙诒让在温州、丽水两地16县倡办各类新式学堂约300所，参与组织瑞安务农支会、富强矿务公司、大新轮船股份公司，创办东瓯通利公司等。而张謇一生则创办了20多家企业、370多所学校，不仅将南通建成“中国近代第一城”，也推动了中国民族工业的发展进程。

光绪三十一年（1905），张謇为孙诒让专著《名原》题写书名。光绪三十三年（1907），张謇为孙氏创办的“温州初级师范学堂”题写校名。

光绪三十四年（1908）孙诒让逝世后，张謇撰《孙徵君墓表》，充分肯定了孙诒让的治学成就，称其：“烛远规大，条综理贯，炳后来儒术治涂之炬，其为世虑二百年来儒者所未能有。书播异邦，名流来牒，有以也夫。”

民国二年（1913），为纪念孙诒让，温州学界人士众筹资金，在九山河畔购得依绿园旧址，营建籀园、籀公祠。籀园台门青石匾额“籀园”二字，为张謇题写。张謇另撰联：“故垒初开又燕语，裁笺遥隔一牛鸣。”

与郭凤鸣：吾辈人才蒙知遇

光绪三十一年（1905），张謇等人在上海集资创办江浙渔业公司，购置渔轮进行渔业作业。张謇为总理，欲推举孙诒让为副总理。其时，孙诒让身兼温处学务分处总理、瑞安商会总理，因此以工作繁忙为由，固辞不就。后来，孙诒让向张謇力荐同乡才俊郭凤鸣。

郭凤鸣到张謇的渔业公司任职后，精明能干、勤奋务实，深受器重。张謇还特意指派郭凤鸣远赴意大利米兰，考察万国博览会，并负责公司参展物品的征集工作。从欧洲回国后，郭凤鸣将自己的所见所闻，编写成《意大利万国博览会纪略·调查欧西实业纪要》。该书由张謇题写书名，孙诒让作序。张謇称他的书稿"浏阅再四，益愀然于吾国实业之前途……纲引而目系之，俟有能采而行之者，可谓能耻我所短，且知我之所无者矣"。

民国初年，张謇任农商总长，曾奏调郭凤鸣入农商部。宋教仁时任农林总长，郭凤鸣为农林司长，后郭凤鸣转任农商司长。

与宋恕：不谋而合倡变法

张謇与孙诒让的堂妹夫宋恕亦有交情。宋恕是早期维新派代表人物、近代启蒙思想家，力倡变法，他著《六斋卑议》提出废时文、改官制、设议院、行西律、办西学等主张，与张謇的变法维新思想不谋而合。同为维新派人士，两人均与康有为、梁启超、谭嗣同等维新领袖交往颇多。宋恕光绪十八年（1892）春在上海与张謇两次见面，讨论子学。张謇光绪二十年（1894）五月二十八日中状元，宋恕于同年六月二十三日给张謇去信祝贺，八月八日又托人把前信并附《六斋卑议》稿本带给张謇，张在回信中写道："得读大著，洞达事变，钦佩无似！"

宋恕晚年时看到袁世凯在北方推行宪政，应张士珩之邀，到山东规划文教改革。宋在《创设农务总局议》中写道："近年江苏所属之通、海等处农务日见起色，即由于本地翰林院修撰张謇等总司其事。"张謇在南通的改革实践成为宋恕要在山东推行改革的模式。

弘一法师：永嘉于吾亦故乡

长亭外，古道边，芳草碧连天。

晚风拂柳笛声残，夕阳山外山。

天之涯，地之角，知交半零落。

……

跨越百年时空，李叔同作词的这首《送别》依然如此触及心灵。歌手朴树在录制这首歌时，几度失声哽咽。

书画家、音乐家、戏剧家、教育家、诗人……他是风流才子李叔同，他是一代高僧弘一法师。24年佛门岁月，他在温州的日子占了近12年。他说："吾以永嘉为第二故乡。"

一代大儒孙锵鸣任职清吏部主事时，李叔同父亲李世珍在其门下。虽然父亲辞世时，李叔同不过5岁，但冥冥之中，牵起了他和温州的情缘。此后，他遇到了他的瑞安同学，人生因此和温州有了特殊的交集。

因他一言，弘一在温驻锡12年

光绪二十七年（1901），李叔同进入上海南洋公学就读。南洋公学是上海交通大学的前身，光绪二十二年（1896）洋务派代表人物盛宣怀上奏光绪皇帝创办并兼任督办。南洋公学于光绪二十七年（1901）九月设立经济特科班（简称特班），班主任是著名的教育家，后任中华民国首任教育总长、北京大学校长的蔡元培先生，当时叫作"特班总教习"。特班当年在全国招了42名学生，李叔同和来自瑞安的三名青年林大同、项骧、郭弼成了同班同学，且和林大同是室友。

林大同（1880—1936），字同庄，瑞安城关人。浙江早期铁路、水利专家，曾监督兴建杭

林大同（中）与弘一法师（右二）、马一浮（右一）等人合影
（来源：《温州老照片》，中国对外翻译出版公司2011年版。）

州首个火车站，参与设计杭州至嘉兴铁路工程，促成浙赣铁路兴建；曾任浙江最早的水利机构——水利委员会技正兼主任、浙江水利局局长等职。

光绪二十八年（1902），李叔同和林大同均赴日留学。虽然两人在不同的学校，一个学的是土木，一个学的是美术，但常有联系。学成回国后，又曾同在杭州工作。林大同在铁路、水利部门，李叔同在浙江省立第一师范学校教音乐、美术。

民国七年（1918）八月十九日（农历七月十三）李叔同在虎跑寺剃度出家。从此，世间少了翩翩公子李叔同，多了高僧弘一法师。对于李叔同的出家，林大同是支持的，他对弘一法师说："灵隐寺住持慧明大和尚与我为方外交，可介绍去灵隐寺受戒。"农历八月，弘一法师即在灵隐寺受具足戒。"七月十三日那一天，是大势至菩萨的圣诞，所以就在那天落发。落发以后仍须受戒的，于是由林同庄君介绍，到灵隐寺去受戒了。"《李叔同说佛》第一部分——《我在西湖出家的经过》记录了这件事，文中所提及的"同庄君"就是林大同。

出家后，弘一法师深感"杭地多故旧酬酢"，又因体弱，冬夏难耐严寒酷暑，极想"觅清净兰若，息心办道"。民国十年（1921）二月，他和林大同说起此事，林大同告以"永嘉山水清华，气候温适"，既安静又少打扰，可专心修治佛典。弘一法师"闻之欣然"。于是，同年四月，他搭乘"海晏号"海轮从上海出发，两天后抵达温州，从此开启他12年的温州生活。

林大同的长子林镜平（曾任温州市卫生局局长、温州医学院附属第一医院院长）在《弘一法师墨迹》中有这样的题款："先父与法师为同学挚友，交情颇笃。今对遗墨，缅怀世谊，益增景仰。敬缀一绝于后，固知法师宏愿所在，不徒以书法重也。"

温博珍宝，见证同窗深厚情谊

在南洋公学李叔同所在的特班，42名学生个个是精英，包括黄炎培（教育家）、谢无量（曾任临时大总统孙中山秘书长、参议长）、邵力子（政治家、教育家）等。其中，瑞安青年郭弼脱颖而出，在入学考试中，高居榜首，主考官蔡元培对其极为赞赏。此后的学子生涯，李叔同也与他交往甚密。

郭弼（1876—1940），字奇远，居瑞安城关第四巷。父亲郭庆昭是全国最早的公共图书馆——心兰书社的创办人之一。郭弼年少聪颖，孙诒让、宋恕等瑞安乡贤均视其为奇才。

在南洋公学求学期间，郭弼特别勤奋。谢无量曾撰文回忆："奇远岂今人哉！其志甚古，其容甚寂，其音甚拙，其服甚野，其言又甚大。读书于上海，与余连墙而居。奇远及泰州储声远据余之东室，林同庄、李叔同据余西室，日相见也，夜相闻也。声远年最长，同庄则奇远之里人，每中夜同舍皆酣睡，奇远犹与声远诵外语，书声琅琅，读书不能自休。"

光绪二十八年（1902）十一月，以"墨水瓶事件"为导火索，南洋公学的近200名学生因反抗校方的专制统治而集体退学。校园一别，李叔同赴日留学，郭弼到暨南大学任教。两人虽同窗仅一年余，但交情不浅。《宋恕集》记载，郭弼精通佛学，和李叔同交好。

出家后，弘一法师在温驻锡期间，与郭弼鸿雁往来。温州博物馆现藏有他致郭弼的八封信，为镇馆珍宝之一。这八封信的写信时间集中在民国八年至十二年（1919—1923），信中，弘一称郭弼为"旧雨""旧友""至好"等，关系可见一斑。

第一封信写于民国八年（1919）中秋节前二日。郭弼托其子郭鸿飞（曾任上海《申报》《时事新报》编辑）带信向弘一法师表示问候。弘一复信致意，并简单说了自己出家的经过。"公子来，贻手书，披诵忻慰。衲于去秋七月，披剃于虎跑定慧禅寺，今居玉泉寺。"信中，弘一还称与林大同"不时晤谈"。

弘一法师民国十年（1921）来温后，选择僻静的庆福寺闭关潜修。次年一月，郭弼写信要求与弘一"接谈"。大师复信婉言谢绝，但为了满足这位至好旧友求见的愿望，他采取了通融的办法——"五年前写影，附奉一叶，聊慰远念"。

民国十一年（1922）八月，郭弼寄篆书向弘一法师求教，弘一在回信中对老同学的书法给予充分肯定，称赞其既有中国古篆的传统，又有唐代篆书的风韵，但也毫不客气地指出"印与印泥皆未精美，宁不可惜"。这封信信末，弘一法师还特别提到了瑞安"五黄先生"之一的黄体芳。"曩闻黄漱兰老居士体芳，颇究心佛学，与仁尝晤谈不，此末委咨。"弘一对黄体芳等文化耆宿的关注，正反映了其不同于一般僧侣的文人情结。

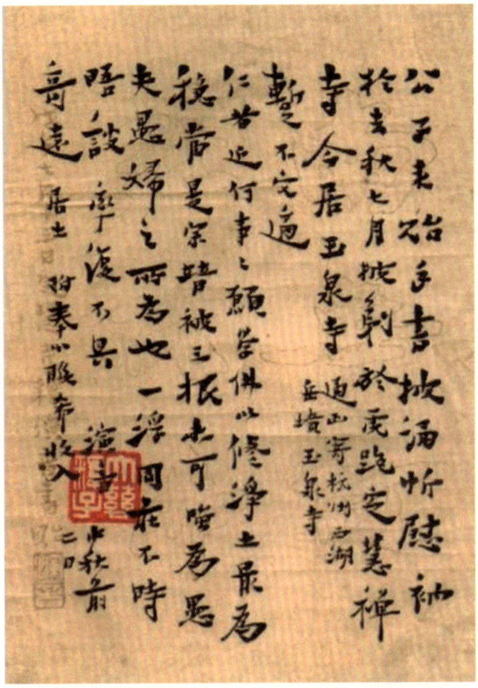
公子來貽手書披誦忻慰衲
於去秋七月披剃於虎跑定慧禪
寺今居玉泉寺 通訊寄杭州西湖岳墳玉泉寺
暫不定適
仁者近何事〻頗學佛以修淨土最為
穩當是宗普被三根未可嗤為愚
夫愚婦之所為也一浮同在不時
晤談 率以復不具 演音 中秋前二日
音遠居士

1919年中秋节前弘一大师写给郭弼的信

在给郭弼的信中，弘一法师不吝赞美瑞安的秀丽风光和人文环境。如他在民国十一年（1922）六月初二的信中说：“明岁仲春圆满，行将移居尊邑大罗……闻其地殊幽胜，当来仁者可杖策来游也。”

其余诸封书信，多与佛教有关，包括向郭弼推荐佛教典论经文，代为寻求瑞安县务本书局出版的《经像灵应录》等。

据郭弼后人黄炽森撰文介绍，郭弼一生无意仕途，曾在上海翻译世界会社、宁波《浙东公报》、温州《大公报》《瓯括日报》《瓯海公报》《温处公报》等报刊担任主笔、编辑。27岁时著有《仁仁学》（现存国家图书馆），是国内评论谭嗣同著作《仁学》最早的专著。晚年致力“医术济人”，著有《长沙方论》《全国名医验案类编续编》《中国医学大成总目提要》等，备受中医界推崇。

天之涯，地之角，知交半零落。漫漫人生，李叔同和他的瑞安同窗虽欢聚无多，散在天涯，但高山流水，他们彼此影响，相互成就，各自谱写了人生华章。

鲁迅：瑞城故人忆几许

鲁迅，一个在中国文坛上掷地有声的名字。他波澜壮阔的人生中，曾和许多瑞安文人有过深深浅浅的交集。他们与鲁迅或同窗，或共事，或作为文学青年得到其指点，或因鲁迅奖掖而成长为一代大家。

一席谈，一餐食，一札信，一幅画……这些文人间的点滴交往，让我们看到了那个动荡年代下的学思暗涌。

瑞中首任校长许藩：不知他的文学造诣这么深

许藩（1884—1947），字介轩，世居水心街，学计馆最早一批学生之一，参加光绪二十六年（1900）温州六县举办的算学会试，成绩第一，被瑞安普通学堂聘为助教。光绪三十年（1904），瑞安普通学堂总理（校长）孙诒让选派许藩留学日本，在弘文学院专攻数理。

弘文学院是日本最早专门接受中国公派留学生的学校。伴随着中国近代第一次留学热潮，它成为中国近代留学日本热潮中创办较早、接收留学生人数最多、影响最大的一个中国留学生特设教育机关。这里也是光绪二十八年（1902）四月，鲁迅抵日后留学生涯的起点。

在这所学校的留学生活动中，许藩与同为浙江老乡的鲁迅结识。学成归国后，许藩担任瑞安普通学堂理化教习。民国元年（1912），瑞安中学始行校长制，学校监督许藩成为瑞安中学首任由官府任命的校长。任校长五年，他不仅没领薪酬，反而为办学赔垫了3000余元。他积极筹措经费，扩建校舍，为瑞安中学的发展建树颇多。

20世纪20年代初，许藩得知当时名噪一时的《呐喊》《彷徨》的作者鲁迅就是当年在弘文学院的同学周树人时，十分吃惊。他拿出《东瀛同窗录》，回忆当年在日本留学时与鲁迅交往的点滴。他说，当时只知道周树人认真学习科学，从不知道他的文学造诣这么深。

教育家洪彦远：在京、杭两度与鲁迅共事

洪彦远（1879—1958），字岷初，教育家。他与鲁迅曾两度共事，致力于教育事业。

洪彦远光绪三十年（1904）在瑞安学计馆毕业后东渡日本，进入东京高等师范学校学数理科。七年后，洪彦远学成归国，先后在河北保定师范学校、浙江官立两级师范学堂（杭州师范大学的前身）任教数学。后者是浙江省最早创办的师范学校，初期教员大多聘自日本和留日归国的学者。在这里，洪彦远与早两年进校的鲁迅成了同事。鲁迅宣统元年（1909）从日本回国后，应该校监督（校长）沈钧儒聘请，到该校担任化学与生理学课程教员，同时兼任博物课日籍教员的翻译。这是鲁迅的第一份正式工作。

民国七年（1918），洪彦远由浙江省立第十中学（温州中学前身）校长调任教育部视学，与老同事鲁迅重逢。民国元年至十五年（1912—1926）鲁迅的职务是教育部佥事，兼任社会教育司第一科科长，主管文化、艺术等方面。当时，鲁迅一直在“佥事”这个职位上原地踏步。“教育部佥事”是多大的官？在北洋政府时期，政府各部的最高首长为总长，副职为次长，以下设参事、司长、佥事、科长、主事、科员。佥事是司长的助手，相当于司长助理。

经史学家周予同：难忘消闲别墅的同席夜饭

周予同（1898—1981），世居瑞安县城第二巷，经史学家、教育家。20世纪20年代，曾于上海任商务印书馆和开明书店编辑。

民国十五年（1926）四月，鲁迅作《死地》《记念刘和珍君》等文章，抨击段祺瑞政府屠杀学生的罪行，遭追捕，不得不四处避难，佥事一职也保不住了。同年八月，通过厦门大学文科主任兼国学研究院秘书林语堂的推荐，鲁迅任该校文科国文系教授兼国学研究院研究教授。他于八月二十六日离京，取道上海赴厦门。

八月二十九日早晨，鲁迅抵达上海。三十日，周予同与上海文化界著名人士设宴盛情款待。鲁迅在《日记》中这样记写：

三十日，昙。下午得郑振铎柬招饮，与三弟至中洋茶楼饮茗，晚至消闲别墅夜饭，座中有刘大白、夏丏尊、陈望道、沈雁冰、郑振铎、胡愈之、朱自清、叶圣陶、王伯祥、周予同、章雪村、刘薰宇、刘叔琴及三弟。夜，大白、丏尊、望道、雪村来寓谈。

席间晤面的十余位文化名人，半数为鲁迅先生浙江同乡，可见家乡人以鲁迅文化盛名而自豪，更可见鲁迅在文学创作上的影响力。

民国二十五年（1936）十月，鲁迅逝世。次月，朱自清发表《鲁迅先生会见记》，回忆与鲁迅的三次见面。其中，着墨最多的就是上海的这次晚宴，也是他们的第一次见面。在这篇不足千字的短文里，还提到了周予同："周予同先生在北平师大时，听过他讲中国小说史，讲得神采奕奕，特别是西王母的故事。这也是席散后谈起的。"

民国十六年（1927），鲁迅自广州回上海定居，自此至逝世十年间，他所倡导和参加的文化界各种进步活动，如反对文化统制、要求保障民权、提倡大众语等，周予同都积极参加。

瑞安才子伍叔傥：曾与鲁迅在中山大学同事

伍叔傥（1897—1966），瑞安仙降上河村（今属云周街道）人。北京大学国文系毕业后，历任中山大学、中央大学、台湾大学、日本东京大学、香港中文大学等校国文教授、国文系主任等。名列"民国瑞安十才子"。

民国十六年（1927），伍叔傥任中山大学预科教师。这年一月，鲁迅离开厦门大学任中山大学教务长兼文学院长。两人成了同事，并有了交往。鲁迅在当年一月二十四日的日记中记："午后甘乃光来。中大学生会代表李秀然来。徐文雅、潘考鉴来。骝先来。伍叔傥来。下午寄钟宪民信。广平来并赠土鲮鱼四尾，同至妙奇香夜饭，并同伏园。观电影，曰《诗人挖目记》，浅妄极矣。"

现当代文艺理论家钱谷融回忆恩师伍叔傥时说："伍先生曾在中山大学与鲁迅同过事，他一向很敬佩鲁迅先生。他离开内地后，一度去日本教书，教的课程中就有鲁迅。"

伍叔傥是对钱谷融一生影响最大的人之一。这就不难理解钱谷融说"在现代文学中，我只爱鲁迅和周作人"。学术爱好，也是有迹可循的。

金石家邹梦禅：登门求教获赠鲁迅手抄诗

邹梦禅（1905—1986），世居瑞安县城道院前。著名书法金石家，曾任《辞海》编辑、西泠印社理事、浙江省书法家协会名誉理事、中国书法家协会会员。

在任《辞海》编辑期间，邹梦禅结识了茅盾。当时茅盾在上海商务印书馆工作，邹梦禅在中华书局，两人是同行，有过频繁接触。因为茅盾的引荐，邹梦禅曾两次见到鲁迅先生。一次是民国二十年（1931）冬，在上海四川北路内山书店，时任《辞海》编辑的邹梦禅向鲁迅请教有关

《辞海》编辑方面的一些问题。再次是民国二十一年（1932）十二月二十九日，邹梦禅登门拜访鲁迅，鲁迅抄录一首《教授杂咏》相赠。当天，鲁迅在日记中写道："午后为梦禅及白频写《教授杂咏》各一首。"

画师陈光宗：为鲁迅画像的温州第一人

1933年夏，绘于温州
1986年初重摹

1934年7月，鲁迅
在内山书店

1937年10月，鲁迅逝世周年温州
纪念大会及游行所制鲁迅像

《鲁迅日记》（1933年8月1日）中有这样一句话："……得胡今虚信，得陈光宗小画像一纸。"鲁迅文中提到的陈光宗（1914—1991）是一位画师，出生在温州城区，民国三十二年（1943）举家迁往瑞安。陈光宗于20世纪30年代在上海美专学习，1953年在沪从事连环画创作，曾与刘旦宅、程十发等名家合作绘画，一生还多次为鲁迅画过肖像画。

民国二十二年（1933）夏、民国二十三年（1934）夏、民国二十六年（1937）秋，陈光宗先后三次画过鲁迅肖像。民国二十二年（1933）上半年，因景仰鲁迅，陈光宗在与友人胡今虚等在温州合编的《动荡文艺报》上发表了鲁迅的木刻画像。同年7月，胡今虚写信向鲁迅求教，信中附上这幅鲁迅木刻像拓片。这就是民国二十二年（1933）八月一日鲁迅日记中提及得画的缘由。这幅画形神兼备，在中国早期同类题材的版画作品中出类拔萃。

民国二十三年（1934）夏，陈光宗在上海内山书店邂逅鲁迅，忙用铅笔进行肖像速写，回寓后再用毛笔重绘。这幅画用的是漫画笔法，神情生动逼真，后来投寄给当时的进步杂志《文学》《太白》《漫画与生活》和《芒种》等，但在发排前夕被国民党图书检查部门查处，被禁止刊出。《芒种》主编曹聚仁特将此事经过转告鲁迅。据《鲁迅全集》，鲁迅于民国二十四年（1935）四月十日致曹聚仁信中曾说："陈先生的漫画，望寄给我。他日印杂感集时，也许可以把它印出来。所流转的四个编辑室，并希见示为幸。"曹聚仁得信后，即将《芒种》所制锌版寄去。可惜这幅原画和锌版此后下落不明，新中国成立以后许广平先生多次寻找原作，终无果。

民国二十六年（1937）十月，鲁迅逝世一周年，温州战时青年服务团举行纪念大会和大游行，陈光宗漏夜赶绘一幅高约3米的布幅鲁迅半身像，高悬在主席台上。

施昕更：不负韶华良渚情

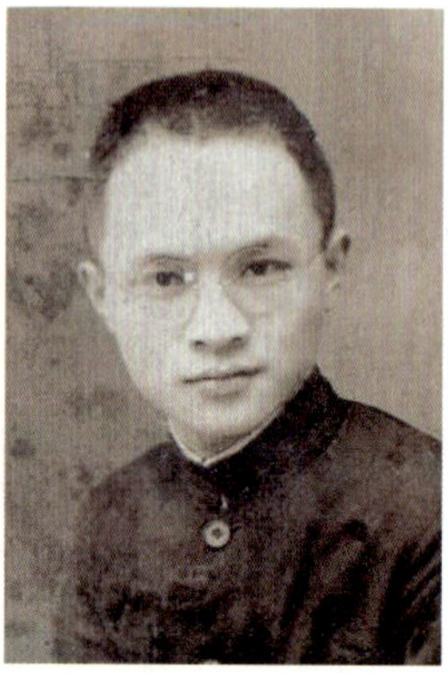
施昕更（1911—1939）

良渚与瑞安，它们在时光的进程中并行向前，却因那些人、事，彼此相接。

2019年，中国·杭州“良渚古城遗址”在第四十三届世界遗产委员会会议上获准列入世界遗产名录。这个被誉为“实证中国五千年文明史的圣地”，不仅代表了中国史前稻作文明的成就，也印证了长江流域对中国文明起源的杰出贡献。

良渚古城遗址，和千年古县瑞安有着一段特殊的情缘——发掘古城遗址的第一人施昕更在瑞安完成有关良渚文化的最早发掘报告，并将生命永远定格在了瑞安；1959年，祖籍瑞安的我国考古学奠基人夏鼐将良渚遗址为代表的史前遗存命名为“良渚文化”，为当时中国最早命名的史前考古学文化之一。

学界瞩目，首份报告诞于瑞安

施昕更（1911—1939），浙江余杭良渚人，1926年考入浙江省立高级工业学校艺徒班，兼修国画和西洋画。民国十八年（1929）进入西湖博物馆（浙江省博物馆前身）工作。

1936年，担任西湖博物馆科学部地质矿产组助理干事的施昕更，在家乡良渚附近的干涸池底发现了几片黑色有光的陶片，察觉到其重要性。随后，在西湖博物馆的支持下，他开始对良渚遗址进行田野考古发掘。1936年至1937年，施昕更在良渚总共进行3次发掘，获得大量的石器、陶片等实物资料，确认了良渚一带存在古老文化的遗存。

1937年春，施昕更执笔写下6万余字的《良渚》，详细介绍了当时田野考古发掘的经过以及收获。施昕更最亲近的师长、原浙江省西湖博物馆馆长董聿茂曾撰文写道：

他经过几次调查挖掘，在同事们的大力协助下，花了约半年时间，至1937年春报告写成，题名《良渚》，同时委托杭州印刷厂承印。但此时卢沟桥事发，日本发动了侵华战争，形势危急，施昕更只得暂避良渚，负责印刷事宜。

1937年11月，在西湖博物馆馆长董聿茂带领下，沿钱塘江乘船到达兰溪。此时，杭州沦陷，施昕更赶赴兰溪，《良渚》报告没有印成，连已制的图片锌版也无法带出，只带了一些旧稿。

施昕更的孙子、良渚遗址管理所副所长施时英后来在他的著作《良渚文化发现人施昕更》一书中提及："原来那份报告由于战火原因，部分内容丢失。爷爷到瑞安后，对其进行了补充、撰写、整理。我们现在看到的这份报告，是在瑞安完成的，可以说，瑞安是这份报告的诞生地。"

在这份报告的卷首语末尾，施昕更特意标注："昕更志于瑞安。"

"报告完成后，我爷爷觉得意义重大，便带着它找到当时的西湖博物馆馆长董聿茂，请予印刷。由于战事紧张，馆里经费严重不足，董馆长以珍惜学术著作为重，要求当时的教育厅拨款付梓，获省教育厅同意。"施时英说。在非常艰难的情况下，施昕更的报告得到同事钟国仪和一些好心人的帮助，终于在上海出版。该书分为序言、遗址、地层、遗物、结论5个部分，详细介绍发掘经过和收获，这是关于良渚文化的第一部科学的考古报告，立即引起国内外学术界瞩目。

黑陶袋足鬶（guī）良渚博物院藏

《良渚——杭县第二区黑陶文化遗址初步报告》

投笔从戎，在瑞积极撰文建言

因时局紧张，当时西湖博物馆的员工处于半失业状态，施昕更这位良渚文化的发现人，深知只有把侵略者赶走，才有希望再次研究中国辉煌的古代文化，所以他毅然决定投笔从戎，加入抗日救国运动中去，后经董聿茂推荐，到瑞安担任抗日自卫会秘书。

抗日战争中，施昕更废寝忘食，夜以继日地工作，为宣传抗日做了百余篇报道。

《浙瓯日报》是当时温州发行的报刊，主要报道永嘉、乐清、瑞安、平阳一带的新闻。每逢有关抗日重大事件，抗日自卫会都会进行纪念宣传。施时英说，在1938年的《浙瓯日报》上，可以找到很多瑞安抗日自卫会向政府提出的有益建议。比如，1938年9月22日《浙瓯日报》刊载："抗日会建议省府收办物产运销，防止茶叶、桐油私运。"当时，茶叶成了换取枪炮的战略物资，抗日自卫会发动民众帮助政府监督执行。

因积劳成疾，施昕更患猩红热并发腹膜炎，曾赴温州城区就医，途中遇到敌机轰炸，致使病况加重。瑞安市委党史研究室相关负责人介绍，当时施昕更患病后，虽找到当地最好的医生看病，但作用却不明显。施昕更再转求中医。服用中药后，病情渐有起色，但不久后又忽然加重。

施昕更病重之际，于1939年5月27日写了一封信给父亲，瑞安当地的报刊予以刊登。在这封信中，他讲述了医治过程和焦急的心情。

1939年5月29日，施昕更不幸病逝在瑞安县立医院，葬于瑞安县西山，年仅28岁。5月30日，瑞安当地报刊对施昕更的逝世发文悼念。

墓址难寻，瑞城传递人间温情

施时英说，他爷爷逝世后，瑞安县政府将他的财物、文稿、书籍委托给一名余杭籍人士，并付给他足够的路费，让他将遗物送往施昕更家。"谁知，被委之人萌生歹意，把所有值钱财物变卖一空，窃为已有，唯有一份瑞安当地报刊和一封家信，通过敌伪时期邮路转寄到我家。曾祖父收到后，方知爷爷已过世，悲痛欲绝，为了躲避日伪搜查，把这两件遗物包装后藏在柴草堆中。1944年，曾祖父仙逝。抗战胜利后，家人从柴堆中将仅存的两件遗物取出保存。"

可惜"文革"中这两件遗物遗失了。所幸，施时英的父亲施忆良在20世纪50年代把遗物的内容抄录在笔记本上，方得以保存下来。

施时英说，父亲施忆良对于爷爷的记忆很少，只能从只言片语里了解爷爷的事迹。"我小的时候，父亲跟我说过，爷爷在瑞安，等你长大了我们骑自行车去找他。"这句话一直印在施时英的脑海里。只不过，年幼的他根本无法了解父亲当时说这话时内心所隐藏的悲痛。

1997年夏天，施时英来到瑞安西山寻找爷爷的坟墓，但他翻遍整座山也没找到。

此后，瑞安市博物馆馆长陈钦益曾先后两次陪同施时英去西山寻墓。陈钦益说，二十世纪七八十年代西山一带频繁建房，一些坟墓被破坏，这可能是寻找无果的原因之一。

“1983年瑞安市进行全国第二次文物普查时，我19岁，刚进入瑞安市文物馆工作。馆里的俞岳秋先生带我去瑞安西山查看文物古迹。当时西山有许多古迹，包括名人墓。俞岳秋先生前期做了大量的准备，包括施昕更安葬于西山的线索。那次，他特意去找施昕更的坟墓。但遗憾的是，我们找了好几次，都没找到。”陈钦益说，从那时起，良渚文化和施昕更就深深地印在他的脑海里。

2019年，施时英再次来到瑞安，这次是玉海文化研究会会长何光明带他去寻找坟墓。何光明介绍，20世纪70年代，他的老邻居吴老伯曾在环卫部门工作，当时环卫工人自发组织在西山建房（现教育仪器厂旁的山上）。吴老伯提及，建房时他们曾看到一座坟墓上面写着施姓。

虽然只是确定了一个大概位置，也没发现具体“证据”，但施时英已经非常开心了。“我父亲今年88岁了，当我把找到坟墓大致位置的消息告诉他时，他激动得连声音都变了。我想等天气转凉后，开车带他来看一看，了却老人的心愿。”施时英特意说，不管愿望能不能实现，他都十分感谢这些年一直帮助他寻找爷爷坟墓的热心人。瑞安的人情温暖，或多或少填补了他内心的缺憾。

武学一脉

叶秀标（1808—1875）
（何光新/提供）

叶秀标：世称“浙南霍元甲”

温瑞塘河的支流——洛川，从瑞安莘塍街道最繁华热闹的商业街穿街而过，河畔近280年树龄的榕树以及树下的“叶文定祠”庇护着河旁来来往往的乡民，两岸聚居着大量叶姓人家，多是南宋大儒叶适的后裔。

200多年前的清乾隆年间，洛川河边有一位叶氏相公，为人谦逊，为善乡里，精内家拳法，以铜钟功浙南传人身份传承武艺，他就是被后人誉为“浙南霍元甲”的叶秀标。

出身名门，求艺薛师拳艺大进

叶秀标（1808—1875），字铭恩，号赤霞，莘塍洛川村（现直洛村）人，叶适后裔。叶秀标父亲叶缙光（1787—1850），字翰声，号墨林。当时，叶缙光的宅第是当地最气派的大合院，依河而建，坐北朝南，大门正对洛川河，门前安置有一对大石墩。

叶秀标自幼谦虚好学、为人和善，少时曾随母习艺，练吐纳导引功多年，小有名气。叶母许氏夫人是福建水师提督许松年的侄女。舅公许松年的成就对年轻的叶秀标影响深远，不仅激起了他对武术的热爱，也推动着他在武坛不断进取。

据蒋幼山的《少林内功入门》载，清嘉庆年间，峨眉和尚澄慧禅师云游至薛里，与善硬法拳术的薛雪景切磋武艺。澄慧禅师甫一举手，雪景便被抛出数十步，于是雪景恳求澄慧禅师留在家里，随其学武八年。

洛川距薛里三里路，叶秀标得知澄慧禅师所传少林内功和其所练吐纳导引功相似，遂步行前往薛里，拜师薛雪景，虚心学习少林内功技艺。

叶秀标非常勤奋，每日必往薛雪景家宅练习少林内功，一学就是十年，早去晚归，风雨无阻，由此拳术大进。据闻能徒手抓飞雀，名声享誉浙南。《瑞安市志》《瑞安市卫生志·历代名中医传略》均有《叶秀标传略》章节。

武精人善，长衫相公盛名远播

叶秀标一生淡泊名利，平时身着长衫，温文儒雅，地方、乡邻之事总是竭力相助，乡人都尊称他为“秀标相”。“相”即“相公”的意思，足显叶秀标在乡里的声望与地位。

叶秀标武名日盛，上门求教切磋者渐多，但他总是躲避推却，再三谦让，不轻易与人交手切磋。当时南京有一独行僧，功夫了得，能徒手捏碎庙后鲜竹，当地难有对手。因闻瑞安叶秀标武功了得，特登门挑战。叶秀标见客自远方来，便入内取了茶点招待，当他右手拿着托盘出来时，忽然发现堂中僧人所站之处砖石尽碎。诧异间，僧人猛地伸出双手，擒住叶秀标的左腕，欲行擒拿使其扑地。叶秀标一个抖劲，僧人甫想松手，叶旋即以右腿扫之，正中他的腹部，飞跌于中门之外，而叶秀标所持茶点仍在右手托盘中未撒丝毫。

不久，又有外地少年拳师登门拜访，径直闯入中堂，手指弹去柱旁石臼，石粉随手指簌簌落下，后又举足踢柱，使柱移数寸几乎就要倒地。叶家人害怕，入内请叶秀标躲藏不要出来。叶秀标说，此人所练的是硬功，名为神仙拳，攻势虽猛，但不足为惧。切磋之中，拳师刚与叶秀标搭手便控制不住向前扑倒，起来再较量，又向后跌倒。拳师大为惊异，连连拱手说：“吾向谓公技亦犹人也，今始知公之有此神术也。”

叶秀标斗独行僧（何光新/提供）

民国四年（1915），上海商务印书馆出版发行的《小说月报》杂志讲述了温州拳师许镖相在沪击败日本武士的故事，国人大为鼓舞，许镖相也因此被誉为“浙南的霍元甲”，名声大噪。据推测，许镖相的人物原型，便是叶秀标。《中国武侠故事集》（上海社会科学院出版社1997年版）后又刊登了许镖相的故事。

由于年代久远，关于叶秀标武功故事的细节已不可考，虽有演绎的成分，但足见他在当时武林的名声与地位。

首重武德，收徒尤慎曾立“三诫”

叶秀标收徒首重武德，许多热衷武术的人都慕名而来，争相拜其名下，他总是再三斟酌，不肯贸然应允，强调练武只为强身健体，非逞强争胜。他收徒前说“欲传吾术，须守三戒”，即犯而勿较、得而勿矜、传而勿轻。还曾赠诗给徒弟黄恩南：

赠黄恩南

功夫似易易似难，学步谁知力已殚。
得心应手资密授，练形换骨比灵丹。
与人款洽防扯臂，对客盘旋忌沥肝。
三戒赠君应记取，奇书又要细参观。

诗中的“奇书”便是叶秀标的《金口诀》，其中《内功金口诀》曾被收录于《中国古典武学秘籍录》（马力编，人民体育出版社2006年版）。他也成为温州历代武术家中唯一被收录的武术大师。

叶秀标曾有大量武术秘籍及练功心得留予后辈学习，可惜大多因历史原因付之一炬，此为温州武术界的遗憾。

朱醒华 陈凯哲

蒋幼山：实力爱国扬武节

蒋幼山故居纪念馆

塘下海安是一座有着600多年历史的古城，明洪武二十年（1387）作为防御倭寇的据点而建。海安古时城楼种满松树，又称松城。设城门四座，现仍保留宾阳门。

2021年元旦，海安古城内，建于民国五年（1916）的蒋氏老宅修缮一新，以“蒋幼山故居纪念馆”的新面貌正式对外开放。这座大宅见证了屋主人——浙南拳王、铜钟功宗师蒋幼山的传奇人生。

学武强体，年方十四彰显武学天赋

沿着塘下海东村东门街缓缓前行，青砖院墙、拱券高门、各形窗棂，一座精致朴素的民国建筑在这条古老的街巷里显得卓尔不群，这便是蒋幼山故居。

这座具有典型民国初期温瑞平原建筑风格的宅院，坐北朝南，由台门、天井、正屋、厢房等组成，占地面积798平方米，造型明快大气，装饰精致细腻。台门为欧式建筑，上楹框内刻有“四灵拱秀，三径遗风”楷书对联。门楣上有一矩形匾额，上书“观海庐”三个大字。

蒋幼山（1885—1953），原名娇，字岩仁，出身于海安蒋宅村。其父蒋馨山，清朝贡生，以拳术知名乡里。自小体弱多病且患有夜盲症的蒋幼山，随父亲习武以健身治疾，后拜南拳名师张洪波习南拳刚柔法。据传，蒋幼山14岁就能提90斤重物，跨越塘峡快步如飞，乡人见状啧啧称奇。

光绪三十年（1904），20岁的蒋幼山，师从陈楚材学小八卦，后又拜内功真传名家徐蔼卿（阿吉道长）为师，研习少林内功及达摩面壁法，并在瑞城设坛授徒。

蒋幼山（后）
与李芳辰（左）、孙禄堂（右）两师台合影
（何光新/提供）

江湖求艺，博采众长成铜钟功宗师

武术的精进讲究切磋学习，求玉他山。为掌握武术精粹，民国十三年（1924），蒋幼山和外甥木君踏上了江湖求艺之路。

他们先后游历河南登封、河北沧州及山西太原等地，遍访当地武术名宿切磋技艺，最后落脚北平，设馆授徒。在这段时间里，他与北方各派武术名流来往频繁，并师礼武林名家孙得禄大师，学习五行拳和五行刀法，武功大有长进。

民国十五年（1926），蒋幼山南下金陵，后受聘于中央国术馆，同馆共事的还有李景林、孙禄堂、李芳辰、杜心武等武术界名流。在高手云集的中央国术馆，蒋幼山虚心向各门派武林精英求教，其中值得一提的是被誉为武圣的孙禄堂。他是孙氏太极创始人，70岁时还以一敌五战胜日本武士，有人将他排在民国拳师实战魁首的位置。蒋幼山执弟子礼向孙禄堂讨教武术，受益良多。

功夫不负有心人，蒋幼山博采众长，兼容汇集了南北拳、少林、武当、孙氏太极等各流派拳术之精髓，终于使自己的独门拳法更为出神入化。尤其是他的太极内功及铜钟内功，可谓炉火纯青，他也终成铜钟功的一代宗师。

实力爱国，深厚气功劈飞侵华日兵

第一次国共合作期间，省防军驻温部队向瑞安各界筹军饷四万，民众负担甚重，但慑于军威不敢言，唯蒋幼山的父亲蒋馨山敢于为民请命，作为代表与对方据理陈词，后以4000元了结征饷之事。民众对他十分敬重，推选他为罗阳镇自治会总董及海安镇镇长。

蒋幼山同样有着一颗护佑家国之心。据传，民国三十年（1941）七月瑞安沦陷后，日军窜到城乡各地掠夺财物。某天，几名日本兵闯入海安蒋幼山家中，蒋幼山运足内功，将3个日本兵甩倒在丈余外的泥塘里，未等对方回过神来，他已纵身跃过矮墙疾走而去。

当时正值抗日战争最艰苦的岁月，蒋幼山徒手搏群寇的事迹传开后，温瑞一带民众深受鼓舞，著名教育家金嵘轩亲书一副“内功养气节，赤手劈敌兵”的楹联，送给蒋幼山。

此外，蒋幼山还曾卖地卖房凑出一千银圆，支持中国革命事业。

桃李天下，蒋门功夫助力南极科考

除中央国术馆，蒋幼山还担任过浙江省国术馆、湖州国术馆教习，吴兴国术馆太极门主任。民国二十一年（1932）辞职返温后，他在永嘉创办了幼山武术传习所、幼山柔术社，传授太极、五行、形意及铜钟内功。他极重武德，对生徒教育甚严，多次在授艺前谆谆教导弟子：“习武者以强体防身为本，以捍乡卫国为己任，切莫以武扰民，以武行霸。”

古时温州地区武术氛围浓厚，各地拳坛众多，因武师套路器械、传授渠道不同，形成了众多流派，涌现了众多的宗师名家，演变出了各类不同的拳法宗门流派。铜钟功属于柔功拳法，其中蒋幼山一脉的铜钟武艺影响极为深远，其徒弟及传人众多。蒋幼山得意门生之一李志山（1912—1986），在温州市区和瑞安两地有弟子上千人；蒋幼山的入室弟子陈曙（字东白），其弟子也有上千人；而同为瑞安人的原浙江省体委主任陈文征也是他的高足。通过开馆授业，蒋门铜钟内功被推广到全省、全国乃至国外，为发扬我国传统民间武术作出了重大贡献。

温州首位南极科考专家蒋加伦（为我国第一批赴南极科考科学家之一）曾回忆，当年他意外掉进冰海，与低温和漂浮冰块搏斗，游了一个多小时上岸生还，这与少时练过铜钟功很有关系。“当年有位叫蒋幼山的拳师，与我父亲相识，他们常在华盖山练气功、练太极拳，我也跟着学，也学会了，还在南极发挥了作用……”

武学瑞安，设展开馆再现传奇人生

1949年，已年近古稀的蒋幼山犹在华盖山龙头庵办社传艺，直至1953年因患黄疸肝炎不治逝世。他的事迹见于温州、瑞安地方史志，并入编《中国武术名人大辞典》。

1958年11月，浙江省武术挖掘整理成果展览会以“爱国武术家蒋幼山”为题介绍了他的生平事迹；1986年3月，全国武术挖掘整理成果展览会首次在北京故宫公开展出，浙江厅在“越地武坛名家”中再次展出蒋幼山的照片和简介。

2018年，蒋幼山故居纪念馆建设启动，展厅设于故居正屋，分上下两层，展出内容包含“蒋幼山武术人生”“铜钟功传承”“松城旧事”三大单元板块。主屋第一层重点展示蒋幼山生平事迹、蒋幼山故居所在地松城（又称海安所）的故事；第二层为铜钟功传承馆，介绍蒋幼山与铜钟功发展的历史渊源，并还原了当时的学武拜师堂。

叶大密：
一生拳医济天下

他是太极拳界的一位奇人，更是一位医学高人。他所创的武当叶氏太极拳融合武当对剑之精髓，以杨式太极拳为骨架，以孙氏内家拳、家传内家拳及众多武术拳种为肤肉，融会贯通，自成一体。他创建了全国第一家以太极拳命名的武术团体，所传太极拳“深奥精微、博大精深”。

一代太极拳宗师叶大密与瑞安渊源颇深。他出生于瑞安，是原瑞安县嘉屿乡（今文成县峃口镇公阳村）人。年少时在瑞安求学，毕业于瑞安公立中学堂（瑞安中学前身）。一生拳医济天下，与不少瑞安同乡交往甚密。

弃文从武，太极拳社开先河

叶大密（1888—1973），谱名兆麟，名寿彭，字祖羲，号伯龄，后改名大密，改号柔克斋、辛亥老人、紫华（霞）山人。出身于武当内家拳陈州同一脉的武术、医学世家，童年时就读于陶冶小学、锡类祠塾，少年时就读于瑞安城内的瑞安普通学堂。清光绪三十三年（1907），叶大密毕业于改名后的瑞安公立中学堂，后弃文从武，报考江北陆军速成学堂，毕业后任职江北陆军某部队。

辛亥革命前夕，叶大密应时任浙江省谘议局议长陈黻宸和省民团负责人马叙伦（陈黻宸学生）之邀回杭州，参加光复浙江战斗。从军20年，他从基层起步，累迁至第二师师部中校参谋、浙江省督军府秘书。

叶大密早年习瑞安铜钟功小八卦拳。民国六年（1917），他在浙军第二师第八团任副官时，从田兆麟（1871—1959）习练杨氏中架太极拳。民国八年（1919）与被誉为拳圣、第一技击手的孙存周（1893—1963），以及倡导击剑、擅长武当剑法的黄元秀（1884—1954）等著名武师结为金兰交。他们经常切磋拳艺，并得到孙父、孙式太极拳创始人孙禄堂老先生的口授身传。

民国十五年（1926）夏，38岁的叶大密被省长夏超秘密派到上海法租界望志路（现兴业路）南永吉里19号寓所，以创办“武当太极拳社”名义，用传授杨氏太极拳、剑术和推手为掩护，建立情报机构，搜集五省联军总司令孙传芳的情报。

在当时，“武当太极拳社”是全国第一个以太极拳命名、专业明确的武术团体。

博采众长，另辟蹊径叶家拳

民国十六年（1927）十一月，武术大师李景林从天津乘海轮南下上海，叶大密即去祁齐路（现岳阳路）李家，投拜李景林习武当对剑。由是，叶大密的功夫大进，其后完全悟出太极拳之大成。

民国十七年（1928）秋，上海《申报》和《新闻报》为募集夜校助学金，特邀叶大密和他的学生濮冰如在兰心大戏院（现在的上海艺术剧院）义演一场“武当对舞剑”。两人身穿由叶大密设计、著名的上海鸿祥服装公司赶制的表演服装，配以《落叶舞秋风》曲子，“古琴社”的古琴和孙裕德“国乐团”的琴箫伴奏。当晚的兰心大戏院座无虚席，盛况空前，演出极为成功。

同年，太极宗师杨少侯（1862—1930）、杨澄甫（1883—1936）先后来到南京，叶大密又从杨氏兄弟学习拳架、剑、刀和杆子。后来他改编了太极拳架，把杨氏大、中、小拳架的主要特点和八卦掌里的斜开掌转身法，以及武当对剑中的转臂捷用法等内容都吸收进去，形成沉着松净、轻灵活泼、舒展大方的独特风格，人们称之为“叶家拳”或“叶氏太极拳”。

在叶大密向杨氏兄弟学习时，杨澄甫座下五虎将之首武汇川和以武当对剑功法闻名大江南北的褚桂亭等人随宗师到南京。因中央国术馆人事已满，杨澄甫特托叶大密安排武汇川、褚桂亭和推手名家张玉在上海谋生。三人住在叶家，武、褚两人先在“武当太极拳社”授课，加深了叶对太极拳拳理的认识，后由叶大密分别介绍到几家公馆教拳。

一脉相承，师生同心播国术

民国十六年（1927），张之江、钮永建、李烈钧、蔡元培等发起成立国术研究馆，旨在培养军队武术教官、中等以上学校武术教师及公共体育场所武术指导员，提出了“强种救国，御侮图存”的口号。国术研究馆就是后来的中央国术馆，当时全国中小学几乎全部开设了武术训练班，叶大密欣然参加。他不仅被聘任为董事，还经常为筹备经费进行武术表演。他还多次被中

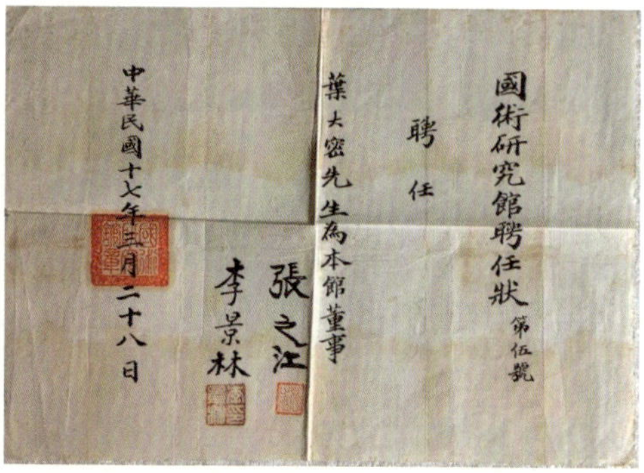

國術研究館聘任狀 第伍號

聘任

葉大密先生為本館董事

張之江

李景林

中華民國十七年三月二十八日

国术研究馆第五号董事聘任状（何光新/提供）

叶大密（右）和田汉（左）合影（摄于1954年6月）（何光新/提供）

央国术馆聘为国考评判。

民国十八年（1929）十一月，杭州召开“国术游艺会”，大会检察委员由叶大密、孙存周、高振东等37位武术界名宿组成。民国十九年至二十五年（1930—1936），他曾任上海市第二次全国国术考试，第二、三届运动会国术比赛，旧中国第六届全运会摔跤组，上海儿童国术运动会等赛事评判。

叶氏太极拳风格独特，习者众多，影响广泛。擅长诗、书、医、画、拳的“五绝老人”郑曼青曾经学拳于叶大密门下。上海武术界知名人物濮冰如、金仁霖、蒋锡荣、曹树伟、张子良、何国梁等都是其弟子。1958年，蒋锡荣代表上海武术队参加全国武术表演大会，与濮冰如表演“武当对剑”，震撼全场，各大新闻媒体竞相报道。1960年，蒋锡荣被聘为上海市武术简化太极拳师资总辅导员，为太极拳的普及和发展作出卓越贡献。

赤子深情，维系抗日之“暗线”

“九一八”事变之后，叶大密积极投身抗日救亡运动，说服“鸦片大王”严春堂创办进步的“艺华影业公司”，协助田汉、阳翰笙等左联作家，拍摄了十几部以宣传抗日为主题的影片。艺华影片公司因此成为中国左联旗下一块名副其实的红色宣传阵地。关于“艺华”和叶大密在其中所起的作用，田汉、阳翰笙在回忆录中给予了很高的评价。

在国民党特务捣毁并焚烧了“艺华影业公司”新建的摄影棚，田汉、阳翰笙、廖沫沙等人不得不暂时撤离时，叶大密出面租赁了一间房子，供岳枫、胡涂等坚持摄制的人员和田汉、阳翰笙等同志会晤。这条“暗线”一直保持到《逃亡》《生之哀歌》《黄金时代》等几部电影全部拍成。

名家巨手，一生拳医济天下

新中国成立后，叶大密任中医文献资料馆馆员。20世纪60年代初，他曾应邀在湖南路“气功疗养所”指导气功和太极拳。精于内家推拿的他还曾在上海黄浦区开设中医推拿诊所，他的儿科推拿尤为拿手，在上海滩享有盛誉。1962年8月，田汉曾邀请叶大密赴京，为历史学家翦伯赞治疗哮喘、气管炎等疾病。

叶大密为后人留下了宝贵的医学财富，不仅撰写了《太极拳辅助行功式》《医疗行功式》《医疗打手歌》《医疗保健太极拳十三式》《导引推拿治疗肝病三例》等著作，还在担任上海市中医药杂志社编审顾问期间，参与汇编了《祖国医学采风集》（共收入3107副药方）。

师承多派、艺兼众门的一代武术名家叶大密虽已远去，但叶氏太极拳开枝散叶，生生不息。叶大密的弟子及再传弟子遍布全国乃至世界各地，在美国、荷兰、意大利等国也有众多拥趸。

何光新

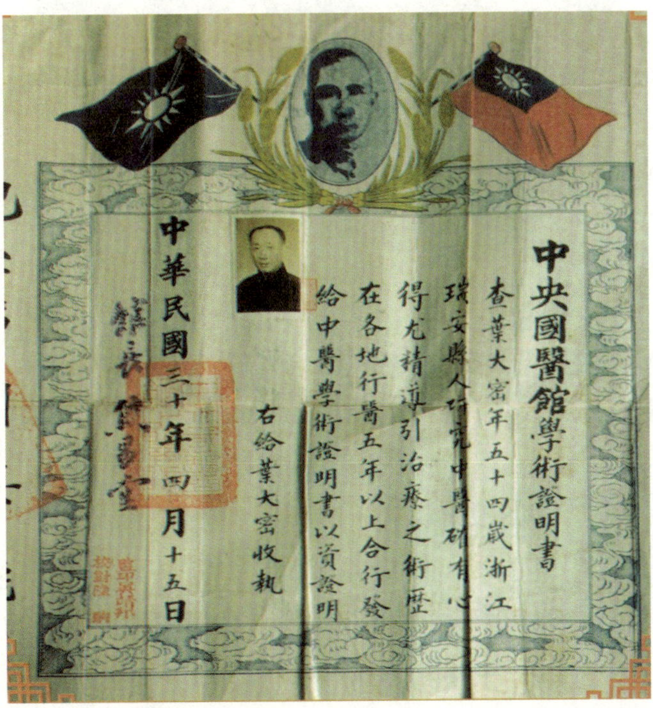
中央國醫館學術證明書
查葉大密年五十四歲浙江
瑞安縣人研究中醫確有心
得尤精導引治療之術歷
在各地行醫五年以上合行發
給中醫學術證明書以資證明
右給葉大密收執
中華民國三十年四月十五日
館長焦易堂

中央国医馆学术证明书（何光新/提供）

陈文征：
修武济世有大义

陈文征习武照

温州的武术发展历史悠久，古往今来涌现了一代又一代的宗师。而在战火纷飞的近现代，他们既是舞刀弄剑的习武之人，又是冲锋陷阵的革命者，为了抗击外辱、解放全国前赴后继。

1938年10月24日，日军对武汉形成了三面包围态势，武汉会战失利，蒋介石正式下达放弃武汉命令，国民政府军事委员会在武汉举行中外记者招待会，宣布“我军自动退出武汉”。时任中共中央代表、长江局负责人之一的周恩来同志在为《新华日报》汉口版最后一期口授社论《告别武汉父老》后，为了抗战的最终胜利，在新四军总部指派的护卫人员的护送下深夜离汉。人数不多的护卫小队中一位身厚、肩阔、腰圆，体形壮实的“大块头”尤为惹眼，他就是喝温瑞塘河水长大的“革命武术家”——陈文征。

学道练拳，博采众长练就独门功夫

陈文征（1910—1979），小名献旺、祖霖，名列新中国成立后江南武术四大名宿之首，祖籍莘塍董田，本姓林。由于家境贫寒，5岁过继到莘塍下村陈家，养父是地方上的道士，教陈文征学道、练习气功里的吐纳法，取道号“道士旺”。

习吐纳、练南拳，年少的陈文征武艺不断精进，17岁拜浙南拳王蒋幼山为师，学习内家拳，精于定劲（铜钟气功）、太极拳、五行拳、八卦掌等，并结合道、释各门养生功，融会贯通，独创“道士旺功夫”，将柔功术施展到极点。其全身各处任人棒击无妨，发人仅用肚皮即可致人于目标无误。历经刀光剑影，枪林弹雨，至70岁终，全身无一处伤痕。后人整理陈文征遗留下的大量古本与笔记，编修二十册《道士旺功夫秘笈》。

投身革命，教拳授武以播革命火种

民国十六年（1927）二月，北伐军17军途经瑞安，国民党瑞安县临时党部在城关小校场召开欢迎大会，练就一身武艺的陈文征第一次接触到革命理念。“让我们点亮信仰之灯，为信仰而奋斗，为实现我们的人生理想而努力奋斗”，中共瑞安第一届县委书记林去病在大会上振聋发聩的讲话深深触动了陈文征。

民国十六年（1927）“四一二反革命政变”后，瑞安的革命斗争不得不转入地下。本家族叔林去病常约林直斋、张志玉、金缄三、朱云龙等人在陈文征家阁楼秘密开会，陈文征借此认识了很多革命同志，他的政治觉悟提高了，视野更开阔了。

在朱云龙的引荐下，陈文征遇见了自己人生中最重要的革命领路人——浙南早期革命旗手李英才。他请陈文征出面聚拢志同道合、胸怀抱负的人加入“盟兄弟会”，以教拳授武为名，宣传革命思想，传播革命火种。根据党组织的暗中指示，大家分散各地开设“拳坛”，分层次发展“盟兄弟会”，以“温宅”为总坛，各地拳坛以切磋拳艺为掩护，互相来往，让革命之火蔓延至浙南各地。

1933年4月的一天，在朱云龙家中，陈文征面对介绍人朱云龙与蔡宝育，仰望着鲜红的党旗，庄严宣读着铿锵誓言：“牺牲个人，努力革命，阶级斗争，服从组织，严守秘密，永不叛党。”（注：1927年10月25日，毛泽东在酃县水口村叶家祠堂主持入党仪式所宣读的入党誓词，为建党初期的入党誓词。）

民族危亡，积极组织抗日救亡活动

浙南地处偏僻，交通阻塞，离党中央较远，根据地的革命斗争，往往在没有外援的情况下孤军作战。共产党早期在浙江开展工作时，巧妙地利用反革命势力薄弱的地理优势，顺应浙南人民酷爱武术的传统及其群众基础广泛的特点，倾注革命意识，不断壮大力量。

1935年，陈文征名义上担任瑞安县民众教育馆（位于九里汇九里殿）国术教务主任，党内职务已是莘塍镇党组织书记。1936年，根据县委“要把武术群众团体搞起来”的指示，他以武术名义举办识字班，用的教材就是县委印发的革命宣传本《大众读本》。

1938年，正值民族生死存亡关头，陈文征出任东一区党委书记，开始着手组织声势浩大的抗日救亡团体，后入选县委成员，兼浙南游击队武术教练。

受党指派，他主持创办瑞安东区各乡国术团，以“盟兄弟会”名义发动七八十名青年在莘塍上村洪岩殿成立“抗日救亡运动委员会”，领导群众宣传抗日、反对汉奸，白天化名“道士旺”做道士，晚上到各地群武团“教拳”，把党的思想和理论传到千家万户。先后多次发动千余习武青年参与抗日救亡活动，并从中发展地下党组织，吸收进步青年，扩大地下党组织的外围势力，为浙南革命不断注入新鲜血液。

不畏凶险，出生入死支持革命斗争

1936年7月，粟裕、刘英率领红军挺进师来浙南，时任中共瑞安县委东区党委负责人的李英才派身手不凡的陈文征去省机关保护省委书记刘英。

1942年，因叛徒出卖，中共浙江省委驻温机关遭到破坏，省委书记刘英被捕牺牲。1943年10月，永嘉县委书记范亦宸叛变革命，致使永嘉县党组织遭到灭顶之灾，100余名党员暴露在敌人眼皮底下，永嘉纸山70多名党员被杀，永统环中心支部所辖的金岙、青山、东林、上陈4个党支部随之解体，仅下山湾党支部侥幸逃过一劫。

为了恢复永强地下党组织，1945年4月，瑞安东区书记陈文征等同志，秘密到永强新城乡前街村，召开紧急会议，宣读浙南特委批示，主持当地工作。

习武强体，大力弘扬全民健身运动

新中国成立后，陈文征将“防身制敌，为革命工作”的主张改为“健身壮体，为民族争光”。

1953年，他当选浙江省首届武术协会主席，积极推广“习武健身”的理念，大力弘扬普及全民健身运动。

1955年，经国家体委主任贺龙元帅提名，周恩来总理亲自任命他担任浙江省体委副主任，后兼党组书记；同年秋，地质学家李四光患脉管瘤来杭治疗。陈文征指导李四光学习太极拳、修炼内功，使其一年后健康状况迅速好转并恢复正常工作。

1964年底，受公安部邀请，陈文征参与《擒敌技术》等教科书编纂，并参加国家体委《综合太极拳》编写及后来的《简化太极拳》审核。人们盛赞他是从温瑞塘河边走出来的当代道教武术第一人，湖北省武当山紫霞宫至今还陈列着“陈文征武学”的故事和画像。

1979年9月16日上午9时40分，陈文征在浙江医院逝世，享年70岁。1986年6月3日，由浙江省委老干部局工作人员、省体委负责人护送，他的骨灰盒覆盖着党旗从省城杭州直达瑞安，骨殖还乡。为了弘扬陈文征的武术精神和普及发展全民健身运动，浙江传忠国术研究院成立了陈文征武术研究中心，浙江省武术协会设立了陈文征武学研究组。

陈东白：
崇德尚善芳百年

二十世纪六七十年代，温州医学院（温州医科大学前身）的收发室有一位其貌不扬的老陈伯。他体形精瘦，每天给大家分发报刊书信，精气神特别足，见人总是笑眯眯的。

老陈伯曾是名教师，教龄数十年。1958年温州医学院创办时，他从温州第一中学总务科负责人调任温州医学院膳食科负责人。风雨几十年，工作兢兢业业的他，却因历史原因从资深的中层干部“降级”为收发室老伯，但全校上上下下，谁也没听到他发过半句牢骚，或见他和别人红过脸。

这位默默无闻、与世无争的老陈伯鲜少说起自己的经历。外人皆不知这位“扫地僧”其实还是武林名家——浙南武坛宗师蒋幼山的入室弟子、少林内功铜钟功第七代传人陈东白。他身怀绝技，尚武崇德，人称东白先生，其人其事被收入《中国当代武术家辞典》《百科专家人物集》等。

出身名门，忠厚传家诗书继世

陈东白（1919—2008），名曙，字东白，以字行，瑞安塘下镇上金沙门村人，为大儒陈傅良第27世孙，家学深厚，文武兼修。伯祖陈超英为清朝瑞安首位武进士，光绪帝钦点为殿前侍卫授卫守备职。中法战争爆发后，陈超英随晚清重臣、著名将领左宗棠征战，深得其信任。光绪十一年（1885），《中法新约》签订，左宗棠气累并发而逝。陈超英怀抱左统帅印绶及其生前遗留的奏折册，日夜兼程赴京面呈皇帝，光绪帝赐《祭文》旨令超英携带回任。来回沿途，陈超英谢绝一切馈赠，清廉刚正。51岁辞官归乡后，依祖传小儿秘方，医愈救治少儿无数，里人尊称其为岑岐老人。

陈东白父陈琴心，浙江省立高级师范学校毕业，曾任瑞安中学、瓯海中学校董，与蒋幼山结好。

陈东白幼承庭训，天资聪颖，1939年于瓯海中学毕业，1940年到父亲的学生、抗日名将邱清泉部下任少校文职副官，后任国民革命军二〇〇师（温州王叶芳部队）少校人事副官，参加了温州1949年5月和平起义。1951年后，陈东白相继在温州市教师业余进修学校等校任教职、总务等工作，1979年自温州医学院退休。

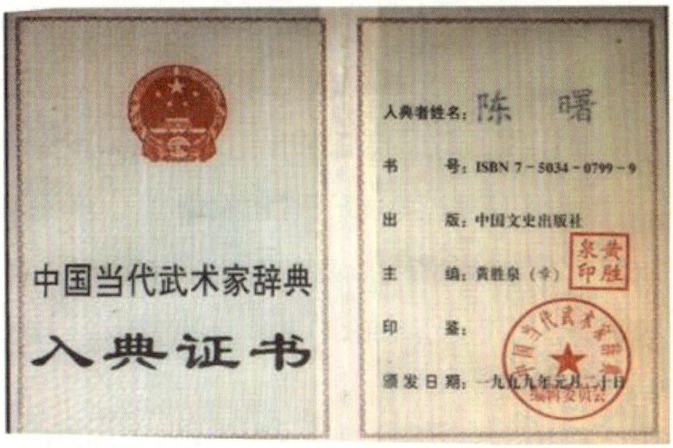

《中国当代武术家辞典》入典证书（邵卫峰/提供）

拜师名家，勤耕不辍终成大器

弱冠之年，陈东白拜父亲好友蒋幼山为师，修习蒋门铜钟功。

铜钟功即铜钟内功，温州人俗称“定劲”，传自少林寺，原为少林拳术中的一种内功，属于禅家的秘传。据载，清中叶，峨眉澄慧法师由四川峨眉东游浙江，慕东瓯第十洞天名胜，来到温州，闻瑞安薛雪景精少林拳术，遂往访之。薛献其技，并举四百余斤之石鼓，上下伸缩自如，僧在旁看了讥笑说：“你虽力大尚脆。”薛听了不服，即挺身与斗，僧略一举手，薛立被抛去数十步，起而细询之，始知僧曾深得少林内功之秘传，遂留其住家，拜师请教，凡八年，尽得其传。

此后，铜钟功在浙南落地扎根，代有大师。至蒋幼山为第六代传人。

陈东白悟性颇高，勤奋好学，通达武学功理，深得蒋门铜钟、太极之真谛。他在《学艺心得》一文中称：“练功之旨，为健身延年，切毋生恃力凌人之意……若浅尝辄止，一日曝十日寒，则一事无成。”

历经数十载勤学苦练、思悟践行，铜钟内功、少林拳、形意拳、太极拳、八卦拳、棍、刀、剑等十八般武艺，陈东白样样精通。他常和温州武术界大师范亚夫、林镜平、孙春婳、郑学儒等切磋武艺，深得同道赞誉。

弟子蒋聚彬回忆，20多年前，他曾见一位习武者上门，要和师父一比高下。当时师父正在床上打坐，对方非要马上推手。于是师父让来者在腹部绑上枕头，“他手朝枕头一按，来人瞬间穿过房间里的木隔板，摔了出去。木板断裂发出的声响，还惊动了师母。师父淡淡地说：‘没事没事。’”蒋聚彬知道，若不是枕头护身，那人早已伤及内脏。

旧时温州地区的民居多用木门闩，碗口粗细的硬木一扣上，常人绝无可能从外面打开，晚上就能睡得十分安稳。弟子邵卫峰回忆，一天，瑞安梅头（今龙湾海城）一户人家屋内着火，木门和木门闩牢牢堵住了求生的出口，困在里面的人出不来，外面的人进不去。正在当地开坛授艺的陈东白闻声赶来，抬起一只脚便踢断了木门闩，救出了屋内一家老小。

科学为本，博闻广识精研拳理

太极拳是“化打”功夫，又是“缠”法，是“螺旋”加“杠杆”原理，蒋幼山的“弹劲”是“反射弧”，“打拳练功”要讲究“人体力学”……邵卫峰回忆师父陈东白当年传授太极拳拳理时的这些话语，直称“受益匪浅”。

虽不是科班出身，但陈东白对运动学、生理学、中医针灸等多有涉猎，对传统武术有自己科学化、医学化的见解，常通过“身体力学”“螺旋杠杆”“神经反射”等方面解析拳法真谛。

弟子巫高清说：“先生博采各武术门派之特长，融会贯通，以科学化的方式，对枯燥的拳理进行分解，再用通俗易懂的话说给我们听。”

20世纪80年代，国内曾兴起一阵“气功热”，一些魔术技巧被渲染为气功，“隔空打

1986年瑞安体委组织业余气功、武术培训班，陈东白（前排左六）任教练
（邵卫峰/提供）

人”“驭气击人”等博人眼球的表演频频被吹捧。深谙内功之道的陈东白对此十分反感，他告诫诸弟子不要轻信这类虚假气功。“劲”是科学巧妙地通过呼吸等协调人体全身机能产生的，“隔空打人”绝无可能，力需要着力点，就如蒋幼山先生当年的“触衣而发”。

在他看来，内功的最高境界在于掌握天地阴阳的规律，呼吸精气，吐故纳新，精神内守，形神合一，只有自身习武达到一定境界才能体悟到其存在。

德字为先，传艺育人桃李芬芳

为弘扬传统武术，从20世纪60年代开始，陈东白在瑞安、鹿城、龙湾、瓯海等地设坛收徒，门生逾千人。这些徒弟“年齿长幼，习学修短，体智优劣，勤苦惰怠，各有千秋”，他会根据个人体形、见识、力量等特点因材施教。蒋幼山孙子蒋聚彬、外孙叶德门也慕名拜其门下，陈东白饮水思源，倾心以授。东白铜钟功得之蒋门，复传于蒋门，被传为武林佳话。

陈东白在所著文章中说：习武者，德字先行，应处处留意自身之修养。事遇不平，先让三分无后悔；人间好胜，稍输一着也无妨。习武者，要知道儒家的“仁爱及物”“天人合一”的道理，要明白道家的“人与物齐”“道法自然”的要求，也要懂得佛家的“慈悲为怀”“常怀平常心”的境界。

陈东白挑选弟子的标准颇高，要求其拥有武学天赋的同时，还要求其具备一定的文化素养。忠厚善良、刚正不阿等传统美德更是不可或缺。

弟子吴茂狄至今记得1979年冬他初见陈先生，希望拜师学艺时，先生提的三点要求。陈先生问了吴茂狄的基本情况后，话锋一转：“你想学武术，就要先学武德。一要做到尊重师长；二要团结同门；三不能倚强凌弱，要有正义感。”

师父言传身教，弟子德艺双修。陈东白的弟子们说，跟随东白先生，他们不仅学到了能健身、强身、防身的铜钟功，更重要的是明白为人处世之道，受益终生。

名师高徒，薪火传承。陈东白的高足中，包括曾受到周恩来接见的“浙南神枪手”何县虎，温州市武术协会主席李志荣的启蒙老师徐奇，多次在国内外赛事中获奖的苏曙光、朱醒华、林晓光等。

2009年，铜钟功被列为温州非物质遗产传承名录，吴茂狄、邵卫峰等陈东白弟子被列入铜钟功代表性传承人；东白铜钟柔功传承中心、铜钟功丽岙会所接连建成、发展……武林奇葩铜钟功，浙南纷放花正艳。

罗山南麓是吾乡

东瓯古邑见玉瑞

时止则止，时行则行。小城风味在何处，就在动与静的记忆里。

这里有古宅古村、老街巷弄、国保单位，粗粝古朴的棱角，雕刻着老瑞安的廓落；这里有非遗手艺、特色风物、方言艺术，在时间洪流的剥蚀中，故事会尘封，却不曾消逝。

于是，当阳光照拂石面，冰凉物器逐渐有了温度，仿佛听到了结庐耕织的吆喝、熙攘归来的脚步……瑞城生活再次鲜活了起来。

- 国宝档案
- 风物粹美
- 城事拾遗

城事拾遗

府借县名祈祥瑞

温州市区的瑞安门石碑

经过温州市区大南门时，一眼就看到广利桥旁立着一块石碑，上书“古瑞安门”。

石碑背面有这样一句话：“瑞安门位于温州城南偏东，因温州在宋咸淳元年（1265）时曾称瑞安府，故名。”

原来“瑞安”曾是温州的古称。

“瑞安府”为温州称府之始

据明万历《温州府志》记载，南宋末咸淳元年（1265），度宗赵禥做了皇帝，由于他登基前被封为温州郡王，于是诏升温州为“府”，把温州的下属瑞安县名称拿去用作新建府的名称，叫作“瑞安府”，而瑞安仍旧保留原县名。

宋度宗，他为什么要称温州为“瑞安府”呢？

有种解释是，度宗的潜邸（潜邸，又名“龙潜邸”，是继位皇帝登基以前的住所或封地）在永嘉郡，因为觉得瑞安这个名字吉祥，比永嘉还好听，便以瑞安名府祈祥瑞。所以，“瑞安府”是温州称府之始，比宁波升府还早了123年。

南宋灭亡后，元初世祖忽必烈在至元十三年（1276）又把瑞安府改为温州路，原来属县不变。到元成宗元贞元年（1295），因瑞安县总户口超过五万户，升县为州，叫瑞安州。明初洪武元年（1368），温州路才被改为温州府，瑞安州也恢复瑞安县的旧称。

一直以来，大家都知道“永嘉”是温州的曾用名，不同之处在于温州借用了瑞安的名称，而永嘉是承用了温州的名称。

东汉永和三年（138），析章安县东瓯乡，置永宁县。这是温州历史上单独建县的开始。东晋明帝太宁元年（323），分临海之峤南永宁、安固、横阳、松阳及晋安之罗江，凡五县，立永嘉郡，属扬州，治所在永宁。这是“永嘉”名称的开始。到隋文帝开皇九年（589）废去永嘉郡，并把原来的郡名作为县名，永宁县也改称为永嘉县，一直沿用下来。也就是说，“永嘉郡”取名在前，“永嘉县”在后，县借郡名。而“瑞安县”取名在前，“瑞安府”在后，是府借县名。

“瑞安门”商业圈延续至今

宋度宗登基后，把温州的旧城南门改名为“瑞安门”。因瑞安门坐落在城南，所以大家更喜欢称这里是“大南门”。当然还有一种说法是，瑞安是温州的南面，大南门正朝着瑞安，故名。

据《温州府志》载，原来温州城有七座城门，每个城门都取了个文绉绉的名字：东面叫宜春门，又叫镇海门；南面叫永宁门；西南叫来福门，又叫集云门；西面叫迎恩门，又叫广化门；西北叫永清门；正北叫朔门，又叫拱辰门、望江门；东南叫瑞安门。而民间嫌它不好记，便分别俗称为东门、小南门、三角门（山脚门）、大西门（西郭门）、麻行门、双门和大南门。

说起瑞安门，古时候的人还曾闹过笑话，说清朝时有个在外地做生意的瑞安人，听说前几天温州城底发生火灾，火焰从朔门蔓延到瑞安门。这可把他吓坏了，后面的“门”字没听

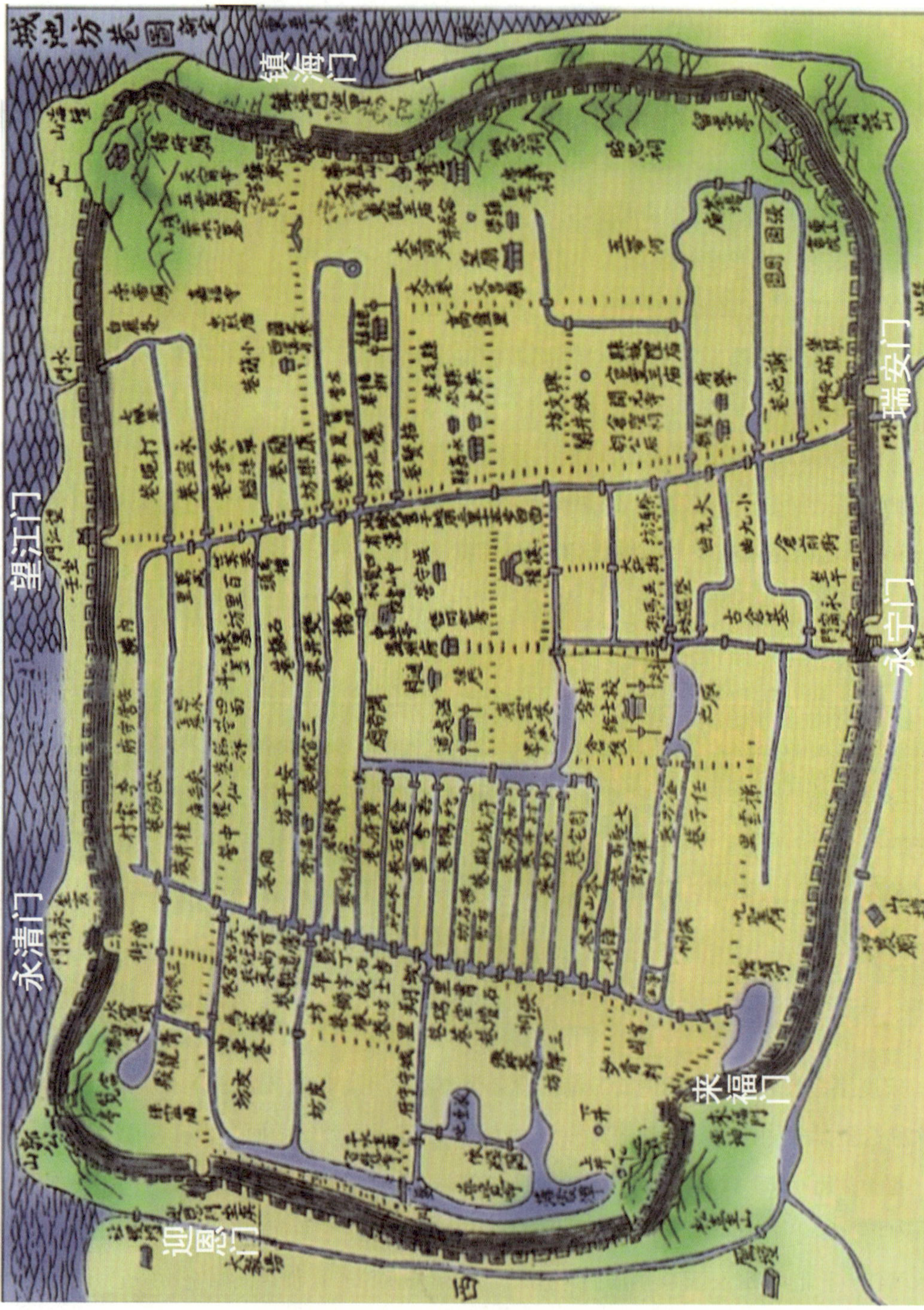

温州古城有七座大门，其中一座是瑞安门。

到。他家在瑞安东门底，担心自家房屋会遭到祸殃，就放下手头生意，急忙赶回瑞安探望。当他路经温州时，果然看到朔门到大南门有连片的火烧迹象。但走出温州城后，就看不见火灾后的痕迹了。连夜赶回家，只见家里一切平安，附近房屋也完好无损，才知是一场虚惊。如果早知道“瑞安门”在哪，就不用白跑这一趟啦。要知道，这“瑞安门”的火，再怎么烧，也烧不到瑞安城，因为隔了好几条河。

“瑞安门”地理位置重要，以前众多手工业者、商贩和农民带着外埠的货物、土产和家庭手工艺品在这里交易，自清末以来就是城区的商业交通要道。

清光绪二年（1876）《中英烟台条约》签订后，温州被辟为通商口岸。无论旅客或货物进出温州，都要通过望江门内的北“大街”，而“大街”的南端就是瑞安门。出此门向南行，沿着“七铺河路，经过物产丰盈的下河乡”，可直达瑞安县城。下河乡的农民和瑞安县里的居民到温州来购货或进行交易，一般都由瑞安门内的南大街进入城区。

如今，“瑞安门”依旧熙熙攘攘，周边更是经济繁盛商铺林立的商业圈，车水马龙，人来人往，是名副其实市中心的“中心”。

“瑞安”为“吉祥之兆”

“瑞安”的地名蕴含着一种吉祥文化。“瑞”，祥瑞也，说的是天欲赐之福，先示以兆；“安”，定也，静也，就是无所勉强，无所危急。此名沿用至今，已有1100多年历史。那么，瑞安这一地名是怎么来的呢？

清乾隆《瑞安县志》卷之一《舆地志》载：“昭宗天复二年，因获双白乌之瑞，诏改安固为瑞安。” 清嘉庆《瑞安县志》卷二《建置》载：“昭宗天复三年，改名瑞安。”翻译成白话文，就是公元902年，有白鸟栖于集云山集云阁，以为吉祥之兆。知县上报节度使钱镠奏请朝廷，唐昭宗诏改安固为瑞安，次年改名瑞安。系今名之始。

那么，瑞安之前叫什么呢？

从三国吴赤乌二年（239）建县至今，此地用过四个县名：罗阳，安阳，安固，瑞安。有意思的是，四个县名中总带着“安”字或“阳”字。

这些县名如安阳、安固、罗阳并没有被封存，而是重新作为地名被启用，成为瑞安这座城市新的印记，延续着文脉。

罗山南麓是吾乡

在素有“天下第二十六福地”之称的玄都大罗山南麓，悠悠七铺塘河之畔，一个风华正茂的小镇温婉而立，这便是钟灵毓秀、名闻遐迩的鱼米之乡——塘下镇。

塘下先哲肇始光大永嘉之学

据《山海经》记载，远古的温州“瓯居海中”，当时的塘下实为一片烟波浩渺之地。1600余年前，时任永嘉太守的中国山水诗鼻祖谢灵运，在塘下北面帆游考察时，留下了“扬帆采石华，挂席拾海月”的千古名句。海产奇珍，俯拾皆是，从侧面印证了真实版的“沧海”变“桑田”。远去的帆游，曾经的崇泰，如今的塘下，随着岁月的年轮一路向东，历尽沧桑而风采依旧。她，既有瓯越千年古镇的历史底蕴，更有全国千强名镇的现代风范。而缔造这一传奇的主人公，便是一群勤劳智慧、可亲可敬的塘下人。

“诗起林石，文始景衡。”北宋中期，一位以研读《春秋》而声誉日隆的儒者，在塘下西边的筼筜山脚下创办了塘岙书塾，率先在温州传播中原文化，他就是被尊称为温州“皇祐三先生”之一的塘岙先生林石。名列“瑞安四贤”之首的许景衡，则将洛学和关学传入温州，进一步播下了永嘉学术的种子。两人不仅是永嘉学派的重要先驱，而且还是瑞安诗文的拓荒者。而稍后出生于南宋的“永嘉学派中继人物”陈傅良，创办仙岩书院，讲学授徒、名震天下，让瑞安由是自美至今。

作为肇始光大永嘉之学的功臣，林石、许景衡和陈傅良三位塘下先哲，不仅为后人留下了事功学说这一宝贵的精神遗产，还为宋代浙学的兴盛发挥了重要作用。传承儒家而独树一帜的“经世致用，义利并举”之事功哲学思想，从此扎根塘下大地，成为瑞安乃至温州的文化主脉，绵延不绝、泽被后世……

许景衡（1072—1128）

陈傅良（1137—1203）

塘下现象新时代的文化反哺

“忽如一夜春风来，千树万树梨花开。”穿越历史千年的轮回，随着改革开放的启幕，事功哲学的人文基因，在塘下这片膏腴沃土复苏萌芽。穷则思变的塘下人民，不等不靠、敢闯敢试，从家庭作坊起步，以星火燎原之势，成为全国民营经济的先发区，创造了令人瞩目的“塘下现象”。20世纪80年代，全国各地来考察温州模式，塘下家庭工业是必看内容。红极一时的塘下，俨然成了当时温州模式的形象代言人。

“凤凰涅槃，浴火重生。”进入21世纪，塘下人民着力克服经济建设“成长中的烦恼”，秉持崇文尚德、改革创新、开放包容的新时代精神，大力推进结构重塑、智造升级和数字转型，走出了一条具有鲜明区域特色的城镇发展之路，实现了从“家庭作坊”到“中国汽摩配之都”的华丽嬗变，晋身全国综合实力千强镇前茅。

可以说，塘下是温州的一个典型缩影，她不仅是永嘉学派的重要发祥地，而且也是温州模式的重要发祥地。站在历史长河的视角，追寻“塘下现象”的本质，我们可以发现：塘下人民在漫长的岁月里，创造了塘下文化的厚重灿烂；而塘下文化又在历史的演进中，反哺着塘下人民的进步发展。

在这里，经世致用、义利并举的思想，已经融入每一个人的血液；在这里，艰苦奋斗、敢为人先的精神，已经深入每一个人的骨髓；在这里，崇德向善、创新实干的风尚，正在新时代新征程中不断淬炼而持续升华。这些优秀的人文传统，引领着塘下人在经济、城建、民生、慈善等各个领域破浪前行。

他们左手功利，创造着商行天下的奇迹；他们右手道义，践行着善行天下的理念。“义利并举”，已然内化为塘下人共同的价值认同，成为塘下人的安身立命之基和为人处世之道。

邵定美

算学先风在瑞安

日出杲兮，月出皓兮。数学家之乡温州又冉冉升起一颗耀眼的新星——陈杲。2021年2月，这位26岁的瑞安青年、中国科学技术大学特任教授在世界顶尖数学期刊《数学新进展》发表论文《J方程和超临界厄米特-杨振宁-米尔斯方程的变形》，被学界认为破解了一道数学领域的世界难题，引发海内外媒体广泛关注。

陈杲（右二）获奖现场照

2022年7月，在第九届世界华人数学家大会上，陈杲摘得ICCM数学银奖。该奖为世界华人数学界的最高奖。

温州为什么盛产数学家？这个20世纪上半叶即引起中国数学界和教育界关注的话题再次引发热议。

群星璀璨的温籍数学家群体

19世纪末以来，温州涌现出了众多颇有建树的数学家，如“中国现代数学祖师”、中央研究院数学所所长姜立夫，中国微分几何学派创始人、复旦大学校长、数学研究所所长苏步青，复旦大学数学教授、中国科学院院士谷超豪，华东师范大学数学教授、副校长李锐夫，厦门大学数学系主任方德植，美国普渡大学应用数学教授、台湾“中央研究院”院士徐贤修，西安交通大学数学系主任徐桂芳，杭州大学数学系主任白正国，台湾大学数学教授、台湾“中央研究院”院士项黼宸，美国宾夕法尼亚大学数学系主任杨忠道，北京大学数学学院院长、中国科学院院士姜伯驹，北京师范大学数学教授、校长陆善镇，中国科学院系统科学研究所研究员、中国科学院院士李邦河……

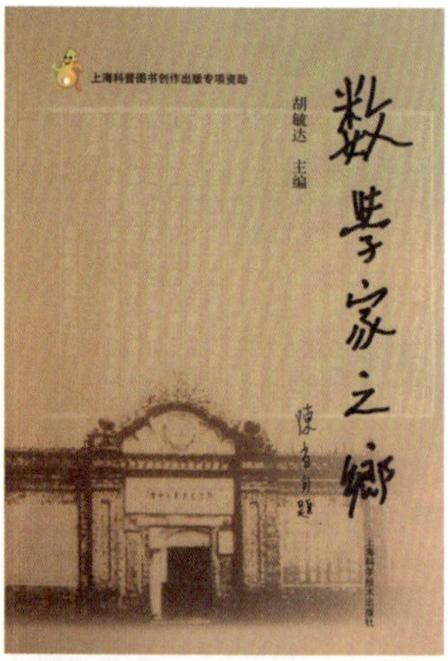

上海交通大学教授胡毓达主编《数学家之乡》。封面书名为姜立夫弟子、著名数学家陈省身教授访问温州时所题。

据统计，近百年来温州籍数学家超过200人。曾担任过著名大学数学系主任或数学研究所所长职务的超过30人。新中国成立初期，国内知名大学里的数学系主任，三分之一是温州人。20世纪40年代至今，中央研究院和中国科学院数学院士中就有9人是温州籍。

灿若繁星的现代温籍数学家群体不仅在中国现代数学史上引人瞩目，在国际数学史上也十分罕见。

温州盛产数学家的四大成因

温州人的数学家基因是什么？有人说，这和温州人喜欢吃海鲜有关，因为海鲜里富含Ω-3脂肪酸，对脑细胞发育、提升人的认知力和记忆力，具有良好的功效。这当然是一种笑谈。

温州大学曾成立以谷超豪教授为顾问的“温籍数学家群体及其成因分析”研究课题组。课题组根据大量史实进行归纳分析，总结出了温籍数学家群体出现的四点成因：具备重视数

温州数学名人馆位于温州白鹿洲公园东侧

学的社会传承、拥有德学兼优的数学师资、具有刻苦实干的地域品性、地处信息开通的沿海环境。

说到重视数学的社会风气，名师出高徒的代际传承，浙江省最早的数学专门学校——瑞安学计馆，以及以孙诒让为首的瑞安先贤天团，无疑是核心话题。

掀起学习算学新风

19世纪中后期，算学这门课程已经逐步受到重视。由汪桂芬提出的“一切西学皆从算学出”之见解被更多的人所接受。光绪十七年（1891），湖广总督张之洞在武昌创办一所专门的算学学堂。光绪二十一年（1895），维新派骨干人物谭嗣同的《论兴算学书》传诵一时。

在提倡学习近代科技的形势下，瑞安先后涌现了多位精于算学的学者，如陈润之（1816—1885）、金晦（1849—1913）、林调梅（?—1906）、陈范（1865—1923）、陈侠（1873—1917）等。他们不仅向学生传授数学知识，不少人还著书立说，在温州形成学习数学的浓厚氛围。

清光绪二十年（1894），甲午中日战争爆发，朝野震惊，群情激愤。一批爱国志士主张维新变法，教育强国。在这一时代背景下，孙诒让怀着“自强之愿，莫于兴学”的信念挺身而出，从一代经师转变成为以“储才兴学”为己任的教育家。

十多年间，孙诒让在温、处两府（今温州、丽水一带）十六县主持创办了300所学校，其倡导创办的第一所学校，就是瑞安学计馆——我国最早的数学专门学校之一。因为在孙诒让看来，算学是通向各门自然科学的必经之路，是“致用之本，对于步天测地，制器治兵，厥用不穷。今西人所为挟其长以雄视五洲者，盖不外是”。

张之洞所书匾额

九名乡贤共同发起算学书院

光绪二十一年（1895）农历十月，孙诒让邀请瑞安的一批士绅贤达，在瑞安小东门外话桑楼召集会议，商议创办瑞安算学书院事宜。经商议，孙诒让（仲容）、黄绍箕（仲弢）、黄绍第（叔颂）、项崧（申甫）、周拱藻（仲龙）、洪锦标（叔琳）、王恩植（雪璞）、鲍锦江（雅琴）、杨世环（小村）九人为发起人，共同筹办瑞安算学书院。

“瑞安算学书院”校址设在县前的卓公祠（现瑞安市虹桥路小学西小街校区内）。卓敬为明代名臣，且精通算学，以卓公祠为院址寓有纪念先贤、启迪后昆之意。次年正月，孙诒让认为“算学书院”的教学内容及教学设施和旧式书院有所不同，与北京天文算学馆、广州实学馆等性质和法规相类似，于是将“算学书院”更名为“学计馆”。“学计”两字出于《礼记·内则》，即学习各种算法的意思。孙诒让还托黄绍箕请张之洞题书馆名。

光绪二十二年（1896）农历三月初一，学计馆开学。开设两班，每班每月上课九天。功课以数学为主，兼授物理、化学。首任馆长（总教习）为本地算学专家林调梅（和叔），他不仅精通算学，理化知识也很渊博。学计馆周年之际，孙诒让曾撰联盛赞林调梅：“乡里有导师，亮节孤忠，历算专精余事；洞渊昌邃学，通理博艺，艰难闳济仗奇才。”

开学不到一个月，孙诒让先生撰《瑞安新开学计馆序》，发表在当时维新派最重要、影响最大的机关报《时务报》上，介绍创办学计馆的原因、目的与经过。

学计馆革旧布新，学以致用

清末，科举未废，学计馆革旧布新，开风气之先。孙诒让提出的办学宗旨是：“甄综术艺，培养人才，导厥途彻，以应时需”，现瑞安中学校训“甄综术艺，以应时需”，便传承自学计馆办学理念。

学计馆的教学方法和旧式书院有很大区别，注重学以致用。如“开学之初，按册分班，俟肄业稍久，由院长酌核各徒资性之敏钝，学识之深浅，就其相近者各自为班”“学徒除习算外，如中外交涉事务，各国记载及近时西人所著格致诸书，每日择简明切要者讲示一、二条，以广见闻而裨实用”，一扫旧式书院“两耳不闻窗外事，一心只读圣贤书”的陈规陋习。光绪二十三年（1897），浙江巡抚廖寿丰在杭州创设“求是中西书院”（浙江大学前身）也曾借鉴学计馆的管理制度。

光绪二十八年（1902），学计馆与光绪二十二年（1896）项湘藻、项芳兰兄弟创办的方言馆

学计馆新貌（何光明/摄）

合并为瑞安普通学堂，光绪三十二年（1906）改名为“瑞安公立中学堂”，即瑞安中学的前身。

清翰林院侍读学士吴士鉴在《奏请将孙诒让事迹宣付史馆立传折》中指出：“创立学计馆及方言学堂，承学之士云集飙起，浙中学派之开通，实诒让提倡之力。”学计馆的创办被视为中国近代教育史上的大事。

光绪二十五年（1899），学计馆部分学生与馆外治算学人士共16人，在孙氏诒善祠塾创立瑞安天算学社，订立社章十条。这是中国现代最早的地区性数学学会。

数学师资初时多来自学计馆

瑞安学计馆较早地开创了瑞安近代算学系统教育，一时间影响所及，温州地区钻研算学的氛围相当浓厚。孙诒让的学生黄庆澄在光绪二十三年（1897）创办了《算学报》，以宣传、普及初等算学为宗旨，是国人自办的第一份数学普及杂志。

温州的中小学里普遍形成了重视数学教育的传统。温州中学和瑞安中学等名校不仅聘任数学名师，还成立数学社团、开展课外数学兴趣活动、定期出版数学刊物，形成了广大学生以“学习数学为先，争学数学为乐，学好数学为荣”的优良传统。

温州地区的中小学数学师资，最初多来自瑞安学计馆。20世纪初从该校毕业的近200名毕业生，后来绝大多数成为本地学校的中小学数学教师。

另一重要的师资来源是海外留学生。清末，温州掀起了出国留学的热潮，是中国最早兴起留学热潮的地区之一。据记录，自光绪二十四年至宣统三年（1898—1911），温州出国留学者共138人，其中瑞安籍54人，占总数的五分之二，成为这支队伍中的主力。在孙诒让“一切西学皆从算学出”的观念影响下，大多数留学人员选择数学为攻读专业。例如，算学家陈润之之子、陈范之弟陈恺和瑞安的同学许藩等，就是光绪三十年（1904）被公派赴日本东京弘文学院修习数理化，学成归国后回瑞安担任数学教师的。后来，陈恺曾任瑞安普通学堂（瑞安中学前身）监督（主持校政），许藩为瑞安中学校长。这批留学生在学成回乡之后，绝大部分人献身于数学教育事业，成为温州地区数学教师队伍的中坚力量。

数学家之乡的两段师承佳话

1991年，温籍数学家白正国、方德植、苏步青、杨忠道、谷超豪合影（从左至右）

陈景润（左二）与方德植（左三）合影

因为拥有一批高水平、毕生献身于教育的数学老师，所以温州中小学数学教学质量普遍较高，一批有数学才智的温州学子走上了攀登数学之路。

宣统三年（1911）的数学科举人洪彦远（瑞安县城南门林宅巷人），在担任浙江第十中学（现温州中学）校长时曾强调：“只有培养了大批数学人才，科学才能发达，国家才能富强。”在学校里，洪彦远亲自教授数学，对数学尖子生苏步青尤为关注。苏步青回忆：“校长兼教平面几何，看到我勤奋学习，很高兴。他在自修时看我的作业本，每看一道题，就露出一丝笑容，有时频频点头。”

有一天，洪彦远还把苏步青叫到办公室：“你很有数学的天赋，应该在这方面多加努力，有机会最好能出国深造，有困难写信给我，我会尽力帮助你的。”

民国八年（1919）夏天，苏步青中学毕业，他很想出国留学，但家庭根本无力支付这笔费用。

苏步青想起洪校长"有困难写信给我"的吩咐，便给此时已调任教育部视学的洪彦远写了一封信，提及留学的事。不久，苏步青就收到了洪校长鼓励他留学日本的回信和200块银圆。

多年后，苏步青在《怀念我的老师》中动情地写道："当时，我捧着白花花的银圆，激动地流下热泪。洪校长不仅在数学方面引导我走向成功，而且从经济上给我及时资助。我非常感激，因为这是我一生事业的转折点。"1982年，时任复旦大学校长的苏步青为温州中学建校80周年作诗，诗中有"岷老怜余如幼子"一句，可见师生情笃。

新中国成立后，苏步青有30多个学生在全国各个大学里担任数学系主任、数学研究所所长。我国当代第一个完全由国内培养的、以其科研成果赢得国际数学界注目的数学家方德植（瑞安莘塍人，中国工程院院士方国洪父亲），就是苏步青培养的第一届毕业生。

民国十八年（1929）夏，方德植考入浙江大学数学系，师从苏步青。

1952年方德植出任厦门大学数学系首任系主任。在方德植的带领下，厦大数学系为国家培养出了大批数学精英，包括中科院院士、数学家陈景润，中科院院士谢希德，台湾大学数学教授、台湾"中央研究院"院士项黼宸（瑞安人），美国宾夕法尼亚大学数学系主任、台湾"中央研究院"院士杨忠道，中科院数学研究所研究员张素诚以及杭州大学教授白正国等。

洪彦远培养了苏步青，苏步青培养了方德植，方德植培养了陈景润，这是数学家之乡的师承佳话。

薪火相传，弦歌不辍。

近年来，新生代的温籍数学家不断崛起、频创佳绩。如曾任北大数学科学学院院长的陈大岳，上海交通大学自然科学研究院院长、纽约大学柯朗研究所教授蔡申瓯，曾获"斯隆研究奖"的美国明尼苏达大学数学系终身教授江迪华，美国新泽西州大学教授罗锋，美国密歇根大学教授、曾获美国自然科学基金会数学科学博士后奖的季理真，美国宾夕法尼亚大学沃顿商学院副院长、曾获考普斯奖（被誉为"统计学领域诺贝尔奖"）的蔡天文（瑞安人），哈佛大学教授、世界一流生物统计学家蔡天西（蔡天文之妹）……他们为"数学家之乡"温州增添了更多鲜亮的色彩。

跟着诗歌游云江

大美飞云江（陈世丰/摄）

飞云江，又名罗阳江、安阳江、安固江、瑞安江，作为瑞安母亲河，早在先秦就哺育周边居民。就像温州人自称为“瓯江儿女”，瑞安人也许更愿意自称为“云江儿女”。

陆游《泛瑞安江风涛贴然》

俯仰两青空，舟行明镜中。蓬莱定不远，正要一帆风。

说到飞云江诗歌，首先要抄一遍这首南宋大诗人陆游早年的绝句《泛瑞安江风涛贴然》。

绍兴三十年（1160），初踏仕途的陆游自福建宁德县主簿任上结束，诏调敕令所删定官，北返临安，途经飞云江，面对水天一色的美景，颇有“长风破浪会有时”，理想就在前面的美好遐想。虽然在放翁一生近万首诗作中，这首挤不进代表作，但在关于飞云江的诗作中，它却是最著名的。

要问最早提及飞云江的诗，不能不请出中国山水诗鼻祖、南朝宋谢灵运。南朝宋景平元年（423），谢灵运在温州当永嘉郡太守的第二年，南下游玩，经瑞安到达横阳（平阳），留诗《横阳还峤上》，其中有句“瀰汨两江驶”，这“两江”指的就是飞云江与鳌江。

王奕《观潮阁》

谢灵运与陆游都是外地人，作为本地儿女，瑞安人历来其实不断以诗文，对母亲河表着“孝心”。明嘉靖《瑞安县志》里，王奕的一首《观潮阁》便是这样的献礼之作：

南岸客来过北岸，浙山尽处见闽山。清秋井邑棋枰里，落日汀洲画轴间。

王奕，字子陵，南宋学者，平生无官无职。明弘治《温州府志》载，南宋淳祐年间，宋理宗闻王奕名，下旨索求其书，知州赵汝腾不敢怠慢，把王奕的作品缮写好送交后，还向朝廷推荐他，要给他一个官当，但王奕既不给父母官面子，也不给皇上面子，“竟不应命”，让世人领教了知识分子的清高，为后世提供了中国的“非暴力不合作主义”范本。

观潮阁，原址在今飞云江北岸瑞安市区西山（西岘山）上，为当地名胜古迹，在此可远眺飞云江入海口，波涛缥缈间，鱼龙隐现，为一邑奇观。历代众多文人墨客在此登临、雅集、吟咏，使它足以挂牌为飞云江诗词的创作基地。著名者如南宋尚书右丞许景衡、乐清籍状元王十朋、永嘉学派的陈傅良、清代太仆寺卿孙衣言等，大儒叶适甚至专门为观潮阁诗歌的结集写了序。

某个清凉的秋日黄昏，王奕登上观潮阁远眺，只见飞云江两岸客渡繁忙，一眼望去，群山绵延直到福建，而近处，瑞安古城街巷井然，好似一张大棋盘。古城外，飞云江如同楚河汉界，浩浩荡荡横流而过，点缀着江中过河卒子般的汀洲，俨如一幅摊开的山水画卷。

作为诗，《观潮阁》含意寻常，不作惊人语。特殊的是它的形式，两两相对，“南岸客来过北岸”与“浙山尽处见闽山”对仗，“清秋井邑棋枰里”与“落日汀洲画轴间”对仗。

这正是价值所在，诗有律绝，一首优秀的律诗就像一个可口的汉堡包，最精华最主要的是中间两联，就像汉堡的夹心，首尾两联是汉堡包的上下两片面包。中间对得好，诗就成功，中间对坏了，首尾再怎么前呼后应，也不算及格。《观潮阁》就像是一首七律被掐头去尾，精简成七绝。

宋之才《观潮阁》

在王奕之前，被封为平阳县伯的宋之才也留下《观潮阁》诗作：

风烟未息倩诗催，小立栏杆亦快哉。江面贴天晴更好，涛头拍岸去仍回。晚山过雨乱鬟拥，细舶点空浮雁来。坐待月明寒练净，片槎直欲到蓬莱。

颈联曰傍晚天暗的飞云江，两岸被雨洗过的山像女子梳洗完毕的乌黑发髻，秀丽多姿，江中因距离远而显得细小的船舶，像一只只大雁悠闲浮游在清澈空明的水里。

联对得不算特别精彩，精彩的是宋之才的事迹。南宋绍兴十四年（1144），宋之才以权礼部侍郎身份出使金国，祝贺金熙宗完颜亶寿辰。不料金熙宗凭借国势强盛欺凌南宋弱小，故意挖坑逼宋之才回答两难式问题："宋是大国还是小国？"答大国，当时中国大地上还有金、西夏、西辽、大理及吐蕃诸部，南宋畏缩淮河以南，实在不算大；答小国，栽进对方陷阱，自取其辱。机智的宋之才简直像晏子附体，答道："宋非大非小，中国耳！"

好一个"中国"，不卑不亢避免难堪，既指国土面积中等，又指南宋才是中国历史的正统王朝，双关妙语当场折服了金熙宗。回来后，宋高宗得知他没让南宋塌台，抚着他的背直夸他："卿真乃我'宋'之才也！"言下之意，宋之才真是"宋"朝"之"人"才"。

林景熙《飞云渡》

飞云渡作为连接江北江南的浙闽要津，也是一大观景胜地。南宋著名遗民诗人、平阳籍的林景熙有五律《飞云渡》：

人烟荒县少，淡淡隔秋阴。帆影分南北，潮声变古今。断峰僧塔远，初日海门深。小立芦风起，乘槎动客心。

据瑞安学者陈增杰注释，"帆影""潮声"联应该是"偷师"陆游《南楼》诗里的"舟楫纷纷南复北，山川莽莽古犹今"，可见陆游那一趟游飞云江的影响之大。

清末，飞云江渡口建有待渡亭，被誉为"东南第一笔"的瑞安书法家池志澂题写了亭联："少住为佳，看南浦云飞，西山雨卷；请君快渡，趁一帆风正，两岸潮平。"双关语用得很到位。上联"南浦云飞，西山雨卷"既是化用《滕王阁序》里的"画栋朝飞南浦云，珠帘暮卷西山雨"；又契合此亭的地理位置，可以望见飞云江南岸与瑞安西山；何况"云飞"还是把飞云江嵌名。下联"一帆风正，两岸潮平"既是用唐诗《次北固山下》里的"潮平两岸阔，风正一帆悬"，又契合顺风平潮宜渡江的意思。

徐淮《与刘景玉安固泛舟》

插话完对联，说回诗歌。元代瑞安县学训导徐淮有七绝《与刘景玉安固泛舟》：

云平水暖鱼吹浪，雨润泥香燕啄花。着面东风浓似酒，扁舟流过白鸥沙。

意境与用词清丽柔美，前两句采用对仗模式，整体像一首七律的下半部分。动人春色不须多，按照我的"汉堡诗论"，这半片汉堡包也能吃饱。看诗题里有安固（瑞安），末句里有白鸥有沙洲，那么诗人泛舟处应该是飞云江。

清代学者俞樾从杭州到福建省亲，看望老母亲与兄长，一路行吟，途经温州瑞安，坐船过飞云江，为其《壬申春日，自杭州至福宁杂诗》又添加了一首：

飞云渡口水茫茫，历历风帆海外樯。江面乱流行十里，依稀风景似钱塘。

项骧《飞云江》

晚清瑞安四大望族之一的项家出了“洋状元”项骧，他的一首《飞云江》可为本文收尾之作：

江山明净似琉璃，一棹擎空浪作梯。帆影每随天上下，夕阳稳趁舵东西。潮头来处凫鸥散，舟脊高时云汉低。百丈危滩清见底，浊流无自入清溪。

该诗最值得咀嚼的也是中间两联，尤其“帆影每随天上下，夕阳稳趁舵东西”，又工又美，令人油然而生行舟飞云江，荡起双桨，小船儿推开波浪的渴望。诗末有作者小注“江潮至滩头不能再上，清浊截然”，浊流难免扫兴，然则诗里清流的范围何在？

结合“百丈危滩”“江潮至滩头不能再上”，此“滩头”当指百丈危滩的滩头。据当代《飞云江志》，飞云江从泰顺百丈口到瑞安滩脚，滩多流急，民谣称为“百丈百滩，一滩一丈”，原来百丈百滩就像筑起一道道防火墙，阻挡了浊流入侵，飞云江的清浊由此泾渭分明。

沧海桑田，流过两岸桑田的飞云江向东到达沧海，上游的百丈漈景区、飞云湖景区，中游的寨寮溪景区等还保存着明镜水、琉璃水、寒练水的模样，依然荡漾着清澈的诗意，等着你来游吟。

南 航

陡门兴废几沧桑

石岗陡门

横穿的飞云江与纵贯的温瑞平塘河，在瑞安东部形成十字交汇，把沿海平原分成四块。其中江北、河东的一镇（塘下）、六街（汀田、莘塍、上望、东山、安阳、玉海）、一区（浙江省瑞安经济开发区）是当今瑞安市城镇化水平及经济文化和居民生活水平发展最快的宝地，又是改革开放“温州模式”的发祥地之一。

然而过去，这里却是近海滩涂。历史上对这块宝地沧桑变迁的具体史料遗存不多，幸有乡贤——南宋陈傅良的《重修石岗陡门记》（下简称《陈记》）描述了两宋时瑞安的沧桑画卷。

陡门选址：制木鹅顺水漂聚

陡（斗）门，是温州人对沿海（江）堤塘设置内陆河道泄洪的配套工程水闸的俗称。

海堤筑在海岸边，是海与陆地的分界线，随地形的变动而变动。陡门是海堤的门户，功能是阻挡海水随潮水或乘风暴冲刷陆地，保证农田灌溉、排涝、居民用水。陡外的浦沥还要保证海水随潮流入盐田制卤（煮、晒食盐的原料，此处北宋时为盐场），也是盐卤运进堤内煮或晒盐的门户。所以了解陡门的位置和建造时间，可以知道不同时期海岸线的位置。

石岗陡门在塘下镇海安社区的石岗村，现在保存完好，仍担负桥梁的功能，下面是河道。它的南北连接着的乡间大路就是原来的海堤，已经成了两宋时海岸线的见证。

《陈记》明文告诉后人，石岗陡门在南宋淳熙十一年至十二年（1184—1185）大修过。修陡过程中发现初建时的巨木大料都已损坏，后来工匠们采用“以石代木”的先进工艺，陡门至今仍完好而坚固。

至于该堤建造时间，《陈记》仅透露该堤建成后，元丰四年（1081）温州州丞（州官中的助理）赵景仁来瑞安县，与瑞安县令朱素偕隐士、学者林石巡视陡门，并相互唱酬题诗。查史料，县令朱素元丰二年（1079）到任，便主持修筑石岗陡门。可以肯定该陡门始筑时间是在元丰二年至四年（1079—1081）间。

《陈记》还生动地描述了朱素选择陡门地址，统一与此陡门相关的瑞安帆游、崇泰、清泉三乡父老的不同意见的故事。朱素令人制作十数只木料雕琢的“鹅”，趁骤雨后放在温瑞塘河东的各条浦沥上游，令木鹅其顺水漂向下游，结果木鹅都汇聚在石岗，说明这里是这片土地所有溪水下游的聚集地，正是修筑蓄淡水的陡门最理想的地址。但有人担心这里无山岩可依，只是一片松软的淤泥，怕在此筑陡会被山洪和海潮冲垮。于是朱县令又让大家挖开表层淤泥，见下面全是山上随水冲下来长期堆积的碎石、沙土，跟“石岗”的名字十分吻合。此前三乡农民的不同意见都被眼前事实给统一了。

石岗陡门筑成以后，和与之配套、南北连接一起的堤塘，便成了新的海岸线。塘、陡以西的大片原有盐田，因海岸东退海水无法输送而变成农田。有了石岗一线的堤陡保护，成了可耕地，在生产力和经济发展方面大为有利。

古代的盐民是世袭的，一些老盐田因海水东退而成为农田，但封建社会的官僚没有因此免除盐民的身份和盐税，盐民处境艰难。如石岗西北面双桥村的盐民，在石岗陡门建造后的南宋，其原有的盐田已变农田了，却一直到明朝初期仍未改变身份。明初双桥村人虞原璩写的诗《双桥苦》：“半是亭民半戎户（都是盐民的称呼），亭民何曾谙斥卤（制盐卤）。戎户年年困勾补（劳役、地方警役）……”就是佐证。

陡门兴废：见证沧海变桑田

《陈记》写明石岗陡门的“前任”陡门在“穗丰山南址”。穗丰山在今仙岩街道（现属瓯海区）穗丰村的温瑞塘河东岸边。山高10多米，像一条鲤鱼南北向纵靠塘河东岸，当地俗称鲤鱼山。古人依此山麓岩石筑陡。说明那时海堤就是今温瑞塘河东岸的塘路，明初起成为温瑞间重要驿道。《陈记》未提其名，姑且称为“穗丰陡门”，东距石岗陡门直线距离约4200米。

穗丰陡门的“退休”时间，应为石岗陡门的“上任”时间，即北宋元丰二年到四年（1079—1081）。但穗丰陡门始筑时间，《陈记》及其他史料均未具体记载。我们可以从石岗陡门的“退休”时间推算。

石岗陡门的“后任”是龟山陡门，在今塘下场桥社区的龟山村，依龟山东南麓的山岩建筑，今保存完好，成为另一条塘路（明清时的海堤）中的桥梁，下通河水。

龟山陡门西北距石岗陡门直线距离约2800米，始建时间为明朝隆庆三年（1569）（参见清嘉庆《瑞安县志·水利》）。可以判定石岗陡门“任职时间”是北宋元丰二年至四年（1079—1081）到明隆庆三年（1569），共400多年。这段时间海岸线东移（即海退）直线距离约2800米，平均每年约6米。再以每年6米海退的速度逆推穗丰陡门的始建大致时间，大约是公元400年前后，即东晋安帝至恭帝在位时间（397—420）前后。刚好与南朝刘宋永初三年至四年（422—423）谢灵运任永嘉太守时写的《舟向仙岩寻三皇井仙迹》《游赤石进帆海》两诗时间相近。谢灵运是从永嘉城乘小船沿今温瑞塘河北段的古河道到仙岩的。今温瑞塘河东岸海堤及堤西的河道基本已连贯成一线。

龟山陡门的“退休”时间，应与清末时海岸线东移至今下塘河一线上众多陡门同时。龟山陡门至下塘河直线距离约4000米，“任职”时间是明隆庆三年（1569）至清宣统三年（1911）的342年左右。海岸线平均每年东移10多米（计算依据可能有误）。民国初至今，海岸线又东退至人民路及以东的“东海长城”了。

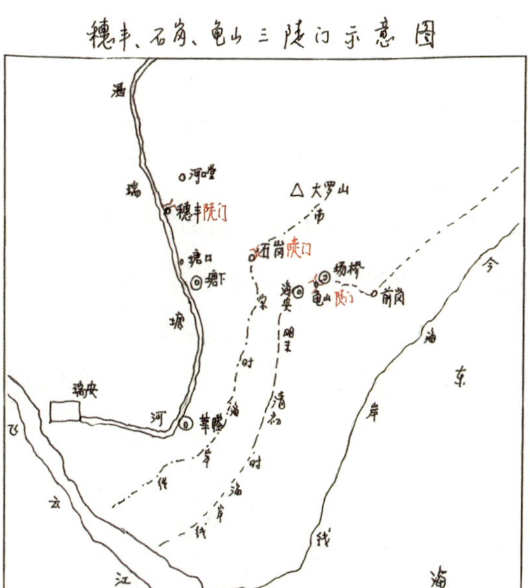

穗丰、石岗、龟山三陡门示意图（宋维远/绘）

从《陈记》的材料看，穗丰陡门、石岗陡门、龟山陡门和今下塘河一线的10多个陡门，分别是温瑞塘河至如今下塘河一线这块陆地1500多年中，海水逐渐东退，沧海逐渐变成桑田后的活地标，正是我们要追寻的飞云江以北，温瑞塘河以东这块宝地的沧桑遗迹。

宋维远

救荒有术万象新

蝗灾后的农田

古时候的饥荒，大多由水灾、旱灾和虫灾等自然灾害造成，翻阅地方史志，瑞安也是从这样的年代走过来的。在重灾岁月里，正是有一位位贤者能人出现，才让百姓吃上饭，过上安稳日子。

治理蝗灾抗饥荒，编写南宋第一书

蝗虫自古以来就是害虫，所到之处很容易引发饥荒。早在春秋时期，虫害就频繁发生。据《春秋左传》记载，螟、蝗为当时的主要虫害，其中蝗灾是我国历史上危害程度最高、范围最广的虫害。据《周礼·秋官》篇记载，当时的政府部门设置了专门治虫的官职，如“剪氏”“蝈氏”等。

南宋时，瑞安发生蝗灾，出现连年饥荒。大片的蝗虫乌压压地飞过，啃食庄稼，几乎不放过任何一寸土地。百姓斗不过蝗虫，苦不堪言。此时，董煟正好到瑞安任知县。董煟，字季兴，号南隐，江西德兴人，宋光宗绍熙四年（1193）进士。

目睹百姓疾苦，一上任，董煟便积极组织抗灾救荒，妥善安置来往灾民，并马不停蹄地四处巡查，不仅敦促各乡各村捕蝗救灾，而且还亲临实地调查研究。当他看到豌豆没有被蝗虫啃食时，忽然受到启发——原来蝗虫是不吃豌豆的。

回到县衙，董煟当即联合乡绅紧急收购豌豆种子，免费发给灾民种植。第二年，瑞安豌豆空前丰收，灾情得到缓解。在不断总结经验的基础上，他还制定出了一套行之有效的救荒赈恤之策，不但安抚了灾民，还有利于恢复农业生产，使当地顺利地度过灾荒，安定了一方。

在与蝗害的长期斗争中，董煟积累了丰富的知识和经验，并据此整理编撰出一部《救荒活民书》，总结了之前历代救荒赈灾政策的利弊得失，所举救荒政策多达数十项。他把书呈报给朝廷，受到皇上嘉赏，该书被下诏刻印刊行，分发全国郡县官员，成了南宋及后世抗灾赈恤的指南。这本书流传很久，清代编《四库全书》时还将其内容纳入。

荒年开仓解燃眉，一口大镬赈饥民

明朝末年旱灾频繁。根据邓云特（邓拓）先生的《中国救荒史》记载："明代共历276年，而灾害之烦，则竟达1011次之多，是诚旷古未有之记录也。计当时灾害最多者为水灾，共见196次；次为旱灾，共见174次……"可见，旱灾已经成为主要自然灾害，严重影响了人们的生产生活，农田颗粒无收，饥民食不果腹。

明英宗正统三年（1438）秋夏之交的一天，烈日当空，大地似蒸笼一般酷热。瑞安飞云江南岸陇头里的田间，是一大片几近枯黄的庄稼。越来越严重的旱情，是避不开的哀鸿遍野的凄惨景象。

果然，一场特大饥荒席卷而来。市面上粮价飞涨，一些手中有粮的商贾、财主却乘机囤积居奇、大发横财。许多穷苦百姓被迫卖儿卖女换口粮，拆屋伐树交租税。这场饥荒越闹越厉害，入冬以后，衣食无着，饿倒路边、死于沟渠者随处可见。

这时，李孟奇毅然决然站了出来，打开自家谷仓，发放稻谷数千石，广为赈济。

李孟奇，明太祖洪武五年（1372）出生在瑞安县南社双峰乡陇头村。李家经过数代积累，到李孟奇手里，已是富甲一方。

李孟奇还特地铸造了一口可供千人就食的大镬，在家门口的路边搭设粥棚，日夜煮粥施舍。附近一带灾民闻讯后，纷纷扶老赶来就食。一时间，感恩之声载道。

后来，晚清名士蔡英赋《铁罐歌》以记其事："李公生长明季间，尚义门高拥市阛。舍财散粟数千里，能使孤寒尽霁颜。有时吾瓯岁逢瘠，鸿雁嗷嗷遍野泽。公乎公乎长者心，为设粥罐施

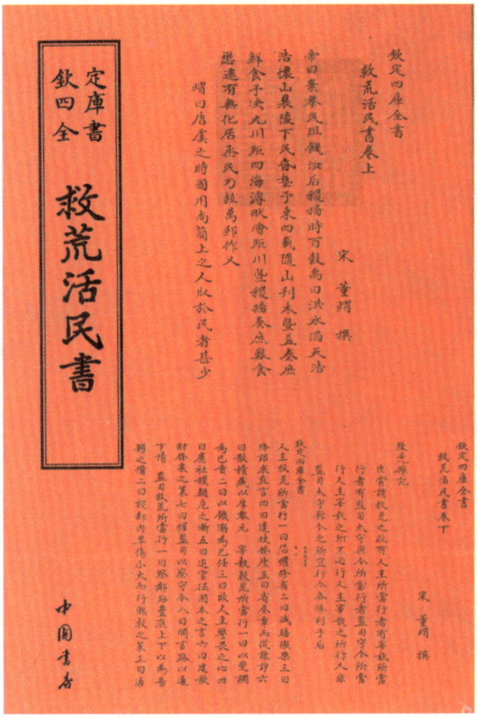

左图为《救荒活民书》封面书影
右图为千人就食的大铁镬

千百。遂令东西南北人，颂公之德沐公仁。”数百年来，那口大铁镬一直保存在李氏旧宅内，供后人观赏。

第二年，李孟奇得知邻县永嘉的灾情仍在持续，同样伸出援手。两年下来，他共为赈灾捐赠粮食1万余石、白银1000余两。为了从根本上解决粮荒问题，李孟奇主张在瑞安县城建一座大型义仓，贮存米谷，可起到以丰补歉、调剂粮食、防灾备荒的作用。他向官府提议："古有义仓，凶年则散之，丰年则敛之。其法经久无弊，盍举而行之。”作为首倡者，他身体力行，带头捐献米谷3000石、白银500两，用于建置供应局，营造义仓。

乾道大水灾情重，开仓赈灾忙自救

大水之灾，也是令人无能为力的事。古时，瑞安城每年都会遭遇台风来袭，因为那时抗灾能力有限，影响非常大。瑞安自三国吴赤乌二年（239）开始建县，至东晋太元十七年（392）有了第一宗水灾记录。而乾道水灾，一度成了瑞安乃至整个温州城的至暗时刻。

南宋孝宗乾道二年（1166）农历八月十七日傍晚，一场伴随台风而来的特大水灾，在瑞安

摩崖石刻上除帆船图案外，下刻“乾道二年水满到此”八个字

等地造成了“浮尸蔽江，民居漂荡，稻禾不留一颗”的巨大灾情。

对于这场灾害，温州、瑞安等多个地方的史志上均有记载。明弘治《温州府志》描述了灾害之烈：“台风挟带大暴雨，山洪暴发，夜潮倒涌入城，四望如海，漂盐场，覆海舟，拔树倒屋，潮退，浮尸蔽江，稻禾不留一颗……”温州龙湾坦头村峰门山的一处山坡上，则留有相关的摩崖石刻。石壁上有一艘阴刻帆船，竖桅扬帆并不明显，后有小舵清晰依旧。图案长约50厘米。

灾情严峻，瑞安、乐清、平阳等地的城墙半壁都沉浸水中，即便高地之上，屋瓦田地也被风雨摧坏，田禾无收。

为应对灾情，温州知州刘孝韪牵头积极“自救”，他一面会同掌管农事的司农少卿陈良弼，先行将常平、义仓的5万石存谷分赈瑞安等县灾民，一面飞书京都临安（今杭州）告灾，自劾擅自开仓之罪。而在灾后二十多天，宋孝宗才下诏，进行核实救济。

在大自然面前，人虽渺小如沙，但聚力同行亦能披荆斩棘。在上下齐心的努力、瑞安人自强不息的拼搏下，风雨过后，总见瑞城重启，春和景明。

良方济世防疾疫

传染病历来是威胁人类健康的凶疾。早在光绪二十八年（1902），我国也曾出现过一场霍乱大流行。彼时的温州，是霍乱重灾区，据相关医报记载，光绪二十八年（1902）夏秋之际，温州城内死于霍乱的人数在5000—6000人之间，整个温处道死亡人数至少有30000人。

霍乱是一种危害极大的烈性传染病，患者因摄入的食物或水受到霍乱弧菌污染而引起急性腹泻。在这场形势严峻的疫情中，瑞安中医大师陈虬，带领利济医院的师生们，义不容辞担当起了救济苍生的责任。他以“白头翁汤”加减治疗，对霍乱治疗效果显著，其药方被远近传抄。

清嘉庆年间首次确切记录霍乱传入中国

自1817年在印度大流行并向外流传后，霍乱这一冷面杀手在全球开始了一个多世纪的肆虐。

霍乱在中国有确切的记录是清嘉庆二十五年（1820），由印度经曼谷传入，波及香港、澳门、广州、温州、宁波、福州、上海等地。此后几次世界性霍乱大流行都祸及我国，死者不计其数。

我国旧时将霍乱称为“吊脚痧”“虎狼病”等，从名字可见这种疫病的可怕。霍乱尤其在江南频繁流行，据统计，江南地区自道光十七年（1837）至宣统三年（1911）的75年中，整个地区有23年的霍乱流行记录，涉及范围较广或比较严重的就达10次之多。其中有3次流行高潮：咸同之际（1861—1864），光绪中期（1885—1895）和光绪二十八年（1902）。

由于霍乱的流行，清代中医学家开始研究霍乱的治疗，相继出现了一些研究专著。其中，尤以王孟英（1808—1867）于1838年完成的《霍乱论》最为精辟。他根据症状将霍乱分为寒霍乱和热霍乱。他用藿香正气丸、理中汤等方药治寒霍乱，发明了蚕矢汤（即蚕的粪便，再配合一些中药）治热霍乱，成为治疗霍乱的特效药。王孟英写的《霍乱论》是中医学第一部系统研究传染病的专著，比西方医学的同类著作早了许多年。

从“有论无药”到“对症下药”

光绪中期（1885—1895），中国进入第二次特别严重的霍乱流行高潮，苏州、松江和宁波府等地都出现疫情。

陈虬（1851—1924）

利济医院

陈虬（1851—1904），原名国珍，号蛰庐，清光绪十五年（1889）举人，与陈黻宸、宋恕合称“东瓯三杰”。他不仅是我国近代著名改良派思想家，同时也是一位造诣很深的中医学大师。清光绪十一年（1885），35岁的陈虬与友人合资在瑞安城东杨衙里（今忠义街）创办利济医学堂，同时，在院内创立利济医院。利济医学堂成为我国最早的新式中医学校。

陈虬多年来一直专注霍乱病的防治，他认为，霍乱病的症状随着时间的推移，会有不同的表现，而历代医生多援用古方治疗时下流行的霍乱，都不得要领。他研究王孟英的《霍乱论》，认为此书也是“知其然，而不知其所以然”，局限于“见病治病”。通过研究前辈的治疗经验，陈虬撰写了《霍乱病源方法论》，拟定了“救急汤”“安中汤”等六服药方，弥补了王孟英《霍乱论》的有论无药的缺憾。

《霍乱病源方法论》写成后，友人抄写下来交与洋报刊发。据陈虬的《蛰庐诊录》记录，光绪五年（1879）三月，邻居杨剃匠和他的妻子得了瘟疫，陈虬以大剂承气汤治疗杨剃匠，以吴氏增液汤治疗杨剃匠的妻子，夫妇都是六剂就治愈了。这年初秋正值霍乱剧烈暴发，乡人按照陈虬的药方治疗，颇有成效。

“白头翁汤”被奉为医家指南

清光绪二十八年（1902），中国及亚欧很多国家，出现了一场历时数月的霍乱大流行。

这年6月，哈尔滨市及中东路沿线流行霍乱，并迅速蔓延到周边地区；同样在6月，京津地区大范围暴发霍乱，据说“大内嫔妃中亦屡染时病且患目疾者尤多”，而在天津，不满一月，染病死亡的百姓超过1万人。《张北县志》记载：“传染迅速，壮年人得之最多。病之初来，吐泻转筋不过数小时即可殒命。能治愈者十无一二，以至各城市棺椁均售一空……”

江苏、安徽及浙江，由于河湾众多、人烟稠密，便利了霍乱的快速、广泛传播。据同年创刊的《大公报》报道称，至光绪二十八年（1902）八月上旬，江西因疫死亡人数二三万。浙江至光绪二十八年（1902）八月底，因疫致死者16300多人。

当时的温州是霍乱流行的重灾区，这一场传染病来势凶猛，病症多、寒热莫辨。民众求助于医者，利济医院里人来人往。陈虬根据此前诊断霍乱的经验，以及当下病症情况，以“白头翁汤”（中医方剂名）加减治疗，颇具成效，土捐局唐寿丞、署瑞令盛伟堂两女、都司阎仪韶一子一婿等8人都因这个方剂治愈。

陈虬的药方被远近传抄，还受到温州地方官的重视，被印刷于纸，张贴温州地区各县，被医家奉为指南。

总结撰写《瘟疫霍乱答问》

经过多次直面霍乱的经验，光绪二十八年（1902）八月，陈虬总结撰写《瘟疫霍乱答问》一书。该书设54问，以问答形式讨论霍乱病源、证治及方药的运用。针对当时医者用药“一刀切”的习惯，陈虬根据不同的症状用药，并研制出了9服利济定乱方剂和8服利济天行应验方，还配制出1服利济秘制平安酒方，都是治疗时疫霍乱屡获奇功的良方。

当时的温州总兵刘祥胜（1829—1905）欣然为此书作序。刘祥胜在序中对陈虬的医术品德极为赞颂：“先生著书，传海内外，治病三十余年，尝于郡瑞建两医院，署名利济，设科授徒，减润便民，信乎其为良医矣。”刘祥胜大力推介此书，认为该书“明白晓畅”“救世指迷”。

陈虬在《瘟疫霍乱答问》中，对病原的认识，吸取了西医学说，书载“疫虫”及预防之说，并力图与古代中医之说汇通。在该病的预防和疫病隔离上，陈虬推崇西方卫生学知识，提出隔离与防疫措施，这在当时历史条件下实为难得。

该书既有理论探讨，又有临床实践，是近代防治流行性霍乱的重要医著之一。《瘟疫霍乱答问》被收入曹炳章编的《中国医学大成》之中，成为中华医药绵泽世代的瑰宝。陈虬本人，则作为一代名医，被收入李云主编的《中医人名辞典》，其中医学成就永载史册。

于文明行进的过程中，瘟疫虽是阻碍但也意味着变革，人类总有办法积极应对。

黑色七月心惶惶

1941年4月19日，日军一部在瑞安半浦（今潘岱街道前垟）登陆，并向温州进击，照片中站立者为第五师团第二十一联队第三大队掘贤朗军医。（王长明/提供）

1942年7月13日对于老一辈瑞安人来说，是黑色的日子。这一天，日本侵略者对瑞安城犯下滔天罪行。这一天，是瑞安历史上不可触碰的痛，也是无法抹去的记忆。

因一句话，日军组织大空袭

1931年，抗日战争爆发；1939年，瑞安开始直接受到日军侵害；1942年7月，瑞安笼罩在一片乌云之下，平静的生活被日本侵略军打破。

7月6日，日机进入瑞安县城狂轰滥炸，被轰炸的地点包括第一巷、大沙巷、柏树巷、横街、西门小马道、卫房宫县卫生院、喇嘛寺县田赋管理处（县仓）、道济殿西北小学等处。

7月7日，日军再次对瑞安进行空袭，这次目标主要对准了何浩然的家。何浩然（1881—1949），字庆芝，系早期同盟会会员，一生为推翻帝制实行共和作出了较大贡献。他毕业于日本士官学校，辛亥革命后，先后担任过北洋政府及南京国民政府的军政要职，授中将军衔，后于抗战前夕卸任回乡。在瑞安，他以书画自娱，准备安度晚年生活。

日军为何会盯上他家？因为何浩然曾留学日本，精通日语，且有较高的社会影响力。1941年，日军第一次攻陷瑞安就打起了何浩然的主意，要他出任瑞安维持会会长。“绝不做有辱祖先的民族败类！”何浩然严词拒绝。而这句话，激怒了日本人。

7月7日，日军的两枚炸弹炸毁了何家前院一楹7间的两层楼房，左右两开间的轩房。硝烟过后，何家如人间炼狱，7人遇难，包括5名子女和2名用人。

日军还在大沙堤投掷了两枚燃烧弹，烧死及炸伤平民十余人。瑞安大儒孙锵鸣的藏书楼“海日楼”毁于一旦，其珍贵的藏书无一幸存；抗日名将朱炎晖烈士的房屋、财产付之一炬；乡绅胡云第的祖居被烧毁；著名学者李笠位于第一巷的藏书楼“横经室”亦被3颗小型炸弹击中……

何浩然悲愤万分，提笔给当时在抗战前线的第三子何树铎写信，告诫儿子“莫忘国难家仇，奋勇杀敌”。

硝烟弥漫，瑞安城人心惶惶

1942年7月6日至9日，日本侵略军连续4天轰炸瑞安。

每天4架敌机进入瑞安上空，4天共投弹37枚，炸死居民36人，炸伤26人，炸毁房屋250间，震倒房屋284间，造成直接经济损失139万元（法币）。

那几日，瑞安县城人心惶惶，县政府下令疏散，有人逃到乡下，有人躲到郊区。空袭警报一响，还留在家中的居民就在桌上盖几层棉被，当作“防空壕”藏在下面。

毫无人性的日本侵略军，并没有收敛，7月13日，他们发起了更为猛烈的攻击。

7月13日上午8时，已侵占温州城的日本侵略军派出步兵、骑兵共500多人，在飞机掩护下进攻瑞安。下午1时许，部分日军经三都岭到沙塘底，另有炮兵在万松山北端向城内轰击，以掩护其主力进攻。同时，敌舰在飞云江中向南北岸码头轰击。

下午2时许，驻守的国民党自卫队开始撤退，瑞安县城被占领。这是瑞安抗战期间第二次陷落敌手。

7月17日，盘踞瑞安的日军退回温州永嘉。瑞安县政府《七·一三事变纪要》中写道：“日人登陆，商品被劫者巨，价值不少。仅城区和塘下不完全统计，被劫的布匹、五金、中西药材、南北货、电料、油漆、水果等共计价值338000多元（法币）；且交通梗阻（实为日军封锁之故），与战前繁荣景气相距甚远。”

四次沦陷，瑞安损失惨重

抗战时期，日军曾四次占领瑞安县城，在瑞安烧杀奸淫掳掠，犯下滔天罪行。

瑞安县城第一次沦陷是在1941年4月19日至5月3日。4月19日凌晨，日本侵略军第二十六补充师团2000余人由少将秀林带领，对瑞安发起进攻。日军分乘数十艘汽艇、炮艇从飞云江口驶入县城南门江面，沿途与两岸国民党守军开战。黄昏时分，国民党军放弃万松山阵地，退至陶山、马屿、平阳坑一带，县城被日军占领。

1942年7月，敌军第二次侵犯瑞安。

1945年1月20日至23日，瑞安第三次沦陷。1945年1月20日，驻温州城的日军派出士兵200余名，分三路向瑞安进犯，国民党自卫队与日军接战。凌晨5时，国民党部队战败，日军占领了县城。

1945年5月25日，驻扎在温州的日军为了接应由福州溃退的日军独立六十二旅团残部，当日中午纠集2000余人，分水陆两路南下，进犯瑞安。26日晨，瑞安县城第四次沦陷。

从1941年至1945年，日军四次大规模入侵瑞安。据不完全统计，直接造成瑞安796人伤亡，近千间民房、商店、工厂等被毁，军事设施、政府机关、电报线路等被破坏，五金、布匹、药材、粮食、电料、桐油等物资被抢，直接经济损失414876元（法币），间接损失更难以统计。

落后就要挨打，发展才能自强。强国必须强军，军强才能国安。这是我国人民通过近代历史，尤其是抗日战争史而得出的惨痛教训。明镜所以照形，古事所以知今。

和平解放迎新生

在瑞安国旗教育馆有一面巨幅国旗，可谓“镇馆之宝”——它曾在2019年5月10日至5月12日于天安门广场国旗杆悬挂使用。这是北京市人民政府天安门地区管理委员会赠予瑞安的。据说这是管委会第一次将天安门广场国旗杆悬挂使用的国旗赠送给县级市。

为什么赠送这个时间段的国旗？

因为5月10日是个不平凡的日子，1949年的这一天，瑞安县城和平解放。

这一天，瑞安城沸腾了，瑞安人举起红旗，涌上街头，奔走相告，整个县城洋溢着喜气。

从此，瑞安迎来了新生。

破晓前夕：全面内战爆发，游击纵队诞生

1945年8月15日，日本宣布投降，抗日战争结束。

1946年6月，国民党反动政府就发动全面内战。当时温州地区，敌强我弱。日军撤离温州后，国民党立即全面部署对浙南中国共产党领导的抗日武装队伍实行“清剿”。1946年国民党先后在浙南调集1.5万余兵力，而我方武装仅有300多人。

中共浙南特委决定有计划有步骤地开展游击战争，逐步扩建革命武装，广泛开展游击战争，不断扩大游击根据地。1947年夏，随着全国解放战争形势的变化，浙南地区的游击战争迅猛发展并全面展开。1947年8月1日，中共瑞安县委在五云山（东坑山西高龙村）把武工队扩展为浙南第一县队。

为把武装斗争和群众运动推向一个新阶段，1947年10月3日至29日，中共浙南特委在瑞安县高楼区梅山长湾召开第八次扩大会议。会议决定筹建中国人民解放军浙南游击纵队，作为浙

瑞安国旗教育馆内的“镇馆之宝”(孙凛/摄)

南武装斗争的主力部队，统一指挥部队作战，同时决定率先成立浙南游击纵队括苍支队。

1948年4月7日至5月25日，特委在瑞安高楼梅山牛栏坑召开第九次扩大会议，通过《关于军队建设的决定》，建立浙南游击纵队。

1948年11月21日，经中共闽浙赣省委批准，中共浙南特委改称中共浙南地委。同月25日，中国人民解放军浙南游击纵队在瑞安县桂峰乡板寮村正式宣布成立。

之后，瑞安游击队配合浙南纵队参加过石垟山、永强警察所、上安山、平阳湖岭脚、大藏战斗和袭击仙降区署、塘下区署、塘西炮台七次大行动。在实战中缴获长短枪205支、机枪1挺，俘敌41人。很快，浙南游击战争进入了战略进攻阶段，浙南部队逐步取得战争的主动权。

黎明曙光：连夜印发资料，标语贴满街巷

1949年4月21日，中国人民解放军百万雄师横渡长江。

这个消息，让浙南大地群情激昂。浙南地委和浙南游击纵队立即做出“迅速解放温州和浙南全境”的决定。中国人民解放军二十一军昼夜南下，国民党驻温州的二〇〇师师长叶芳目睹北平等地“和平解放”，为了寻找出路，与浙南游击纵队谈判，选择了“和平解放”。

此时，瑞安县城也已迎来黎明前的曙光。

4月18日，中共瑞安县委在永峰乡（今湖岭镇永安）吴垟村召开了县委扩大会议。会议期间

组建了城区工作委员会，要求在全县广泛开展宣传活动，扩编县警卫队，提高战斗力，抓紧对国民党军政机关人员的瓦解和争取工作等。

根据县委部署，由县委宣传部牵头，抽调人员成立并充实了县宣传队。当时，浙南地委发表了《向全国进军的命令》《迎接解放军渡江南进宣言》，县委印刷厂接到指示后，连夜赶印，迅速将数万份宣传资料和标语分送给各县。

一夜之间，共产党的宣传标语贴满了瑞安县城的大街小巷。次日一早，群众奔走相告，底气十足；国民党一片慌乱，往日气焰嚣张的行为有了明显的收敛。

在屏星街上的“镜平医院”，中共瑞安县委先后于1949年5月5日和5月8日，两次与国民党代表进行谈判，并最终达成和平解放瑞安县城的协议。

重获新生：攻克最后一战，迎来和平解放

1949年5月7日凌晨，浙南游击纵队进驻温州城，宣告温州城解放。

于是，瑞安县委立即在陶山桐溪召开紧急会议，对解放陶山镇及瑞安县城作部署，决定于8日凌晨包围陶山寺山背，分别拿下东首和西首两个碉堡。

7日下午，集中在潮基岩头村待命的700余武装民兵，向陶山镇出发，于午夜时分率先扛着大刀、梭镖，向两座碉堡发起攻击。我驻沙门的主攻部队，听到枪炮声后，得知民兵已提前发起攻击，立即从沙门山出发，跑步前进，于8日凌晨投入战斗。

此次战斗共俘敌100多名，缴获100多支各类枪支和其他军需物资。战斗结束后，民兵烧毁了两座碉堡，攻克了陶山。

5月9日下午，国民党瑞安县政府召开科局长及各界代表会议。会上，城工委人员向到会人员郑重宣布中国人民解放军即将进城接管的决定。

1949年5月10日，瑞安县委书记郑嘉顺率领县委机关、警卫队余部会同浙南游击纵队第一支队，在瑞安大操场（如今的玉海广场）控制了国民党政府机关和军队。群众夹道欢迎，在一片安宁和欢庆中迎来了瑞安城的和平解放。

中國共產黨浙南地方委員會

迎接解放軍渡江南進宣言

中國共產黨浙南地方委員會

一九四九年四月廿二日

1949年4月22日，浙南地委发表的《迎接解放军渡江南进宣言》

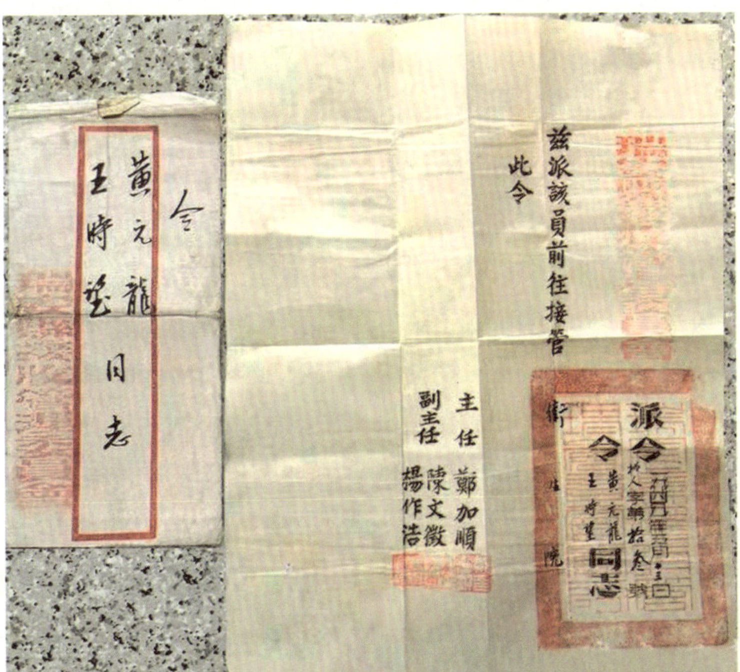

令

黃元龍

同志

茲派該員前往接管

此令

主任 鄭加順

副主任 陳文徵 楊作浩

派令

黃元龍

同志

郑嘉顺签发的接管令（饶洪林/提供）

瓯风熏熏自南来

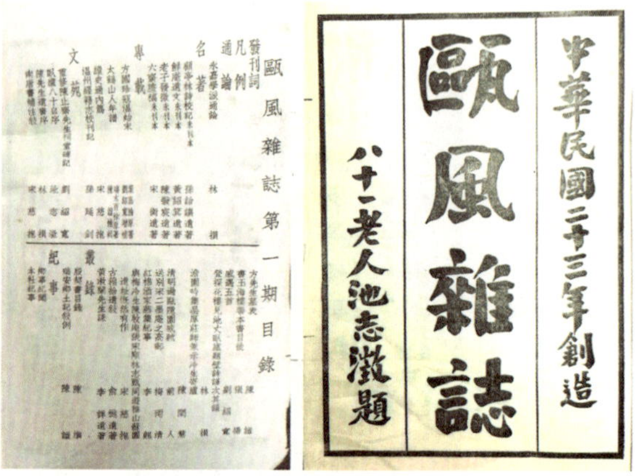

《瓯风杂志》创刊号书影

公园路承载着瑞安太多的历史文化记忆。在刚刚矗立起的“忠义街”牌坊旁，有一座新建的林庆云故居，是从西面一百米处原样不动搬迁过来的。林庆云宅原在公园路26号，左边就是明末李维樾故居。2014年8月，林庆云宅屋架及柱础等局部构件被迁到现址重建。

1933年，林庆云与陈谧、宋慈抱、李笠、林损等乡贤在利济医学堂发起成立瓯风社，之后他的私宅成为社员雅集之所，也成为《瓯风杂志》诞生与发刊的重要场所。

镌刻基因，瓯风社和《瓯风杂志》诞生

瑞安地灵人杰，文风鼎盛，经术文章，代有宏硕，故尝有“东南小邹鲁”之称。迄至晚清民国，反映一地人文兴衰一斑之刊刻事业，接踵蔚起，如《永嘉丛书》《利济学堂报》《林损杂志》《惜砚楼丛刻》等，均汇刻或编刊于这个时期，给我们留下了丰厚的文化遗产。

民国二十二年（1933）十一月二十日，陈谧和林庆云等人在瑞安杨衙街（即今公园路）利济医学堂求志堂，组织成立瓯风社，其主要成员都是温州各县学术界名流，以刘绍宽、王理孚、黄式苏、高谊、梅冷生、陈仲陶、池志澂、林损、孙孟晋、李笠、李孟楚、宋慈抱、陈谧、陈准、张扬、林庆云16人为基本社员。后因李笠赴外地大学任教，由夏承焘补其缺。推举林庆云为总理事，张扬、陈准为副理事。并创办《瓯风杂志》，陈谧为总编辑，梅冷生、宋慈抱、陈仲陶、孙孟晋、李孟楚，外加夏承焘6人为编辑。

说起组建瓯风社，发起人陈谧功不可没。

陈谧（1902—1966），字穆庵，又字木庵，早岁就读北京法政专门学堂，继入北京朝阳大学，出任燕京大学教席。1935年参与《瑞安县志》编修，为《玉环县志》校勘，抗战期间任瑞安师范

从左至右:徐堇侯(元长)、黄式苏(式苏)、陈 准(绳甫)、宋慈抱(墨庵)、池源瀚(仲霖)、吴鹭山(天五)、刘耀东(祝群)、俞春如(春庐)、林志甄(庆云)、刘绍宽(厚庄)、郑伯琅(陈球)、项葆桢(慎初)、梅雨清(冷生)、陈 谧(穆庵)、张 扬(宋庼)、陈 格(铭石)

瓯风社第三周年纪念 仙岩雅集图(何光明/提供)

学校校长。著有《介石先生事略》《陈介石先生年谱》《东瓯三先生年表》《温州艺文志序》及《木庵甲乙集》等。

当然,《瓯风杂志》的成功筹办,也离不开瓯风社的总理事林庆云。林庆云(1905—1946),字志甄,系“东瓯三杰”代表人物陈黻宸的侄孙女婿,陈谧的妹夫,雅爱乡邦文史,崇尚永嘉之学。陈谧创办《瓯风杂志》,一切出版费用均由林庆云一人资助承担,并把每期社刊寄赠全国各地图书馆、藏书楼及有关人士。又编印《惜砚楼丛刻》八种,收有池志澂《全台游记》等著作。民国二十五年(1936)编成《浙江永嘉区艺术展览书画纪念册》(简称《瓯雅》),由林庆云和谢磊明、梅冷生负责采辑印行。抗日战争时期,林庆云先后出任瑞安东北小学校长、瑞安救济院院长,热心慈善与教育事业,其家产为此几乎赔累一空。

精英荟萃,使式微的永嘉之学重振雄风

一代温州名士逸兴崔遄飞,发起创办瓯风社,出版文化学术刊物《瓯风杂志》,传承地域

文化。据其《发刊辞》与《凡例》载称，以刊布瓯郡前哲遗稿和发表今人近著，传承瓯郡地方文献为其主要职志，以期达到敬恭桑梓，昌明故有永嘉学术，正俗解蔽之主旨。故其在《凡例》中宣称："本志材料搜辑，准以浙江旧瓯海道属（今温州、丽水地区）区域为限。"至于外籍人士著述，仅收载"其有关于瓯人之学术、行谊，如墓志、传状、碑铭、序跋、哀诔、诗词之类"的文辞，学术著作，概不刊载。

《瓯风杂志》创刊号于民国二十三年（1934）一月发行，书法家池志澂题写刊名，由设在杨衙街5号的上海仿古印书局瑞安分局铅字排印，古籍线装书版式，共70页，每页600字。该杂志为月刊，每月二十日出版，全年售价国币6元。瑞安、温州、上海、南京与一些近省省城均有发售。

由于编辑成员都是当时温州地区的精英人物，该刊可谓人才济济，创刊号甫一问世，各界就好评如潮。浙江省图书馆馆刊评点："快读一过，辄觉内容美富，诚不负东南文物旧邦""是志发凡起例，颇称完善，内容亦甚精纯，印刷装帧，尤为古雅可爱"。《瓯风杂志》辟有通论、名著、专载、文苑、丛录、记事六个栏目，从民国二十三年（1934）一月至民国二十四年（1935）十二月共刊出二十四期。孙诒让《顾亭林诗校记》、陈介石《老子发微》、宋恕《六斋剩稿》等乡邦名家遗著，皆首发于此；林损《伦理正名论》等文面世，亦传扬一时；《瓯风社丛书》十多种随之出版。在短短的两年时间里，坚持以传存地方文献为己任，扩大了永嘉之学在全国的影响，更获得"伊洛危微宗未坠，永嘉经制学弥恢"的美誉。

文缘赓续，《瓯风》新刊勾起旧时记忆

瓯越代有才人出，各领风骚上百年。为了远绍前贤，延续书香一脉，2010年，温州文化界勠力同心，复刊《瓯风》，这是值得称颂之文化盛事。在20世纪30年代创办于瑞安的《瓯风杂志》中断75年之后，由温州日报报业集团图书出版策划中心策划，方韶毅主编的《瓯风》新刊由黄山书社出版。新《瓯风》依然立足温州，关注瓯越文化，打捞历史，温故知新，辟"口述实录""人物""事件""影像""书画""日记""文本""瓯风档案""田野调查""我与温州"等栏目，所涉题材，以温州为主，但不限温州；作者以温州本土为主，也有诸多域外方家。

时间相隔七八十年，旧、新二种《瓯风》杂志的问世，都证明了文化的力量在民间，学术的建设靠社会。我们不可能留住时间的脚步，但我们可以保存时间留下的东西，借用老杂志刊名创办新《瓯风》，可谓"旧瓶装新酒"，现已坚持了十二年的《瓯风》新刊比只办了两年时间的旧《瓯风杂志》显示了更顽强的生命力。

夏海豹

阁巷诗村岂偶然

《琵琶记》是瑞安人高则诚以毕生心血精心改编、创作的被誉为“南戏之祖”的南曲戏文。问世不久，便引起明朝开国皇帝朱元璋的关注及赞赏。当时朝贵、权臣几乎家家珍藏、人人阅读。明朝276年中，该剧就有70多种刻本在民间传播。近现代，更有数种外文译本流传。

近年来，国内外专家学者前来高则诚家乡访问者渐多。其中多人谈及《琵琶记》剧背后的“诗歌村”对高则诚文化哺育的话题。笔者现就高则诚居家生长的阁巷地方的自然概貌、文化积淀作粗略简介。

沧海桑田 水云毓秀

高则诚生长地，如果细到自然村，村名高宅宛，是隔河紧靠今柏树村的只有数户的小村。大约明朝后期，高家人员散居外地。屋宇坍毁，此村也便匿迹，只在河滩上留下一片瓦砾堆。所以后人以其家乡为柏树村。柏树村又是阁巷的后村，故后人又统称高则诚家乡为阁巷（今属南滨街道）。

今南滨街道和西边毗邻的飞云街道、云周街道及南边邻县平阳县的万全镇等地，自古统称“万全垟”，是瑞安、平阳两县（市）域内沧海变桑田最晚成陆地的沿海沃土。这片沃土南至今平阳横屿山北麓，北至今瑞安集云山南麓，还是飞云江河口与东海相接的浅海或滩涂。三国孙吴当局在横屿山麓建横屿船屯，派典船校尉监督一批罪徒在这里造船，并操练水师，有“万船”之称。

后随陆地自然隆起及“海退”，今阁巷东面的浅海上有一条长十数千米的“拦门暗沙”，把海水拦在这片新陆地中，逐渐消退，成为一个蛛网式的河网和湖泊群。此“蛛网”中心就在阁巷西边约5千米的林垟（今属南滨街道）。大约唐朝后期，这片陆地基本淤成可以住人、农耕的湿地。这里近海边，是兼渔、盐之利的鱼米之乡，于是陆续有外地人前来垦殖、居住。

豫闽移民 文化传承

温州沿海平原，宋元明间有大批外地移民。据今存各姓谱牒记载，移民的祖先大多来自福建（或中转于福建）。阁巷也不例外，其中繁衍人数较多的陈姓一族也有自豫转徙福建、浙江的移民史。

根据阁巷陈千铭编的《瑞安阁巷陈氏清颍一源集》记载：来迁阁巷的首批移民之一陈姓肇始祖陈铎（1081—1127）的河南一世祖陈忠，居住在河南光州固始县，陈铎是陈忠的十八世后裔。与另一支来迁瑞安飞云江北平原的陈姓——陈傅良先人是同一祖宗。

陈铎于北宋宣和五年（1123）来到阁巷时，温州正值经济文化发展的黄金时期，而中国的经济文化重心已从黄河流域的中原地区向长江三角洲地区转移。温州地处南移后重心的南翼。

从居住在河南固始的一世祖算起，至陈铎，十八代人的迁徙路线是固始县（一世至八世）—福州（八世至十五世）—龙泉（十五世至十六世）—温州（十六世至十八世）—瑞安阁巷（十八世，即阁一世）。最早住地河南，地处中原，春秋至隋唐一直是中国文化重心。后来是福州，福州在中国南方耕读文化发展史中起步早、文人聚集多，到南宋时进士数位居全国前列。龙泉历史上长期为闽浙陆路交通要津，来往文人不少。

宋朝，不少闽学著名学者也曾来龙泉传播文化。温州在两宋时经济文化发展加快，进士数迅速攀升，据《温州市志》卷十四之《人物表录·历代进士》记录，宋代温州有进士有1371名。北宋皇祐年间“王儒志（开祖）倡道（理）学于伊洛未出之先，林塘岙（石）讲《春秋》于王氏（安石）新学之际”（明弘治《温州府志》）。

这一支陈族的政治背景是耕读相承，至少有三代人通过耕读、科举当官，由书香门第成为官宦世家，读书做官成为家训。

综上所述，陈铎一族不仅兼有数世中原文化，也有数世南方先进的福州文化、温州文化的传承，为其后裔文化传承创造了良好的条件。

阁巷新技 邑中望族

陈铎于北宋宣和年间来迁阁巷，到阁三世陈傅，已发展到有财力在当地建造潮音堂（寺庙或兼书院），并出资助建瑞安县城东（隆）山塔。在社会地位方面，陈傅与瑞安县官祝某联姻，祝某之女为其子陈静（阁四世）之妻，俨然邑中大户。

到陈静的儿子陈圆、陈供兄弟这一代，生活水平优裕，以诗文自娱，耕读文化基因随着子孙繁衍，枝分叶散，向四周聚落延伸、传播。

阁六世陈兼善，是阁巷陈族第一个获取科举功名的耕读居民。其弟陈养浩通过科举得官广州督巡、临高县尉，助推了全族读书晋升的风气。

阁六世陈则翁、陈任翁兄弟也相继出仕，把阁巷耕读之风推向首个顶峰。陈则翁（1248—1296）官广东副使，参加广东抗元活动。陈任翁以家族财力、人力拉起一支勤王队伍，赴广东参加抗元战斗，官广东督佥，病卒军中。宋亡后，陈则翁带任翁之棺柩回里，建集善院，以礼佛为名，在佛像背后立宋末帝牌位。

这一段时间，阁巷陈氏诗人们的诗作内容也由抒写自然风光、农村耕读风情为主向爱国、揭露人民大众生活疾苦转变。陈则翁家居期间，扩建集善院为书院，聘名师教读本乡本族子弟。与四邻文人骚客加强文化交流，对提升和活跃当地文化教育、诗歌创作水准，起到较大作用。陈氏族人的诗作也在温州各地诗界崭露头角。

阁七世陈昌时、陈得时兄弟继其父其祖遗绪，昌时于宋理宗宝祐年间登论秀科，授廉州教授，娶同邑状元周坦侄女为妻。

与此同时，阁巷另一支来迁的高姓族人，也以其书香门第与陈族联姻。陈则翁之妹嫁给高天锡为妻，即高则诚的祖母。高则诚伯父高彦，弟高旸，三人还是诗友，时常相互切磋学问。

高则诚（1305—1359？），名明，以字形。少年时，父功甫早逝，甚得陈昌时的热情照顾、培养。陈昌时让他到集善书院读书，还常招他到陈宅，亲加督导。高则诚家高宅到柏树集善院和陈宅要过龙船河上的木桥，为便高则诚安全来往，昌时改建石桥，当地人称“高郎桥”。后来高则诚成为昌时的女婿。陈家为瑞安，乃至为中国培养了一位出类拔萃的戏剧家，功莫大焉！数十年后，高则诚之孙、

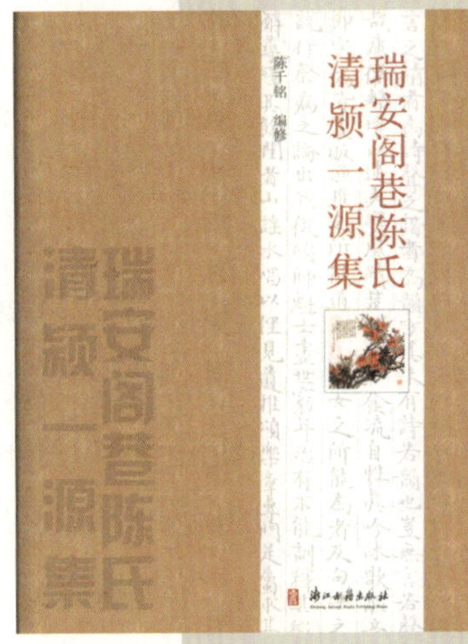

《瑞安阁巷陈氏清颖一源集》书影

集善院

诗人高让，又把女儿嫁给陈族陈瑾（阁十一世），陈高两族世代三次联姻，也是阁巷的一大美谈。

阁巷诗村 弦歌不辍

元朝建立后，科举制度中断了半个世纪。但阁巷的读书人恪守祖宗“躬耕自养，读书课子”的遗训，阁巷诗村仍然弦歌不辍，代出人才。

元延祐年间（1314—1320）重新复设科举取士后，南方知识分子考取科举十分困难。元朝后半期50年中，瑞安县只考中了三名进士，其中一名就是阁巷人陈昌时的女婿高则诚，登元至正五年（1345）进士第。这难道只是高则诚一个人的努力吗？这件事对阁巷区区一地，无疑是一声春雷。

同时，阁巷陈族第八世陈冈邀邻村平阳仙口诗人裴庾在其曾祖辈陈供《及春稿》、祖辈陈兼善《无闷集》、陈养浩《岭南清啸集》、父辈陈文尹《泽畔吟》、陈昌时《鸡肋集》、陈得时《颍西清啸集》和陈可时、陈与时、陈识时的诗作，以及同辈陈升、陈观宝、陈礼端及自己的诗作中挑选诗歌212首、文一篇，结成阁巷陈氏《清颍一源集》刊刻传世。于是这批作品初露娇容，彰显阁巷人自北宋宣和以来的耕读文化成绩。

1991年出版，北京大学古文献研究所编纂的《全宋诗》中收录阁巷6名陈氏族人的诗歌40首，占此书收录的温州诗人255家的2.3%，诗作7088首的5.6‰。区区弹丸阁巷，能在整个温州占此比例，后人给阁巷加上“诗歌村”的冠冕，不算太夸张吧。

入明以后，阁巷人的文化业绩在高则诚之后出现另一个高峰。阁十世陈亩由郡庠贡太学，授滁州节推，曾受聘担任温州府学教职。明正统元年（1436）状元永嘉周旋，布政使阮撰、御史郑道宁（后为陈亩女婿）均出其门下，一时人才济济。陈亩著有《朱经堂》。

阁十二世陈宠著《短檠清夜集》，陈大著《水云清趣集》；阁十三世陈镪著《芳塘遗稿》，陈瑶著《草堂吟》；阁十四世陈演卿著《效颦集》，陈天复著《释耕遗录》；阁十五世陈挺著《筠川类稿》《东瓯乡贤赞》。

陈挺于明隆庆六年（1572）发起增编《清颍一源集》。清道光五年（1825），阁二十二世陈锡三发起续增《清颍一源集》。2010年，阁二十六世陈千铭四续该集，并将高族高天锡、高彦、高则诚、高旸、高让的诗作及历世诗友吊祭和后人相关诗文附录卷后，共收录83位诗人名家的557篇诗文，重刊《瑞安阁巷陈氏清颍一源集》出版，再一次为阁巷“诗歌村”提供文字史料。

阁巷一地，绵延九百年，文脉相接，弦歌不辍，《琵琶记》和《清颍一源集》交相辉映，不能不说是瑞安文化史上一大盛事。

宋维远

时光深处是老街

忠义街（孙凛/摄）

明清时，瑞安达官贵人、文人学士喜欢聚居于何处？“一朝步入画卷，一日梦回百年”，说的是瑞安哪个新晋景点？千年古县，百年复兴，哪里才能细细品赏文化遗产？

忠义街，忠义街，还是忠义街！

这是一条有着500多年历史的老街，短短的400多米路上，有两座国家级文保单位、一座省级文保单位，还有十几处晚清、民国时期的历史建筑，曾是达官贵人、文人学士的聚居之地。这条老街，承载着历史的沧桑变幻，蕴藏着瑞安的文化基因，凝聚着瑞安的城市文脉、历史记忆，也是瑞安商业中心、人流集散中心。

杨衙街：明代高官建归田别墅

《瑞安市地名志》载：公园路，西起邮电北路，东至湖滨桥，长470米，宽7米。原名忠义街，1969年填河拓路，因路南有湖滨公园，而改名公园路至今。

史料可查，公园路曾名杨衙街，至少可以追溯到明宣宗宣德三年（1428），“阳衙巷……旧志载，明宣德三年夏，杨景衡于此建归田别墅，原名杨衙巷。”

“杨衙街”之名与明代官至福建布政使司左参政的杨景衡有关。杨景衡（1359—1444），名南，号曲江外使，晚号三山道人，友人尊称其为杨大参。曾任福建布政使司左参政30余年，并为郑和七下西洋的后勤补给作出贡献。明宣德三年（1428），杨景衡告老还乡，选址瑞安城内东北隅营造“归田别墅”，作为自己养老和孝敬老母的居所。里人俗称“杨衙”。清光绪七年（1881）孙衣言《杨衙考》称“予所居迤东行一巷曰杨衙，里人以为明杨参政故居”。

此后，杨氏田产几番转卖，这片曾为杨衙街的地方亦时过境迁。

到了民国二十三年至二十四年（1934—1935），一本宣扬地方先贤轶文轶事的《瓯风杂志》刊印出版，社址为浙江瑞安杨衙街16号，由设在杨衙街5号的上海仿古印书局瑞安分局印刷。杨衙街16号就是林庆云宅，杨衙街5号是陈葆善儿子陈准的宅子。

从有杨衙名称（1428）开始计算，这条街已有594年历史，从有地名杨衙巷（1881）计算，已有141年历史。至新中国成立之前，这条老街一直叫“杨衙街”（或杨衙、杨衙里）。

忠义街：纪念瑞安最早地方官

公园路原名忠义街，因庙而得名。庙址就在如今的玉海中学公园路校区内。

忠义庙是祭祀蔡敬则而建。蔡敬则（约151—221），字文庄，清孙锵鸣考定瑞安名宦位次时，蔡敬则名列首位。而今他又列为瑞安十大杰出历史人物之首。

汉献帝建安（196—219）年间，蔡敬则因“平定”东平（今福建建瓯市）农民起义有功，被授予会稽郡东部都尉，镇守永宁，成为瑞安最早的地方官。县志记载，蔡敬则为地方除去虎害，里人感其德，于杀虎处修建“搏虎祠”。三国东吴孙权称帝时，册封去世的地方名人，蔡敬则被赐谥“忠义”，以乡贤名宦列祀。是时开始在县署建庙祭祀，邵公屿都尉署衙（解放路原公安局）改称忠义庙。

明弘治戊申（1488）县令高宾以该庙逼迩治所，改迁崇福堂基（现玉海中学校区）。此后，忠义庙屡毁屡建，最后一次重建是在清同治二年（1863），历时六年始成。光绪二十八年（1902）后，忠义庙改为学校。1950年置忠义街居民区，杨衙街改称忠义街。

公园路：填河前这里有五座桥

老街临河，一街一河，河无名，东、西端分别连通东河及西河。街在河北、河在街南；河北有街、河南无路，河南人家要过桥才能出入忠义街。

清朝时，河道上只有三座桥，乾隆《瑞安县志》载：“宋都桥，忠义庙东；塔桥在大沙巷、通北门；矮磴（凳）桥在西河桥东。”

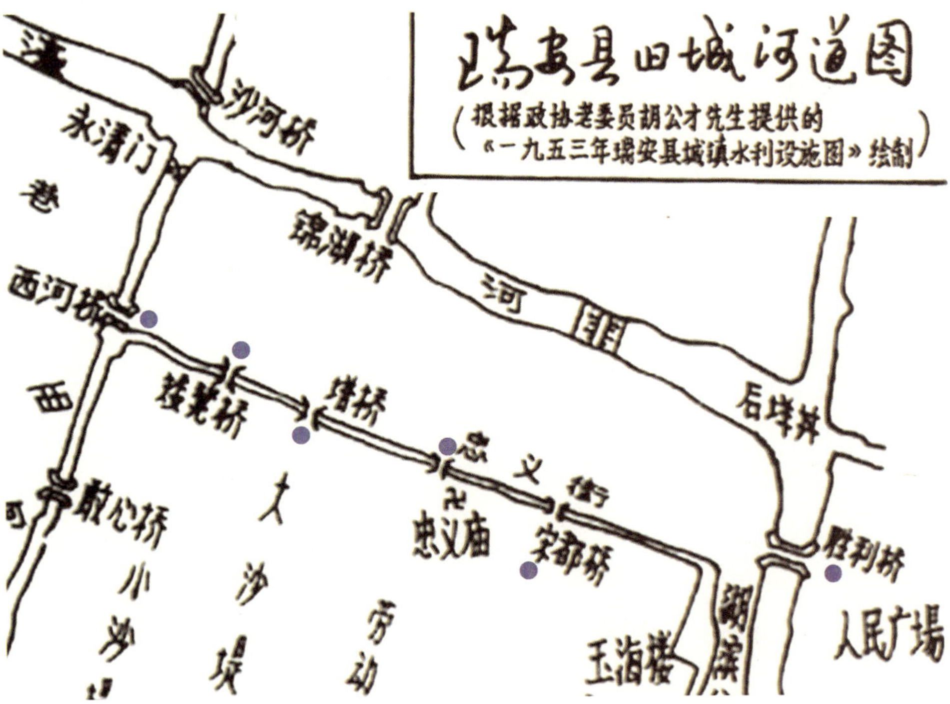

四座桥梁示意图

按照1953年《瑞安县旧城河道图》，河从东到西，分别有宋都桥、忠义庙桥、塔桥、矮凳桥四座桥。宋都桥连接太平石（巷）；忠义庙桥在忠义庙门前，仅供忠义庙出入；塔桥连接大沙堤与通往城北的路（塔儿头）；矮凳桥连接小沙巷。另外，连接忠义街东西端，还有两座桥，分别为湖滨桥与西河桥。

1969年，忠义街填河拓路，因临湖滨公园而改名公园路。

2016年，瑞安市委、市政府启动忠义街（公园路）历史文化创意街区提升工程。该工程围绕玉海楼、利济医学堂、心兰书社、林庆云宅等文保单位和文物点，借势拆整，进行街区立面及巷弄改造，新建非遗文化展示体验馆、鼓词馆、文化创意工坊，开辟听曲艺等一系列新项目。

从杨衙街、忠义街，到公园路，再到忠义街（玉海）历史文化街区，悠悠岁月，记载着老街的兴衰遗痕，演绎着时代的沧桑变幻。寻根过去，扎根现在，深耕未来，百年老街在这个崭新的时代焕发出独特的魅力。

忠义街旧联助读

忠义街历史文化街区历来为瑞安文脉所系，2018年经改造提升后，成了“网红打卡点”，参观者众多。有些参观者反映，街区的几处古联不易懂。为此，特予以助读。

东首牌坊上的两副对联

牌坊正面（东向），楷书联：

刚日①读经②，柔日③读史④；

十年树木，百年树人⑤。

坊联作者为孙衣言（1815—1894），瑞安潘岱砚下村人，道光三十年（1850）进士，授编修。光绪间，官至太仆寺卿，是晚清永嘉学派的学术领袖、著名学者、藏书家。他平生努力搜辑乡邦文献，刻《永嘉丛书》，筑“玉海楼”以藏书，有《逊学斋诗文钞》传世。这副联是孙衣言写的赠勉联，落款为“逊学斋孙衣言”。

①刚日③柔日：古代以干支纪日，“甲、乙、丙、丁、戊、己、庚、辛、壬、癸”称为天干，以奇数位为阳，偶数位为阴。“甲、丙、戊、庚、壬”五日居奇位，属阳刚，故称刚日；“乙、丁、己、辛、癸”五日为偶数位，属阴，故称柔日。

②读经④读史：“经”指儒家的经典著作，“史”指史书。

“刚日读经，柔日读史”出自清代钱大昕的自撰联：“有酒学仙，无酒学佛；刚日读经，柔日读史。”这句描述了古人的一种读书方式和态度。

首先，“刚日读经，柔日读史”表明读书已成习惯，即无日不读书，无论刚日还是柔日。

忠义街东首牌坊（何光明/摄）

其次，古人讲究读书要和季节、时日相结合，便于理解、记忆和修身养性。古人认为，刚日属阳，人的逻辑思维活跃，所以读经利于思考其中要义；柔日属阴，形象思维相对较强，所以读史可辨忠奸善恶。我们也可将“刚日读经，柔日读史”中的刚日和柔日，理解为人的心境。意思就是人在精神饱满时读一些经典著作，修养自己的浩然正气；人在情绪不振时，读读史书，静思明志。

⑤十年树木，百年树人：语出《管子·权修第三》，“一年之计，莫如树谷；十年之计，莫如树木；终身之计，莫如树人。一树一获者，谷也；一树十获者，木也；一树百获者，人也。我苟种之，如神用之，举事如神，唯王之门。”树：培植，培养。

培养小树成才，需要很长的时间，而培养人才则需要更多的时间。因此，这句话的寓意是培养人才很不容易，应从长计之。国家、民族、家庭只有做好人的培育，才能得以接续、繁衍、传承。下联大意为：我们应该抓好培养人才这件大事。

选本联安置于公园路口，寓意也很明显，因牌坊后面是全国重点文物保护单位玉海楼，是藏书、读书、交游、研学的场所，希望通过读经史，培养出一大批有用之才。

牌坊背面（西向），楷书联：

学综①书林②贤哉③远识④，

言超⑤理窟⑥穆尔⑦清风⑧。

联作者孙锵鸣（1817—1901），孙衣言弟，李鸿章的房师。道光二十一年（1841）进士，官翰林院侍读学士，以重宴鹿鸣加侍郎衔，著有《止庵读书记》《东瓯大事记》《海日楼遗集》。这联是孙锵鸣写的赠勉联，落款为"止庵孙锵鸣，时年七十有九"。

①学综：综合学问，暨治学、研学。

②书林：藏书多的地方。

③贤哉：贤，贤德。语出《论语·雍也第六》："子曰：'贤哉，回也，一箪食，一瓢饮，在陋巷，人不堪其忧，回也不改其乐。贤哉回也。'"孔子说："颜回多么有贤德啊！一竹篮饭，一瓜瓢水，住在简陋的小巷子里，别人都受不了那穷困的忧愁，颜回却依然自得其乐。颜回多么有贤德啊！"

④远识：深远的见识，远见。

上联：赞美孙衣言建综合读书、治学、研学及藏书之"玉海楼"，具有深远的见识，是多么有贤德啊！

⑤言超：言论、议论的高超。

⑥理窟：义理的奥秘渊薮。

言超理窟，指讲求儒家经义的学问，寓意永嘉学派的经世之学。

⑦穆尔：恭敬、赞扬如此。

⑧清风：比喻高洁的风格、品格。语出《诗·大雅·烝民》："吉甫作诵，穆如清风。"临行之时尹吉甫作诗相送，从而赞扬仲山甫的美德。薛综注："清惠之风，同于天德。"

下联：从"永嘉学派"经世之学的高超奥秘，赞扬孙衣言的高尚美德。

选本联刻于湖滨公园路口的牌坊上，寓意同正面联，希望通过读书、治学、研学、议论，发扬光大"永嘉学派"的经世之学。

街西首石柱上的两副古联

懿德①元通②后世③凯式④，

清修⑤劝慕⑥神明⑦协欣⑧。

第一联为楷书联，联作者黄体芳（1832—1899），字漱兰，瑞安人，清同治二年（1863）进士。这是赠勉联，下款为“漱兰弟黄体芳”。

①懿德：即美德。

②元通：即玄通。谓与天相通，语出《老子》：“古之善为士者，微妙玄通。”河上公注：“玄，天也。言其志节玄妙，精与天通也。”清人避清圣祖（康熙）玄烨之讳，故将“玄通”写成“元通”。

③后世：后代，后辈。

④凯式：即楷式，法则、典范。

上联大意为：微妙玄通的美德是后辈的楷模。

⑤清修：即清心修己，古代多谓操行洁美。

⑥劝慕：谓因受奖勉有所企慕，向往（多指倾心向善）。

⑦神明：指人的精神和智慧。《荀子劝学》：“积善成德，而神明自得，圣心备焉”。

⑧协欣：犹共赏欣喜。

下联大意为：清心修己又奖勉后进的洁操与高明通透的精神智慧，使众生共赏欣喜。

通经①综纬②雅艺③攸载④，

履道⑤修德⑥先民⑦是程⑧。

第二联为篆书联，联作者黄绍箕（1854—1908），字仲弢，瑞安人，黄体芳子。光绪六年（1880）进士。墨迹下款为“弟黄绍箕”。

①通经：旧时指通晓儒家经典。

②综纬：综合、融会贯通。

③雅艺：即正确规范的准则。

④攸载：即所载。

上联大意为：通晓（儒家）经典且能融会贯通，堪称承载正确规范的准则。

⑤履道：躬行正道。

⑥修德：修养德行。

⑦先民：意指古贤、先贤。

街西首两副古联（何光明/摄）

⑧是程：(指古贤) 规矩、法式。

下联大意为：身行正道，修持德行的美操，传承圣贤的优良范式。

诒善祠塾联

诒善祠塾是清光绪元年（1875），由著名学者孙衣言创建于瑞安城内忠义庙右，孙氏宅院内的一所私塾。因位于“资政大夫孙公诒善祠”的西侧，故名之曰“诒善祠塾”。大门上方有孙衣言手书石刻题额，两旁墙壁嵌着一副石刻对联：

务求知古如君举，

尤喜能文似水心。

联中“君举”是永嘉事功学派承前启后的关键人物陈傅良（1137—1203）的字。“水心”则指永嘉事功学派的集大成者叶适（1150—1223），因号水心居士，世称水心先生。

“务求”与“尤喜”以示对陈、叶两位的敬佩之情。为保证永嘉学派能薪火相传，“诒善祠塾”授课内容并非迂腐不堪的科考策文，而是以永嘉学派及清代经世人物的学术著作为主。要求学生以陈、叶为学习榜样，学其既能深入“知古”，通晓历史知识，正确理解自然与社会发展规律；又要“能文”，熟练掌握表达自己思想感情的写作技巧，古为今用。

这副对联揭示了诒善祠塾的培养目标：继承和发扬永嘉事功学派的精神。

“瞻阙门”南面对联

瑞安旧城设有东、南、西、北、小东五座城门。东门称宾阳门，小东门称武靖门，南门称镇海门，西门称永胜门，北门称瞻阙门，通北湖大路（现锦湖路），近连忠义街。

现今，在已消失的“瞻阙门”原址上，建起一座三道门的牌门，其南面柱上镌有一副赠勉联：

六代①山河②残雪③尽，

早春④城郭⑤绿杨⑥生。

联作者池志澂（1854—1937），字云珊，晚号卧庐，瑞安书法家，名医，被誉为“东南第一笔”，求字者不断。

“瞻阙门”这副对联，是民国十二年癸亥（1923）二月，池志澂从业师孙衣言七言律诗《过扬州》：“二月烟花奈客行，小红桥外雨初晴。最怜明远伤时后，犹有隋家水调声。六代山河残雪尽，早春城郭绿杨生。千秋呜咽邗沟水，入世樊川别有情。”集出书赠张宋庼的，时年张虚岁七十。

诗句“六代山河残雪尽，早春城郭绿杨生”，在当时被高度赞誉，曾传诵一时，故孙衣言也有“孙绿杨”之称。其挚友俞曲园赞之曰：“上追汉魏，而近作尤似苏黄。”

①六代，有多种所指：远指黄帝、唐（传说中的朝代名，尧所建）、虞、夏、殷、周；近指三国吴、东晋和南朝之宋、齐、梁、陈。泛指历史悠久的中国。

②山河，指大山大河，自然胜景，比喻国土、江山。

③残雪，尚未化尽的雪。

上联大意为：历史悠久的江山，残雪已消尽。

④早春，早春天气，乍暖还寒。冬末春初，气候忽冷忽热，冷热不定。

⑤城郭，城是内城的墙，郭是外城的墙。泛指“城邑”“城市”。

⑥绿杨，指杨柳树。原诗指京杭运河两边种植的杨柳景致。

下联大意为：早春的气候忽冷忽热，冷热不定，而我们城市内外的杨柳已经发芽萌绿。

选本副联于瑞安县城的北大门“瞻阙门”，寓意历史悠久的瑞安，繁荣昌盛，如杨柳发芽萌绿，绿意盎然，生机勃勃。

易址于公园路32号对面的“诒善祠塾” （何光明/摄）

“瞻阙门”北面对联

书非药物能医俗，

家近云山①亦养年②。

书联者林大同（1880—1936），字同庄，瑞安县城学前林宅人。早年求学上海南洋公学特班，后留学日本，毕业于东北帝国大学土木工程科。宣统元年（1909）回国任浙江铁路公司工程师。民国四年（1915）奉命组织浙江省水利委员会，任主任兼技正。民国十年（1921）参与筹办旅杭温州同乡会，任副会长，旋任会长。后任浙江水利局局长，兼钱塘江塘岸工程处处长。对我省的铁路建设和水利事业贡献甚巨，非但敬恭桑梓，且通史属文、善诗工书。

“瞻阙门”北联，是林大同从清代大臣、书画家钱沣（1740—1795）《南园集》中提出的自勉联，书赠曾任上海《新申报》、北京《新社会报》编译，《大公报》编辑主任、经理、副总经理等职的金诚夫（1897—1981）。时在民国二十年（1931）辛未夏天。

这是民间广为传诵的一副重视读书、涵养品德、修身养性、陶冶性情的书斋自勉名联。

上联意为：书虽不是药物，却能医俗。语出宋苏轼《于潜僧绿筠轩》诗：“……人瘦尚可肥，士俗不可医。”久而久之，“俗不可医”，便成为“成语”，比喻人若庸俗，则不可救药；若想有救，就得增长认知，勤读“诗书”，除掉鄙俗、平庸、愚昧和落后的观念，提高修养，脱离俗气。因此，上联说的医俗有术，“药”为读“诗书”，堪谓妙语惊人，发人深省。

下联：

①云山：有云又有山之处，或高耸入云之山，或远离尘世的地方。

②养年：滋养年华。

“瞻阙门”原址上新建的牌门南面 （何光明/摄）

“瞻阙门”原址上新建的牌门北面 （何光明/摄）

下联意为：靠近或居住在有云又有山，远离尘世，清净且幽静的地方，可修身养性，陶冶性情，可以滋养年华，使人身心健康，从而长寿。

该联对仗工整，语言通俗，易懂易记，启人心扉，铭心不忘，不啻是楹联中之绝唱。

选本联于北大门“瞻阙门”，寓意劝人勤读书，提高自己的修养和素质，脱离俗气；同时，借“云山”寓意“集云山”，指瑞安是宜居、滋养年华，使人身心健康、长寿的城市。

何光明 杨益豹

风物粹美

梨墨飘香馥十年

千年梨墨，百年传承，十年守护。2020年11月28日至29日，由浙江省文化和旅游厅、温州市人民政府、中国印刷博物馆主办的“中国活字印刷术”入选联合国教科文组织急需保护的非物质文化遗产名录履约实践十周年系列活动在瑞安举行。

十年前，以瑞安木活字印刷技术为载体的“中国活字印刷术”被列入急需保护的非物质文化遗产名录。瑞安向联合国教科文组织许下了一个履行非遗保护的承诺，竭力当好非遗活化石的忠诚守护者。

十年来，瑞安恪守契约精神，坚持“政府主导、社会参与”，推动中国活字印刷术在创造性转化、创新性发展中迈上保护和传承的新台阶，走出了一条有瑞安特色的非遗保护之路。

从隐于山村到亮相奥运

2001年11月30日，《瑞安日报》刊载了一篇题为《千年古文明还在我们身边——东源村再现木刻活字印刷术》的地方新闻，首次披露濒临失传的木活字印刷技术竟还流传民间的消息。

这个发现随即为敏锐的各大媒体所关注，新华社率先播发了一则消息：“我国宋代发明的一字一模的木刻活字印刷术经过近千年的历史沧桑，并未绝迹，仍旧以古老的风貌隐匿在瑞安一山旮旯里。一个散发着墨香的小作坊，原汁原味地保存着其原始的韵味。”此后，国内权威报刊、电视台、电台、互联网的报道接踵而至。

2003年，中央电视台《见证——发现之旅》栏目，在探索活字印刷术的《深埋的物证》专题节目中，将东源木活字印刷作为现存的“活体”证据重磅推出，不仅产生更大的影响，而且又彰

吴小淮 摄

显其学术价值。

2002年5月，时任瑞安市委书记钱建民批示，由瑞安市旅游风景管理局在平阳坑镇东源村建立“中国活字印刷文化村展示馆”。随后，政府收购了具有典型的清代农舍建筑风格、一进庭院一正两厢的王氏家族二房民居。我受命主持了展示馆的策划和实施工作，本着修旧如旧的原则，将蔓草丛生、荒芜倾颓的房屋修缮一新，并布置翔实的图文展陈。2004年元旦，该馆建成开放，作为瑞安市非遗文化的一张特殊名片，向世人揭开木活字印刷技术神秘的面纱。

2008年的北京奥运会开幕式上，一段以单块“和”字为主题，长达6分45秒的大型木活字表演，伴随着雄壮的吟诵声，数百位演员组成巨幅铺陈的画卷波澜起伏，震撼了全球数亿观众，也让瑞安木活字印刷技术名声大振。

从山旮旯到“对话”联合国

为了将中国古代四大发明之一印刷术全面推向世界，2008年12月，文化部在已有雕版印刷术和宣纸进入“人类非物质文化遗产”名录的基础上，确定以瑞安木活字印刷技术这一国家级非遗为唯一载体，作为代表国家文化利益的“中国活字印刷术”项目，启动向联合国教科文组织申报“急需保护的非物质文化遗产”工作。

2009年2月，受浙江省文化厅委托，由时任瑞安市文化广电新闻出版局局长黄友金，市非遗保护中心主任郑建俊和我这个长期跟踪研究木活字印刷技术的民间人士组成申报工作小组。我负责提供传承史料和起草文本，省文化厅指派省非遗保护专家委员会委员王其全教授共同参与。

文化部非常重视“中国活字印刷术”的申报，定位在代表国家文化利益的高度，指派了中科院自然科学史研究所研究员华觉民先生和文化部的有关专家单独指导。

2月22日上午，“中国活字印刷术”所有申报材料和附件，接受文化部非遗保护专家委员会评审。评审会上播放视频介绍片，逐页投放申报表讨论。

评审中，专家问到了两个问题，一个是用单一的木活字传承涵盖中国活字印刷的总体，是否面太窄了？评审主持人明确回答这个项目是代表国家文化利益的重点项目，项目名称不容修改。第二个问题，有专家回头问坐在后排的我，传承木活字印刷的王氏家族与《农书》中记载“造活字印书法”的元代王祯是同一家族吗？我回答：“现有史料没有家族关系的证据，但是，王氏家族祖先生活在与王祯同时代，徽州和福建地域相邻，又都是印刷集中地，从技术的流播要素和途径，可以导出合理的影响与传承关系上的推论。”该专家满意地说：“你的说法客观，可以立论。”事后庆幸，我没有将两王联系起来，否则今天就逃不过这些中国顶尖的非遗方面专家的“火眼金睛”。

23日，经过一天的修改完善，“中国活字印刷术”申报表审核通过，瑞安市文广新局签署了申报承诺书，王超辉、林初寅两位国家级传承人签署了履行义务和权利承诺书，我签署了提供申报图片的“权利让与声明表”。

2009年4月，文化部向联合国教科文组织提交了“中国活字印刷术”申报材料。此后的一年多，联合国教科文组织先后十多次通过文化部外联局和非遗司，要求对申报文本进行增补和修改。

2010年11月15日，经在肯尼亚首都内罗毕举行的联合国教科文组织保护非物质文化遗产政府间委员会第五次会议审议通过，以瑞安木活字印刷技术为载体的“中国活字印刷术”被列入“急需保护的非物质文化遗产目录”。

北京时间11月16日凌晨4时多，新华网等多家网络媒体率先发布这一重磅文化新闻，其他各媒体纷纷跟进报道。中央电视台等权威媒体先后制作传播瑞安木活字印刷技术的专题片、纪录片。一时间，“瑞安”“东源”“活字印刷术”成了热搜关键词，木活字印刷术随之成为瑞安的一张国际性金名片，也是最具知名度的文化符号之一。

从祖传手艺到文化自信

木活字印刷维系温州地区沧桑轮转的移民文化和宗族情结，浸润了永嘉学派和后起的乡贤们铸就的现代“温州人精神”，是人类的文化珍藏。

保护非物质文化遗产，遗产的常态化生存与传承人以老带新、传技授艺是根基。瑞安木活字印宗谱的行当根植于民间，面对祖祖辈辈以松散的状态传承下来的谱师群体，我在瑞安市文化、非遗保护部门的支持下，牵头召集一批骨干传承人，于2009年6月成立瑞安市活字印刷协会，这也是联合国教科文组织关于发挥民间社团作用的一项要求。

国际金名片的荣耀和政府的大力度引导与扶持，使得这支100多人的队伍充满了自信，谱师们普遍从朴素的对祖传手艺不能弃的自觉，上升到了对这份非遗文化的自信上来。两任活字印刷协会会长并兼任东源活字印刷公司董事长的王法炉就是其中默默无闻的践行者。

王法炉是东源王氏家族第二十三代木活字印刷技术传承人，十多年前，他放弃经营多年的棉花和被服工场生意，投身活字印刷协会和活字印刷公司的公益工作。他说：“老婆老是笑骂我是‘呆头’，但有什么办法呢？老祖宗的这项手艺要传承下去，总要有人去开发新的市场啊！”

东源木活字印刷研学体验馆走进校园（吴小淮/摄）

凭着这份文化自信，王法炉开发木活字印刷古籍和衍生产品，如《三字经》《弟子规》《千字文》等启蒙读本，以及《谢灵运永嘉诗录》《证道歌》《道德经》《孙子兵法》等古籍善本。这两年来，他还自主开发了木活字“老宋体”电脑字库，让使用者多了一种中国传统文字精华的体验和选择。

另一位传承人王法万则将传授木活字印刷技艺与开发衍生产品并举，开办了十余家木活字印刷技术体验馆，让木活字印刷技术的体验在全国各地广泛传播。

十年来，瑞安市政府部门引导木活字印刷代表性传承人与有志于掌握这项技艺的学徒签订带徒传艺协议，在约定时间内传授全套木活字印刷技艺，培育一批非遗工匠。在开元职业中专、马鞍山实验小学、平阳坑学校等学校，聘请代表性传承人，编印《中国木活字印刷》教材，开设木活字印刷技艺课程和实践活动，培育更多“木活字非遗合伙人”。

在文旅融合的新趋势下，平阳坑镇着力打造非遗文化小镇。2018年，木活字印刷展示馆新馆建设和布展完成，以电声光一体化高大上的展厅，让观众全面了解瑞安木活字印刷技术传承的前世今生和世界性影响。木活字老宅老馆则被辟为体验研学基地，打造成国内首家以中国木活字印刷展示馆为核心，集展示、体验、研学于一体的东源非遗文化创意园，全面打通活字印刷文化价值和经济效益之间的双向通道。

十年来，瑞安木活字印刷还走进央视《非遗公开课》《我有传家宝》等知名节目，亮相澳大利亚的“中国活字印刷与当代汉字水墨艺术的多元互动”专题展、印度的“天工遗风浙江非遗展”，向世界呈现中国活字印刷术的独特魅力。

吴小淮

“国货之光”瑞安造

随着国务院《中国制造2025》纲领的提出，“Made in China”成为近年来全球最热标签之一，曾经追逐日韩潮流、欧美文化的弄潮儿也悄悄转向了国货“国潮”的战场。

然而，“国潮”并非当下首创，在民国十八年（1929）六月举行的第一届西湖博览会上，就打出了“提倡国货、奖励实业、振兴文化”的响亮口号。在这场堪称民国时期规模最大的展销会上，来自美国、日本、英国、朝鲜、印尼等国的客商齐聚参观、洽谈。

值得一提的是，全会展品14.76万件中，瑞安就有15件展品脱颖而出，受到表彰，成为焦点中的焦点。

首届西湖博览会“以爱为名”

20世纪20年代，在洋品洋货充斥国内市场、民族经济脉搏微弱的背景下，浙江省政府联合工商界的有识之士，在西子湖畔做了一件大事——举办西湖博览会，希望国人以爱慕西湖之心来爱慕国货，唤醒沉睡的中国民族工业。

这场以爱为名的盛会经过数月筹备，于民国十八年（1929）六月六日、在杭州西湖的北里湖一带展露姿容。左起断桥、孤山至西泠桥，右以宝石山、葛岭为屏障，并延伸至岳王庙、金沙港，在这个约五平方千米的场地内，共设革命纪念、博物、艺术、农业、教育、卫生、丝绸、工业八馆和特种陈列、参考陈列二所及铁路、交通电信所、航空三个特别陈列处。这届西湖博览会持续了四个多月，共接待参观洽谈商务的海内外代表团1000多个、观众2000余万人次，是中国现代史上最大博览会之一。

举办地虽在杭州，但这场博览会辐射全国乃至亚洲、欧美，筹备会在上海、安徽、湖北及浙江的75个市、县设立分会，在苏州、无锡、常州、镇江，乃至海外的安南（今越南）、爪哇（今印度尼西亚）设立西湖博览会出口委员会征集展品。温州地区在永嘉、乐清、平阳、泰顺、玉环等县设分会。

瑞安分会设在瑞安县商会，由瑞安县商会主席吴士嘉和分会常委邓树藩、蒋松龄负责。最终征集到的14万多件展品，均为“国货之光”。这一点从该会《征集出品规则》可得佐证：“征集出品以国货为限，出品人以有中华民国国籍为限”“征集之出品须现为国际贸易品及将来可为国际贸易品者、在国内推销甚广者、有足供参考及改良者、对历史上学术上有足贡献者”。

“瑞安制造”斩获12项奖励

博览会既是一次集中展示，也是一场同台竞技。博览会审定委员会为参展品进行综合评定，给予“出品给奖”（分特等、优等、一等和二等共四类），奖励技术先进和品质优良的出品（展品），当年共1912项获奖，瑞安有12项。

1929年杭州西湖博览会瑞安产品获奖统计表

产品名称	生产厂家（商号）	获奖类型
1 真陈老酒	德和坊	特等奖
2 炼乳	百好炼乳厂	特等奖
3 皮丝烟	毛万兴号	优等奖
4 罐头食品	信记	优等奖
5 锡器	吴筱玉	优等奖
6 米精酒汗	苏广丰	一等奖
7 土枳宝	三益堂	一等奖
8 点铜茶托	吴恒吉	一等奖
9 雨伞	瑞安贫民习艺所	一等奖
10 学生成绩	县立模范小学	二等奖
11 学生成绩	县立新安小学	二等奖
12 学生成绩	城区西南完全小学	二等奖

瑞安产品获奖统计

特文艺：德和坊的真陈老酒

瑞安制酒业历史悠久，宋代已设酒、茶税官。清嘉庆年间，瑞安产老酒、烧酒，以色、香、味名动温州，拥有丰和、广兴和、金仁和、金永发、陈久泰等大小43家酱酒坊。其中，瑞安老酒汗酿造历史悠久，系采集老酒煎蒸时所凝结的汗珠状液体而得名，素享美誉。晚清“翰林四谏”之一的黄体芳就曾携家乡的老酒汗进献京城贵显，可见此酒非同一般。

此次博览会上，德和坊的真陈老酒获特等奖。

德和坊全称德和坊酱酒号，开在瑞安城关县前头（现在的解放路），店面相连二间，有6米余宽，主营自酿的酒类和酱油。老板常蕴玉不仅深谙制酒之道，在国画、书法上也有一定造诣，瑞安博物馆就藏有他的作品。

二十世纪三四十年代，德和坊店内大栋柱上，插有一块搪瓷大匾额，上题“西湖博览会特等金奖”“浙瑞德和酱酒号”两行字。据老瑞安人回忆，德和坊酿制的老酒包装文艺，酒水倒进透明的玻璃瓶里，用木塞塞住，再用火漆密封。玻璃瓶的瓶身贴有印着蓝框的白纸，框内的圆黄色商标图案为一金色奖杯，下面两行字：一行字为“西湖博览会特等金奖”，一行字为“真陈老酒”。

德和坊的酒备受县城居民和周边百姓欢迎。可惜的是，1951年常蕴玉逝世后，该店便关门歇业了。

有骨气：百好炼乳厂的“擒雕”炼乳

同获特等奖的是温州百好炼乳厂（瑞安百好乳品厂前身）的炼乳。

百好乳品厂由民族实业家吴百亨创建于1926年，是我国最早的炼乳生产企业。“百好”取义于“百事如意”，在温州话中，又同“百亨”两字谐音。其旗下“擒雕”牌是中国乳品工业最早注册的商标，享有中华老字号、浙江省著名商标等荣誉。

“擒雕”商标创建之初，与英国“英瑞”公司的“飞鹰”有过商标权之争。当时，我国的民族乳品工业还是一片空白，英国英瑞公司生产的“飞鹰”牌炼乳正处于垄断地位。吴百亨决心办个炼乳作坊，抵制洋货。他反复试验，最后借鉴制成药的方法，用熏烫蒸方法炼制，生产出的炼乳蛋白质含量高、奶香味好，与“飞鹰”牌炼乳相比，毫不逊色。

1932年，百好炼乳厂搬迁到奶源丰富的瑞安马屿沙垟村（现陶山镇荆谷社区），购地建造新厂房，厂房是按照美国《炼乳和乳粉制造法》要求设计的，并向国外订购真空蒸发锅、鲜奶预热器、炼乳冷却器、奶油搅拌机和冷冻设备等先进生产设备，1934年建成现代化乳品工厂。新中国成立后，通过公私合营发展为瑞安著名国有企业——瑞安市百好乳品厂。

很神秘：三益堂的土枳宝

三益堂的土枳宝获一等奖。

三益堂为瑞安著名中药铺，始创于清乾隆四十二年（1777），选址“大街”中心八角桥东首，以货真价实、药材地道而驰名浙南闽北。抗战期间，浙南十余县与闽北各地客商纷纷来店批购，三益堂门市业务不断攀升，设于东门的栈店最高日批额达1000余银圆，业务量一度居浙南同行之冠。

三益堂的鹿茸十分有名，据说每到特定时间，他们会举办吊鹿仪式，当众宰鹿为药材成为该厂习俗。至于获奖的土枳宝，目前只能判断为中药，配方、疗效如何，还没有相关资料记录。

获得优等奖的有：吴筱玉锡器、信记罐头、毛万兴皮丝烟（俗称水烟丝，晒叶裹扎后刨出的烟丝，一般装在水烟筒或旱烟筒上吸用）。获得一等奖的有：苏广丰的米精酒汗、吴恒吉的点铜茶托、瑞安贫民习艺所的雨伞。获得二等奖的有：瑞安县立模范小学（实验小学前身）、县立新安小学、西南完全小学（玉海中心小学前身）的学生成绩（册）。学生成绩册的入选，说明瑞安办学教育质量上乘。

受盛赞：三项展品拿到感谢状

除“出品给奖”，博览会还设有“赠与感谢状”，指无须评定分数直接奖给“特种意义”的出品（展品）。全会共601份，瑞安有3项展品获此感谢状。

西湖博览会瑞安分会的茶叶获感谢状。瑞安种植茶叶历史亦甚久远，与酒同时设官课税。西部山区（含今文成、泰顺县部分地区）的云雾茶质量上乘，可与龙井媲美。瑞安的鱼翅、鱼肚、金钩（虾米）和云白茯苓获感谢状。前三项是瑞安著名水产品，享誉国内，后者为中药材。西湖博览会《卫生品研究报告》对瑞安水产品有“瑞安县出品之干燥水产品多种，均甚优美，尤以鱼翅、丁香、虾干等为贵”；对中药材有“温州出产之白茯苓结实纯白”等誉评。

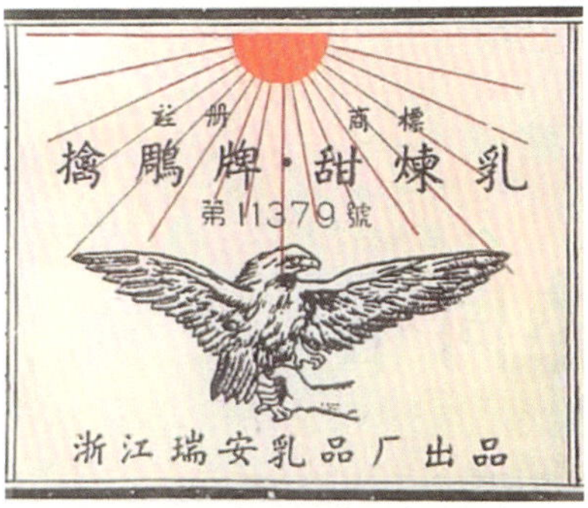

“擒雕牌”商标（林成忠提供）

吴恒吉出品的双龙耳暖锅（杨欧同/提供）

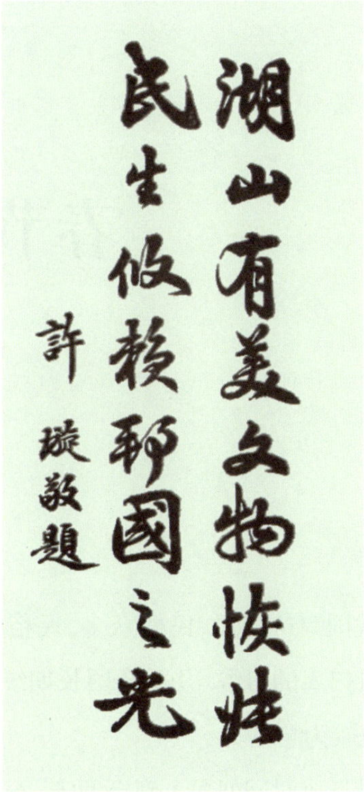

许璇为西湖博览会题词（张小宇/提供）

许璇题词与蒋介石等政要同列

1929年的西湖博览会影响深远，它可与1893年的“芝加哥世界博览会”、1900年的“巴黎万国博览会”、1927年的“费城世界博览会”相媲美，堪称国际盛典。不仅瑞安制造在展会上大放光彩，善于文化育人的瑞安学者也参与其中。

西湖博览会设有评议部，聘请大学教授、工厂工程师等近千人担任评议部委员，瑞安许璇（1876—1934）应聘担任西湖博览会评议部委员，兼陈列品研究委员会农业品部委员、出品审查委员会委员。

许璇是我国早期著名农学家、农业教育家，中国农业经济学科先驱。他在《西湖博览会总报告书》题写有“湖山有美，文物恢张；民生攸赖，邦国之光”之词。

此外，西湖博览会的瑞安籍职员还有瑞安大峃（今属文成县）中堡的程德铨（笃谦），塘下八水的周维城（荫宗），在省训练部工作的杨坐春，瑞安南门内西丽巷底的虞幕舜。

春节祭扫不同俗

我国幅员辽阔，民族众多，民俗风情常因地域环境的不同而相异。但自古以来，选定清明节祭祖扫墓的习俗，几乎全国长期统一。瑞安（尤其是城关）的扫墓时间却演变为春节，这在全国也较为罕见。

其形成时间似可上溯至两宋，至明朝推广，成为习俗最迟应是距今约三百年的清乾隆年间。乾隆《瑞安县志·风俗》中写有“元旦（即今春节）三日后，果酒拜墓”等语。此前的明嘉靖《瑞安县志》因篇幅较少，未提及，而此后的清嘉庆及民国时编的《瑞安县志》（或《志稿》）都相继写到这一习俗。至今，春节扫墓，仍为瑞安文化的一大特色。

春节扫墓的缘由

古代，我国的节日假期为：平常月份，农历每月初一、十五放假，或每旬放假一天。汉魏南北朝官吏每月一般两天假，唐宋则改为每旬一天假，每月共三天假。节庆放假，以春节最长，为五天，此外端午三天、清明一天。尤其是春节，衙门官吏差役，商人、手工业工人、学校学子，均停业、停市、停课，假期内的生活用品都会在春节前备齐，称“办过年货”。瑞安民谚有：“三日重五，五日年，一日清明种子好落田。”

我国在长期农耕社会中，半耕半商（半工半学）的风气延续甚久。清明假期，南方水稻区最重要的大事是要把谷种不失农时地播到田里，保证一年内的粮食供应。

瑞安还有一则民谚，记载春节的拜年安排：初一拜庙门（指寺观及民间信仰的庙宇），初二拜丈人（岳父母、外公外婆、舅父母），初三拜邻舍，初四拜屋底（祖父母、堂叔伯），初五圆珍（收拢上辈先人遗容画像、照片），初六上坟……也就是说，向在世的亲戚长辈拜年后，就要上坟祭拜逝世的上辈啦。这则民谚正是对官方志书的诠释和佐证，同时说明春节放假时间比清明节要长得多，亲戚之间可以借此机会行贺年礼，族人们可结伴到先人坟前祭扫，缅怀遗德，增进族人间的亲情。

至于其他原因，可能是清明时常常会遇上“雨纷纷”的天气，道路泥泞，老人、妇女无法登山而“欲断魂”了。

此外，瑞安县城在域外的文人、商人比邻县的占比要多，在数量上达到具有一定社会影响力时，便使当地回乡探亲、祭祖的时间逐渐从清明移至春节，进而成为习俗。

风俗演变的历史

如果是聚居在三两个相近村庄的农民，全家或全族对扫墓时间演变的愿望就显得比较淡薄。而城镇人口的逐步集聚，即当今所谓的城镇化程度高，就会对习俗演变起到一定的推动作用。

瑞安县城与邻近县城相比，人口集聚的速度较快的原因主要有三：

首先，商业、手工业起步较早。东汉末年，作为瑞安县城的前身——邵公屿（今瑞安旧城东部）已处于飞云江河口水运要冲，由会稽郡委任当地豪族庄园主蔡敬则为该郡东部都尉，驻此率兵镇守。

三国吴赤乌二年（239），与瑞安始建县治同年，当局就在飞云江南侧押解一批囚徒，建横屿船屯，为孙吴造船、训练水师的基地。所造的船舶驶往长江口沿岸和飞云江口以南的一些港口，也可向西通飞云江中上游腹地。航运业开始发展，带动商业与手工业起步。

北宋时，官府在瑞安县城南面临江的市心街设市（商业性质的市集），任命“市令”管理贸易活动并收税。稍后改设镇（商业性质，由县令兼镇令，管理商贸活动）。瑞安镇成为“温州八镇”之一。商业、手工业继续发展，商人、手工业工人在居民中的占比逐渐增大。元、明、清以至21世纪均为温州府（市）南翼最大的工商业中心。

其次，两宋以来，瑞安县城文风大盛，引领全县，影响浙南。北宋“皇祐三先生”之一的瑞安林石被学者尊为“世宗师”，“永嘉元丰九先生”中的瑞安四先生（许景衡、周行己、赵宵、沈躬行）及其后继者谢佃、潘旻等相继入太学，赴洛阳、关中拜师问学，在外地做官多年后回乡传播中原学术文化。

南宋，宋室南迁至临安，在地缘上为瑞安学子就近参加科举考试、获取官职创造了有利的条件，瑞安一县就考中文武进士260多人。南宋温州“永嘉事功学派”的主要人物中，瑞安人几乎占半数。清末至民国间，瑞安平均每年有中学毕业生100多人走向外地就业。新中国成立后，瑞安籍大学以上学历毕业生人数迅速增加，很多人在外地就业。

第三，瑞安县城历史上除自然条件和社会发展，促使乡村及郊区人口向县城集聚外，还有数次较大规模的动员乡村大户向县城集中的活动。其中主要有：北宋宣和年间（1119—1125），因睦州方腊的农民起义军逼近县境，县令王公济扩展县城城墙，令乡村大族带家丁入城守御。事后，大部分村民留在县城。明洪武二十年（1387），朝廷在县城置防御千户所，拥兵1200多人，以防备倭寇入侵。这些军人从外地带家属来县城。明嘉靖三十年至四十二年（1551—1563），倭寇屡次入侵县域沿海地区。县令刘畿拓展、加固县城城墙，令乡村大族率族人及双穗盐场大使率部分世袭盐民入城守御。清康熙十三年至十五年（1674—1676）闽藩耿精忠随吴三桂反清，令都督曾养性、吴长春率兵北上围困瑞安城。事前县令命令城郊居民入城，并焚烧房屋。于是，瑞安县城人口、商店数一直超过附近县城，成为温州府除郡城外的第一大邑。

1987年，瑞安县在温州市所属各县中率先撤县设市，成为温州市南翼文化中心。同时，瑞安在19世纪末至21世纪初，有10多万华侨华人散居世界各地。他们每年也大多借春节回乡探亲访友，借机和族人一起扫墓、祭祖。因此，瑞安城区能长期保持春节扫墓的习俗，并延续不衰。

正月初一扫墓，鲜花祭祖。

瑞安海物风味珍

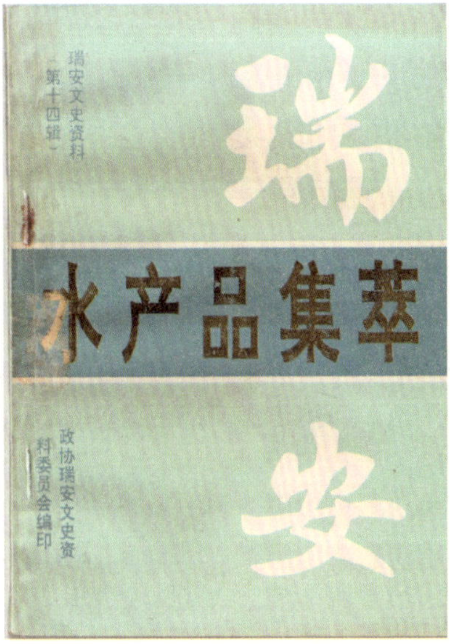

《瑞安水产品集萃》书影

瑞安濒临东海，海洋水产品资源丰富，瑞安人历来有嗜食海鲜的习惯。

说起吃海鲜，还得追溯我们远古的祖先。那时，人类不一定知道海里的鱼、蟹、虾大部分可以食用。连鲁迅先生都感叹，第一个吃螃蟹的人是很令人佩服的，不是勇士谁敢去吃它呢?

常言道：靠山吃山，靠海吃海。瓯人以海为家，以海为朋，熟悉大海，热爱大海，因而很早便知道利用大海，开发大海资源。因此瓯人渔业生产历史悠久，渔业生产知识丰富，同时对所捕水产品的加工、利用、烹调技术也不断提高，形成了瑞安特有的珍贵海味。

水产品集市或始于宋代

瑞安有“海味五珍”之说，这是后人总结的，也称“海味四宝”，其实“五珍、四宝”不固定指哪五种或四样。一般认为，“五珍”指北麂渔场经常捕获的黄鱼、海蜇、带鱼、梭子蟹、墨鱼这五种常见鱼。“四宝”一般指前五种中除海蜇外的其余四种。除了“五珍”“四宝”外，鲫鱼、鲳鱼、马鲛、海鳗、石斑鱼、龙头鱼、梅鱼、虾蛄等也很常见，都是餐桌上的日常菜肴。清乾隆《瑞安县志》对瑞安海水产品曾作较系统的记述。

那么，古时候瑞安人要去哪里买海鲜?

瑞安的水产品集市贸易在隋代以前寂然无闻，百姓基本上过着“自给自足”的日子。唐代前后的渔船、渔具虽简陋，但海洋水产品仍可基本满足居民的需求。

到了宋代，瑞安镇为“温州八镇”之一。民间经商传统得到发展，水产品的交易已渐见繁荣。南宋，宋高宗在南渡之初曾至温州，《温州府志》称其以“州治为行宫”。温州府在这一时期，成为南宋朝野的“焦点”，北方士绅平民，大批官吏、贵族、绅商、手工业者、小商贩、文人墨客和民间艺人等随之南迁来到温州。之前，没吃过海鲜的北方士绅“开了荤”，尝到了海鲜的味道。在这样的背景下，当时温州及瑞安沿海一带，极有可能形成海洋水产品的初级交易市场。

元代英宗至治三年（1323）的《江山胜览图卷》中，绘制有蒙古族、汉族人物1607人，建筑494幢，塔、桥若干座，舟楫船只68艘等，画作真实地再现了元代浙江东部沿海及飞云江一带的山水风光和风土人情，图画内容涵盖了娱乐、买卖、婚嫁、渔业、种植等各种生产生活的场景。

从《江山胜览图卷》中，我们依照渔船的大小形制，估算渔船出海的远近，以及其捕鱼的能力。图画中的飞云江上，有渔民打鱼生活的场景。在瑞安的城镇集市和街巷之中，还有渔市交易的情形。

本地特色海鲜为明清时贡品

据《飞云江志》介绍，大约在公元前1100年至公元前770年，瓯越先民就利用飞云江滩涂开展渔业生产。当时，向周朝王室进贡的海产品包括海蛤、海蛇、文蜃等。

明清两朝，皇帝想吃海洋水产品，也曾让温州一带的渔民进贡。

明永乐《乐清县志》载，永乐二年（1404），“岁进海味：水母线（海蜇）、石首鱼（黄鱼）、鳘鱼、鳗鱼、鲈鱼、龟脚、壳菜（淡菜）、虾米、石发菜（海藻）。”

清《瓯江逸志》记载：“温州向有岁进，如石首鱼、龙头鱼、黄鲫鱼、虾米、金豆、金橘等物。”石首鱼就是黄鱼。洪炳文《瑞安乡土史谭稿》讲海产：“凡鳞之属，石首鱼为大宗，带鱼次之，鳓鱼又次之，中鱼、鲳鱼、鳘鱼又次之。”明弘治《温州府志》载：“瑞安县岁进石首鱼、鳘鱼、鲈鱼、虾米、鳗鱼、鲻鱼、水母线、黄鲫鱼。”

黄鱼肉细、味美、量大，故被时人列为瑞安“海味五珍”之首。明万历《温州府志》誉它“为鱼之最”，清乾隆《瑞安县志》称其为“海鱼中之至美者”。

水母线是海蜇经矾盐腌渍后切成的丝，而海蜇也是瑞安“海味五珍”之一。明代，矾盐腌渍法的使用，不仅使海蜇可以生食，而且风味倍增，还可以长期贮藏，从而成为贡品。

除此之外，进贡的海洋水产品中还有龙头鱼。清代戴文俊的《瓯江竹枝词》中一首《公婆船》说：“公婆船小惯迎潮，相守孤篷暮复朝。喜煞龙头鱼罢贡，海天如镜种蚶苗。”这阕词的大概意思是，夫妻同船捕鱼为生，因为不必再上贡龙头鱼了，他们欣喜万分，于是，在广平如镜的海涂种起了泥蚶。可见，龙头鱼曾经进贡，后来又罢贡了。

选自赵之谦《异鱼图》

奇画描绘了瑞安人熟悉的海鲜

1861年4月，晚清一位叫赵之谦的绍兴籍书画家，为躲避战乱一路到了温州。在客居瑞安时，他画下了此前未见过或吃过的十几种海鲜，名为《异鱼图》。画中在赵之谦看来奇形怪状的海洋生物有：沙噀、章拒、锦魟、海豨、剑鲨、鬼蟹、虎蟹、马鞭鱼、琴虾、竹夹鱼、阑胡、骰子鱼、燕魟、石蜐、䱜鱼等，共15种。

对于这些海产，很多瑞安人一眼就能认出，比如虾姑（琴虾）、龙头鱼（䱜鱼）、跳鱼（阑胡）、龟脚（石蜐）、章鱼（章拒）、鳎鱼（竹夹鱼）等。

画中生物大小不一，构图却是疏密交错，繁而不乱。赵之谦取象写意，笔墨饱满，用色清雅明净，他通过疏密、轻重、浓淡的合理安排来平衡画面，使得这幅画雅俗共赏，极富生气。2017年，这幅画在中国嘉德春拍中以2530万元人民币成交。

传统方物寄情思

瑞安人历来对油条、空心月饼、挂饼这三样食品和蒲鞋，有着传统的特殊情怀。老人们都会在夏日纳凉的榕树下或茶余饭后的庭院中给孩童们娓娓说起它们的故事，代代相传不衰。

油条：为岳飞出口怨气

瑞安人大多称油条为“油炸锅”。“锅哎，锅哑，热的油炸锅哎！”是老瑞安熟悉的叫卖声。循声望去，就会看见有童稚手提扁竹篮，上盖洁白的毛巾在街巷中行走。如果有人开门喊买，他便会从白毛巾下，用一支筷子戳着一两条冒着热气的油条进门。

瑞安人为什么把油条称为“油炸锅”呢？从制作工艺看，它确是在油锅里炸熟的，吃起来松脆可口，人人喜欢吃。但真正的原因在它的寓意。老人们说，把油条称为“油炸锅”，是古代到杭州参加乡（解）试、会试的读书人、商人或官吏跟着杭州人学回来的。

南宋时杭州城被称为临安，是南宋的京城，朝中出了个奸相秦桧，他和老婆（人称秦桧婆）陷害了抗金英雄岳飞。当时，岳家军进军朱仙镇节节胜利，宋高宗赵构担心岳家军会把被金兵关在东北黄龙府的北宋末代两位皇帝钦宗和徽宗解救回朝，自己难保帝位。秦桧夫妇怂恿高宗用十二道金牌圣旨把岳飞父子和大将张宪召回临安，以“莫须有”的罪名，在风波亭将他们杀害。

满朝大臣奈何不得秦桧夫妇，满城百姓个个咬牙切齿，看见做油条的师傅，先把两片面条叠在一起，再用薄木片压成一条，放在油锅里炸得发黄。杭州方言里，“锅”字和“桧”字音近，百姓便把油条改名为“油炸桧”，借炸油条、吃油条来出这份怨气。后来，瑞安人就把这个改过的名字带回瑞安，从南宋一直叫到现在，叫了快1000年了。

抗日战争时期，瑞安的百姓认为汪精卫夫妇也与南宋的秦桧夫妇一样，还有人将“油炸桧”改称为“油炸卫”呢。

空心月饼：最初用来传消息

空心月饼是瑞安城糕饼业的名牌产品，历来名闻遐迩。瑞安老人讲的空心月饼跟元朝末年席卷整个中国的农民起义，最后推翻元朝皇帝的故事有密切的联系。

元朝，阶级矛盾和民族矛盾不断尖锐化。元朝统治集团大搞土地兼并，贫富分化加剧、民族等级森严，中国人被分成四个等级，分别是蒙古人、色目人、汉人与南人（南方的汉人）。各州、县官均由上等民族任主官，南人沦为最底层。到了元朝后期，中国农民起义不断，几乎蔓延全国。浙南一带乡村，由蒙古人或色目人监视南人，连菜刀等铁质的家具、农具也被集中看管。

为了解决各地分散的农民起义军军队之间传递消息的难题，有人（传说是刘基）想到借用空心月饼夹带小纸条来传递信息的办法。有一年中秋节晚上，发信息的人预测当天会遇到风雨天气，便写了许多同一内容的条子：“天神指示：八月十五晚月色无光，天昏地暗，齐心杀鞑子（指监视的蒙古人）。”大家吃了月饼，看到纸条后，纷纷参加起义。空心月饼由此成了瑞安传统的食品。

挂饼：戚家军的军粮

挂饼，顾名思义是挂在身上的饼。过去的挂饼由麦粉制作，无馅，比烧饼稍薄，约大一倍，中心开一小孔，可穿绳串挂在身上。听老人说，此饼是明朝抗倭名将戚继光首先制作，在他的部队中推广，作为士兵们行军打仗时挂在身上的军粮。后人为纪念戚继光，用他的名字命名挂饼，称其为“继光饼”“光饼”。

瑞安沿海地区是倭患的重灾区之一，从明嘉靖三十一年到四十二年（1552—1563）的十多年中，官兵、乡绅、百姓被杀、被俘数以万计，沿海卫、所、城外民房十之八九被焚。嘉靖三十七年（1558）四月初四，倭寇大、小数十艘船乘潮袭击梅冈，围攻瑞安县城，直窜山区。五月十二日参将戚继光率部从台州急行军驰援温州，在飞云江口焚毁倭寇大船一艘，毙寇无数。百姓们看见戚家军分成小分队排成“鸳鸯阵”，用“狼筅”（在长竹竿顶上插尖刀）、藤牌等武器攻守有度；士兵们身上挂着光饼，打仗间隙随手拿来充饥，作战十分英勇。后来，瑞安人把当年戚家军的“鸳鸯阵”改编为“藤牌舞”，而光饼作为传统食品在浙南流传下来，成为爱国主义教育的活标本。

油条	空心月饼
挂饼	蒲鞋

蒲鞋：戚夫人萌生金点子

蒲鞋，即咸草做的鞋子，曾风靡一时。

传说当年戚家军在浙东沿海与倭寇作战时，常常与沿海滩涂的泥泞小路和没膝的淤泥打交道。在泥泞的小路上，人和马常因路滑而人仰马翻，在没膝的泥涂上常因陷入淤泥而裹足不前，影响行军和作战，给抗倭军民带来困难。这时，文武双全的戚继光夫人面对沿海滩涂上生长的茂盛蒲草，有了一个“金点子”。

蒲草，瑞安人又称咸草。这种草适应盐碱地生长，入秋后，草与水稻稻秆一样高，晒干后比稻秆韧得多，是农家和市场摊贩扎缚鱼鲜杂物的常用廉价绳索，也可编成蒸笼格上的“屉”等家具，在民间很常用。

戚夫人的办法是，遇到没膝的淤泥滩涂，先由士兵把蒲草铺在滩涂表面，增加路面的张力，不致人脚和马掌陷入泥中。遇到泥泞的小路，便教士兵用蒲草包裹人脚和马蹄，避免其滑倒。后来，士兵们索性用蒲草和麻丝一起编织鞋子和马蹄套，减少包裹时间，提高行军速度。

沿海百姓看到这种新颖鞋子，纷纷模仿，不断改进，制成蒲鞋。这种鞋子既有较牢固的鞋底，又有鞋面，像布鞋一样，能包住脚趾、脚背和脚跟，保护双脚，且雅观。连城镇里穿不起布鞋的搬运工人、手工业工人也来购买。于是市场上出现了这种蒲鞋的商品交易，直到20世纪上半叶，它还是浙南农民经常穿着的鞋子。

瑞安湖岭桂峰的潘成南在20世纪30年代到荷兰海牙，还尝试用当地与蒲草相类似的海边草料，染上各种颜色，编成花“蒲鞋”出售。这种鞋颇受荷兰人的青睐，被当成艺术品穿出去炫耀呢。

如今浙南人民生活大为改善，皮鞋、运动鞋等各种鞋子琳琅满目，蒲鞋逐渐退出历史舞台，但它作为我们祖先抗倭历史的见证者，并没有被人们遗忘。温州这座见证“温州模式”的名城至今保留“蒲鞋市”这个街道名称，我们对“蒲鞋”依然怀有特殊的感情。

宋维远

方言妙趣闲拉谈

瑞安方言是祖先留下的宝贵财富，反映瑞安人的思维和智慧，上了年纪的瑞安人和外地人沟通，只得“普通话搭搭边儿”，或“讲普通话，瑞安话搭搭边儿”。乡音是人与故乡的情感纽带，每个瑞安人，在外都会因方言而相遇。

人名中的方言

二十世纪五六十年代以前，瑞安农村识字的人不多，大人给孩子取名较随意，不少人用方言字给孩子取名。举几个常用字为例。

其一：㛊。方言义为“小孩”，男女都用。《新华字典》上查不到该字。《现代汉语词典》上可以查到，但解释为“人名用字”，不够全面，没有反映方言字义；注音为méi似乎也是错的，应改为mēi。从前瑞安乃至温州的百姓对“㛊”字似乎情有独钟，用其取名者比比皆是。举个典型的例子：笔者一位初中同学的父亲兄弟三人，分别名叫“大㛊”“中㛊”“三㛊”，好像除了“㛊”字，就没别的合适的字了。有意思的是，连瑞籍名媛黄宗英也不能免“俗”，在给故乡友人赠书时曾落款“瑞安阿㛊黄宗英”。

其二：碎。方言义同“小”，男女都用。兄弟姐妹中，老大一般不用该字，老二、老三、老四都可能用，如大儿子取名“X宝”，二儿子就叫“碎宝”；如大女儿取名“X莲”，二女儿就叫“碎莲”。常见名字还有“碎㛊”（小儿子）、“碎高”（读“碎高儿”，义同“小个”），等等。笔者有一次去杭州某科研机构办事，一位专家递来名片，大名叫“碎高”。我肯定地说：“你是温州人。”他呵呵一笑，说：“青田县温溪镇人，从前属于永嘉县，全镇讲温州话。”

其三：奶。该字用于人名时，音、义与“囡”相似，一般用于女孩名。常见名字有“大奶”

（大女儿）、“碎奶”（二女儿或小女儿）、“三奶”（三女儿）、“奶儿”（女孩），等等。也有男孩用“奶”字取名的：笔者有一位堂叔，名叫“庆奶”；还有一位儿时朋友，其大哥、二哥分别取名“大奶”“碎奶”。为何父母给男孩取了个女孩的名？这是旧观念作怪，认为女孩好养活。

其四：冷双。这是“两双”的谐音，“两双”等于“四”，取这个名的人在兄弟姐妹中一定排行老四。老四不能直接用“四”字，因“四”与“死”谐音，忌讳，故换个说法。

其五：弟、妹。这两个字在人名中的用法，相当于告诉别人他（她）是谁的弟弟或妹妹。比如“弟”字，哥哥名叫“X权”，弟弟就叫“权弟”；大哥名叫“X富”，老二就叫“富弟”。“妹”字也一样，姐姐名叫“X凤”，妹妹就叫“凤妹”；哥哥名叫“X东”，妹妹就叫“东妹”。但是，也有父母刻意把女孩取名“X弟”的，常见名字有“仟弟”“英弟”。“仟弟”是“牵弟”的谐音，“英弟”是“引弟”的谐音。

亲属方言称呼

方言称呼亲戚，城里与农村有较大差别，比如女婿称呼岳父岳母，城里人叫阿爸、阿妈，从前农村则不是这样。随着社会经济发展，一些方言称呼即将消失。笔者按农村习惯对此作了梳理，以辈分高低为序。

高祖父、高祖母：统称老太。极少有人见过自己的亲老太，所以该称呼一般只在讲述家族故事时出现。

曾祖父及其兄弟、曾祖母及其妯娌：统称阿太，有的加上排行，如二太、碎太。外曾祖父、外曾祖母：外公太、外婆太。

祖父、祖母：阿爷、阿娘。“阿娘”的称呼与宁波、上海、常州等吴语区类似。配偶的祖父、祖母：老大公、老大婆，此处“大”为白读。

外祖父、外祖母：外公、外婆。父母的舅父、舅母：舅公、妗婆。父母的姑父、姑母：姑公、姑婆。父母的姨父、姨母：姨公、姨婆。父母的伯父、叔父：阿公，父母的伯母、婶母：阿婆，有的加上排行，如二公、二婆等。

父亲：阿爸、阿大，少数叫阿叔。此处“大”为文读。母亲：阿妳（方言音nā），少数叫阿婶。伯父和伯母：阿伯、阿嬷。叔父：阿叔或阿大，婶母：阿婶。姑父和姑母：姑爹、阿孃（方言音似niē）、孃孃。父亲的表哥、表弟：表伯、表叔，父亲的表嫂、表弟媳：表嬷、表婶。父亲的表姐妹及其配偶：表孃、姑爹。

岳父、岳母：亲爷、亲娘。丈夫的父亲：阿爹或亲爷，丈夫的母亲：阿妳。在现代汉语里，

“爷”既指父辈，又指祖辈，瑞安话的“爷”亦是如此。舅父、舅母：舅爹、妗娘。姨父、姨母：姨爹、姨娘。配偶的伯父、伯母：伯公、伯婆。配偶的叔父、婶母：叔公、叔婆。

胞兄、堂兄：阿哥或阿大，此处“大”为白读。很有趣，同样是“阿大”，文读是父辈，白读是兄长，连辈分都变了。嫂子和堂嫂：阿嫂。胞姐和堂姐：阿姹（方言音zā）。姐夫、堂姐夫、表姐夫：统称姊夫。表哥、表嫂：表兄、表嫂。表姐：表姊或表姹。

丈夫的兄长和嫂子：大伯爷、大伯娘，此处“大”为白读。妻兄：阿舅，妻嫂：妗娘。妻姐：姨娘，妻姐夫：姨夫。对于比自己年轻的同辈，一般直呼其名，但是姻亲例外，为表示尊重，尤其是进入老年以后，对妹夫、妻弟、妻弟媳、妻妹、妻妹夫等也会分别以妹夫、阿舅、妗娘、姨娘、姨夫称之。

亲家之间的称呼也挺有趣，子女定亲以后，互称对方为亲家公、亲家母，公与母的性别含义在此被用上了。等子女成了亲，尤其是有了孙辈，则改叫对方为阿爷、阿娘，或外公、外婆。

林祝兴

祠堂置酒共祭祖

每年农历三月十六，莘塍洛川叶氏宗祠都要举办一年一度最盛大的活动——摆祠堂酒。当天，祠堂里张灯结彩，鼓乐齐鸣，隆重的祭祀仪式后，千余叶氏族人欢聚一堂，举杯共庆。规模宏大、礼仪规范、安排有序，洛川的叶氏祠堂酒，在温州地区很具代表性。

百家宴由祠堂酒演变而来

祠堂酒是温州农村的一种古老习俗，盛行于明清。此古老习俗得从“祠堂”一词说起：在乡下，凡有大姓人家聚居的村庄，一般都建有规模不小的姓氏宗祠，俗称祠堂。

祠堂每年都会择定吉日举行祭祀活动，因此成了子孙祭祀祖先的场所。祭祀时，族人要在祠堂里摆上一顿丰盛的宴席，以此来表达子孙后代对祖先的诚心，俗称祠堂酒。有些大宗族，往往摆上几十桌甚至一百多桌祠堂酒，以此展示本族人丁兴旺、阖族欢乐的景象。温州现存的百家宴也是由祠堂酒演变过来的，只不过“百家宴”谁都可以参加，而祠堂酒仅限于本姓族人参加。

叶氏宗祠供奉着先贤叶适

莘塍洛川叶氏宗祠，始建于清道光十六年（1836），由门厅、左右厢廊、正殿等组成合院式建筑，占地面积422平方米，建筑面积约383平方米。2012年被列为市级文保单位。2020年重建后的叶氏宗祠在原址竣工落成。

叶氏宗祠供奉着大名鼎鼎的南宋思想家、永嘉学派集大成者叶适。因为“文定”是叶适谥号，故叶氏宗祠又称“叶文定祠”。据史料记载，叶适祖籍龙泉，曾祖父叶公济自黄南（今丽水龙泉）徙居瑞安，此后子孙繁衍成为叶氏一大支脉。至元朝，叶公济第十八代裔孙叶夔迁居莘塍洛川，成为洛川叶氏始迁祖。

洛川是古代的地名，现分为星火、和平、四坦三村。叶氏后裔7000多人，分为六房，分别居住在星火、和平、四坦、上村、董田等村落。

洛川叶氏人丁兴旺，有“八代同堂”之喜乐。每年摆祠堂酒时，族长公和八个辈分的代表各身披红绸，在祠堂正上位就座。

摆祠堂酒是宗族头等大事

数百年来，洛川叶氏祠堂一直保留着摆祠堂酒的习俗。按祖宗留下的惯例，每年农历三月十六摆祠堂酒，以招待前来参加祭祖的族人。

近几年，随着宗族文化的兴起，宗祠在族人心目中的地位变得更高，很多身在外地的游子都会在这个日子回到祠堂祭拜祖先、吃“祠堂酒”。凡参加祠堂酒活动的叶氏族人，须提前购买入席券，本村的叶姓老人只要年满六十周岁，可免费领取入席券。除了本地叶姓族人外，还会邀请其他县（市）的叶氏宗亲前来吃祠堂酒。

过去，由于叶氏祠堂没有经济收入，族长就规定六房族人轮流负责每年的祠堂酒，费用由各房自行筹集。改革开放后，村民生活富裕了，叶氏宗祠有了公产租赁收入，摆祠堂酒的经费改为由祠堂统一支出。

摆祠堂酒是宗族大事，办得成功与否，厨师长人选很关键。俗话说众口难调，要同时供应一千多人就餐，既要菜品口味好，又要确保上菜速度快，非常考验厨师功底。叶家祠堂酒的厨师长是姓叶的本家人，年龄四十岁左右，小有名气，最近几年的祠堂酒都由他来掌勺，受到宾客的广泛好评。同样，采购食材的人员也由各房族推荐产生，须对食材、行情相当了解，以保证采购的原材料既新鲜又便宜。

房谱要敲锣打鼓送到祠堂

每到农历三月十六这天，洛川叶氏宗祠及周边道路两旁挂满了彩旗，祠堂内张灯结彩，香烛通明，供桌上摆放鸡鸭鱼肉、瓜果等祭品，祠堂门口乐队奏乐，礼炮轰鸣，热闹非凡。叶家祠堂酒鼎盛时曾摆过200多桌，祠堂周边的道路全部都摆满了酒席，上千人同时聚餐，场面很是壮观。

吃祠堂酒之前，要先举行祖祖辈辈流传下来的祭祖仪式，以此感谢祖先，希望祖先保佑子孙安康幸福。

祭祖仪式颇有讲究，首先，六房后裔代表在各房长公的带领下在天刚蒙蒙亮时出发，将本房的“房谱”（分房编的谱牒）用红布精心包好摆放在轿子上，沿途敲锣打鼓护送到祠堂门口。然后，在族长公的带领下，各房按顺序列队抬着“房谱”在地方上游行一圈。沿途，族人会鸣放鞭炮迎接。游行结束后，再将“房谱”整齐摆放在祠堂的神龛前，表示各房子孙已全部到齐。到了指定的时间，族长宣读祭文，读罢便开始上香祭拜。在族长公的带领下，所有人依次来到神龛前向列祖列宗像三鞠躬，礼罢再把香插入香炉。

这几个流程完成后，祭祀仪式也就结束了，接下来就可入席开吃了。

开菜的信号是鸣六声礼炮

吃祠堂酒时，你会发现农村的宗族文化很有意思，同宗同族之间也十分讲究辈分，大家聚在一起只论辈分不论年龄，往往一些老人恭敬地称呼某年轻人“叔叔”或“阿公”。在祠堂这种场合，称谓礼数、言行举止，丝毫马虎不得，不然就会乱了礼法。

通常祠堂酒十点多就开始了，每桌只要凑齐十人，就可以先开吃六大盘冷菜。往往开菜时间还没到，桌上六大盘冷菜已空空如也，这时候，大家都会伸长脖子焦急地等待开菜的信号，性急的索性就跑到厨房催问。

开菜的信号是鸣六声礼炮，只要礼炮声一响，热菜就会一个接一个上来。在众人的推杯换盏之间，十几道热菜很快就会被一扫而空，是名副其实的“光盘行动”。当西瓜被端上来的时候，也就意味着整场酒宴的热菜都上好了。这个时候，大家才会满足地起身，打着饱嗝，在送客的乐曲声、鞭炮声、锣鼓声中陆续离席散场。各房的族人便在房长公的带领下，起身把“房谱”迎回房长公处保管。族人也开始整理盘碗凳桌，一年一度的祠堂酒到此算是结束了。

老祖宗留下的祠堂酒习俗，是为了让同宗族人借祭祀祖先的机会聚聚，增加情谊。爱家庭爱家族的人才会爱祖国，良好的家族之风将汇聚成奋进之力，为美好生活添彩，为中华民族复兴助力。

叶伟东

国宝档案

玉海楼中多逸闻

玉海楼

孙诒让家族的玉海楼，与宁波天一阁、杭州文澜阁、湖州的嘉业堂并称浙江四大藏书楼。如果说文澜阁是皇家藏书，天一阁是官僚藏书，嘉业堂是商人藏书，那么玉海楼就是文人藏书的代表。1996年，玉海楼被国务院列为第四批全国重点文物保护单位。

从光绪十四年（1888）玉海楼建成，到光绪三十四年（1908）大儒孙诒让（1848—1908）谢世，他的一生三分之一的时间都在这座楼里度过。作为藏书楼，这座建筑除了书多，它还有什么独特魅力和奇闻趣事？

有！而且特别多。

孙衣言为官清廉，年年可拿“养廉银”

孙家的玉海藏书楼始建于清光绪十四年（1888），为使次子孙诒让潜心著述，孙衣言为其精心卜地而建。该楼前后两进，左右回廊，楼西为百晋匋斋，斋前有园，种植四季花木，名“颐园”。书楼建成后，为读书方便，次年又在玉海楼的西面建了楼，即今天的孙诒让故居。

现在所说的玉海楼，不仅是藏书楼，还包括孙诒让故居和百晋匋斋等部分。宅内布局不拥堵，通道不狭窄，阳光充足且通风，原占地面积约8000平方米，是清代浙江名人建筑中规模最大、保存最完整的建筑之一。

建楼时，孙衣言已告老还乡，整座建筑风格朴实，雕刻并不奢华。但即便如此，这么大格局的建筑依旧耗资不菲。传闻孙衣言为官清廉，曾拒绝过十万两银子的贿赂，还拒绝了江淮总督沈葆桢想假公之名支销库银的请求，那么他建玉海楼的钱是打哪儿来的呢？

原来清朝为防止官员贪污受贿，定有一条名为“养廉银”的制度，规定廉洁守法、没人举报的官员，年终将得到朝廷发的数目不等的“养廉银”作为奖赏。总督、巡抚等正二品官员可拿到白银4万两。身为从二品布政使的孙衣言，每年能拿到的也不少，有3万两银子。从他同治七年（1868）担任江宁布政使开始算，到光绪四年（1878）调离江宁为止，除去回乡丁忧（指遭逢父母丧事）的几年，估计孙衣言拿到了20多万两的“养廉银”。正因如此，购买书籍和建造玉海楼的资费，算是有着落了。

孙诒让故居台门取名“百晋精庐”

失佚的牌匾背后，几多兄弟情深

清湘军水师统领彭玉麟有一只水上战船，叫“恰受航”，取杜诗“野航恰受两三人”之意。玉海藏书楼西首有个园厅，孙衣言认为坐在室内横榻上，手捧玉海楼的图书，放眼欣赏颐园风光，好像乘小舟一般，也名之为“恰受航”，俗称“船厅”。这里是孙衣言经常会见宾客的地方。后来，孙诒让因研究六晋古砖，收集了一百块砖放入室内，于是又有了“百晋匋斋”之名。

室内原有一块“兄弟重游泮水”的大匾额，是当时的浙江学政（相当于现在主管浙江省教育的副省长）陈彝，在清光绪十九年（1893）送给孙家的，因为那一年是孙家兄弟重游泮水的大喜日子。

泮水，指古代学宫前给生员们取水磨墨的水池。同游泮水指童生考取生员（秀才）后，到学宫读书。过了一个甲子（六十年），人若健在，就得到一个荣誉称号，叫作“重游泮水”。所以这牌匾意思是，孙衣言和孙锵鸣兄弟两人，同时取得了“重游泮水”的荣誉。要知道，七十岁在古代就称古稀了，孙家两兄弟因为同时具备进学早、读书好、寿命长三个条件，才获得了学政祝贺的牌匾。

同游泮水的孙家两兄弟，清廉为官，彼此照顾。据说两人曾各自到大户人家当家庭老师，某日，孙锵鸣听说孙衣言煤炭中毒晕倒，在赶过去的路上多次着急跌倒，好不容易搭上马车赶到时，孙衣言已经醒了，两人抱头大哭。而当孙锵鸣感冒发烧时，孙衣言则每天在旁照顾直至其康复。

这块见证兄弟才学和情义的牌匾，造型十分精致，是少见的宝贵文物，有人曾于20世纪80年代初见过，可惜后来不知所归。

金带桥古已有之，两池水多方防火

作为藏书楼，玉海楼特别忌讳火。

按照《易经》的五行之说，水能克火，藏书楼取名也讲究这点。如乾隆时的文渊、文津、文澜等藏书阁都用了“水”偏旁的字，又如宁波天一阁，取汉郑玄《易经注》中“天一生水”之说。玉海楼也不例外。“玉海”原本是书名，为南宋学者王应麟编撰，该书广泛搜集历代典故，与《太平御览》《太平广记》《册府元龟》并称宋代四大类书，可谓“如玉之珍贵，若海之浩瀚”。孙衣言、孙诒让父子十分敬仰王应麟，他们当时收藏秘籍八九万卷，也视之如玉般珍贵，若海之浩瀚，所以就把这座藏书楼命名为“玉海楼”。此外，“玉海楼”中的“海”字为水字旁，有

“以水克火”的意思，期望能保障藏书的安全。

在防火这件大事上，孙衣言还做了其他布置。如选址在城北的运粮河边，还特意在楼东开凿了放生池，并在楼南墙外挖了一条支渠，两者相通。他还在渠和池的连通处造了一座石桥，渠水会同池水，通过桥下注入虞池，然后出水门进入东湖。如此一来，三面环绕活水的玉海楼有了天然屏障，一旦发生火灾，可就近取水。而且玉海楼东西方向的三道墙壁都是防火墙，外界的火灾也无法蔓延到里面。

玉海楼台门前的小石桥，古时称为“金带桥”，相传得名于孙家显赫，这条桥上出入的都是锦衣玉带的人物。真实情况却是，每到夏秋多雨季节，孙衣言站在玉海楼凭窗眺望，见楼下浊流翻滚、滔滔不绝，深黄色河水宛如一条金色的带子穿过石桥。他在《玉海藏书楼记》中写道：“今年春，为次儿卜筑河上，乃于金带桥北别建大楼……”可见，金带桥之名古来已有，而且其建造主要和防火有关。

防潮防盗两兼顾，楼梯专设管理员

除了防火，书籍也重防潮。玉海楼做到了“引湿就下，潮不入书楼”。在藏书楼入口处，门槛比地面高出一截，上下垫了两级石阶。地面比天井还高出近半米。因此下雨天，天井积水，地面依然很干燥。此外，楼内所藏图书在更荫蔽干燥的二楼，且四面都是窗户，通风也非常好。

关于防盗，孙家考虑得也非常周到。玉海楼北面后门与利济医学堂隔公园路而居，这里时常有人经过，但高高的墙壁挡住了外界视线。民间还流传着一种说法：玉海楼除大门和后门外，还有一个偏门，为了防盗，大门和偏门常年关闭，出入只有可通故居的一扇小门。上楼更是防范严密，梯子也有专人看管，要得到主人许可才能上楼。不过玉海楼究竟有无偏门，具体在哪个位置，今人尚无从考证。

玉海楼放生池

书藏如玉亦若海

作为第四批全国重点文物保护单位，瑞安孙家的玉海楼有着格局之伟，原占地约8000平方米，是清代浙江名人建筑中规模最大、保存最完整的建筑之一；玉海楼也有着造型之美，小桥流水别样风情，古朴造景经年不衰……

那么，玉海楼的藏书呢？都说孙家父子搜罗书卷八九万，这个数字的背后又藏着怎样的故事和渊源？

主动“淘宝”，大量收入藏书楼珍品

孙家虽世代书香，起初藏书却不多，至于原因，孙衣言在《玉海楼藏书记》中作了说明：“先大父……好聚图籍，儿时见先世旧藏多前朝善本，丹黄殆遍，经乱无复存者。”至于他本人，最初任职翰林院，微薄俸禄支撑不了旺盛的购书欲，直到就任布政使时拿到了丰厚的“养廉银”，孙家这才进入了收书藏书的黄金时期。

彼时太平天国起义不久，各省故家世族、地方书院的古籍，以及宁波天一阁、绍兴澹生堂、常熟汲古阁等所藏，皆因战火大量散出。机不可失，孙衣言和孙诒让父子慧眼识珠淘到了不少宝贝，其中多为元、明、清珍善本，甚至还有朝鲜、日本舶来的珍籍。

孙诒让长期侍父于江南一带，曾八次去京城考取功名，广泛的游历使他有机会遇到很多珍本。为访遗书，孙诒让足迹遍及温州、宁波、杭州、上海、苏州、南京、北京等地的书坊厂肆。据《玉海楼善本书目》记载，单是孙诒让一个人，就购得天一阁等三四十家藏书楼的藏书，且版本都非常精善。

发“朋友圈”，买好书“必不计较锱铢”

眼下，遇事发“朋友圈”求助最正常不过，而孙诒让早在百年前就懂得发挥朋友圈的力量。

光绪九年（1883），孙诒让为搜集整理温州一地的文献，特作《征访温州遗书约》：“凡遇先哲著述，片纸只字，罔不收拾。诸家倘有储藏，不论时代远近，卷帙多寡，均祈惠示……”且若是好本子“必不计较锱铢”。

孙诒让不仅发布高调的赏金公告，还委托专人征访。有数据称，他通过这种方式先后收到乡邦文献260余种。亲朋好友的馈赠也少不了。光绪十二年（1886）冬，德清县通判蔡汇沧将顾千里（清著名藏书家）校道藏本《墨子》的抄本赠给孙氏。好友冒广生，则让亲戚将所藏的张惠言《墨子经说四解》抄录一册，寄赠给孙诒让，使他在治《墨经》有了重要的参考资料。其他如戴望、刘寿曾、刘恭冕、黄绍箕、唐仁寿、谭献都曾赠给孙诒让珍本或抄本，大大丰富了孙家藏书。

资源共享，雇用专人来抄录好书

旧时印刷行业还不发达，很多买不到的好书只能手抄。

为了增加收藏的广度，孙家一直有借抄别家藏书的传统。比如同治九年（1870），孙衣言从戴望处借了卢文弨批校本《越绝书》，觉得卢氏批校本好，于是录而藏之。同治十二年（1873）春，孙诒让从好友刘恭冕处借得其父刘宝楠所著《大戴礼记旧校》一书，发现这个本子的精善之处很多，于是也抄了，再将原书归还刘恭冕。为了加快速度，玉海楼建成后，孙家还雇人专门抄书。

身为版本鉴藏家，孙家父子深知版本的重要性。日常著书抄书时，会选用有色界纸，通过抄工手笔与纸色行款来区别。如孙家父子著书的稿本及别人著作的抄校本，均请正楷抄手用版印稿纸书写。据说孙家版印稿纸有红界、绿界、墨界、蓝界的区别，如果是无界白纸的抄录本，那往往是他人送录或内容平常的著作。

据说，孙衣言任职布政使期间，孙家父子从全国各地搜集了八九万卷书。后去官回乡，归装中唯有藏书甚富。

玉海藏书楼内连柜叠架（万锡春/提供）

玉之珍贵，孙家堪称有邺架之藏

淘了那么多书，有哪些珍本奇书呢？这个问题，孙家后人也想知道。清宣统三年（1911），玉海楼藏书进行了一次全面曝晒和清点，发现古籍计28179册，铅印、石印本新书2643册，杂志1477册，报纸11种，合订本205册。

玉海楼藏书的一大特色是拥有大量浙江地方文献。其中，仅温州地区的乡贤先哲遗著就有460多种。此外，还有大量学术价值高的名家手校本、手抄本、批校本和未刊稿本，如罗以智（清著名藏书家）批校本就有《周易图说》等14种。这一点体现了孙氏父子深受“永嘉学派”经世致用思想的影响。

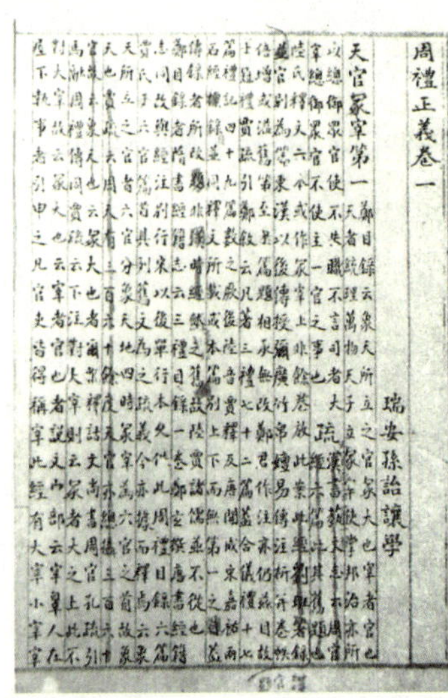

周禮正義卷一

天官冢宰第一

瑞安孫詒讓學

《周礼正义》孙诒让稿本

《六书故》是南宋文字学家戴侗撰写的用六书理论来分析汉字的字书。书中收录了温州方言如“灵喉”（喉咙）、“乌狼”（河豚）、“康宪”（蚯蚓）等，收录了俗字如“烊”（冶的俗字），记录了温州与台州方言的语音差别，如“人”，瓯人作“奴登切”，呼若“能”；而台州人则作“鱼邻切”。此书对研究温州方言的形成与历史有极重要的参考价值。而这极为罕见的《六书故》藏本，通过孙衣言撰写的横幅《征刻六书故启》来看，也曾藏入玉海楼。

玉海楼还有不少新学的报章杂志。孙诒让曾长期订阅上海《申报》《万国公报》《新闻报》、杭州《白话报》、日本东京《民报》等几十种报刊，同时购置有关西方政治文化及国人讲求富强的著作，并在楼内辟专室插架。

“如玉之珍贵，若海之浩瀚”，在这座插架万轴的藏书楼里，孙家父子研学批校。尤其是孙诒让，因家中藏书丰富，他在乡邦志乘方面成果颇丰，不仅在父亲、叔父的带领下，编纂成《永嘉丛书》13种，还撰有校集《永嘉郡记》等多种地方志，为后人研究温州地方历史提供极大便利。

文脉传承，大力搜罗玉海楼旧藏

玉海楼书籍得来不易，但孙诒让逝世后，他的子侄中却有不肖者为了钱财，乘机盗卖玉海楼的藏书。部分手稿、残页还沦为商店包物品的废纸。到民国时，玉海楼只剩下古籍二万八千余册。好在孙诒让次子孙延钊（字孟晋）是很有远见的读书人，于民国四年（1915）和民国八年（1919），先后挑选玉海楼藏书中乡贤书目462部，移至永嘉区征辑乡先哲遗著委员会供写录，此后又将部分藏书捐赠给瑞安县立公立图书馆和温州籀园图书馆。抗战期间，孙孟晋移居温州，携藏书中珍贵者465部约2990册、文物103件至温州自行保管。

抗战胜利后，孙孟晋向时任省教育厅厅长的永嘉人李超英提出，将玉海楼藏书全部转移到温州籀园图书馆保存，但没有结果。他又与浙江图书馆联系，但遭婉拒。1947年浙江大学筹建文学研究院，得到孙家要捐书的消息，大喜过望，就派温籍教授夏承焘与孙氏协商，初步拟定捐书协议，包括：

1.藏书暂存湖滨路哈同别墅，新馆落成后，也称玉海楼；

2.开一次展览会，宣扬捐书事迹；

3.浙大学报出一期孙仲容先生专号；

4.请国民政府予以褒扬等。

为此，浙大校长竺可桢设宴招待孙孟晋。此消息经上海《大公报》披露后，传到温州。温州籀园图书馆馆长梅冷生闻讯表示反对，致函有关方面，提出三点意见：

1.玉海楼捐书籀园，原已有提议；

2.籀园为纪念孙仲容而建，接收藏书名正言顺；

3.由温州地方收藏，更能继承先哲嘉惠桑梓之志。

后经夏承焘多方斡旋，最终商定三方都能接受的方案。藏书一分为二，浙大得到孙诒让的全部遗著和批校本及部分善本，温州方面得到地方文献和全部通常本及部分善本。

此事得以协商解决，对文化界来说是一件好事，但对瑞安人和瑞安的文化事业却不能不说是一个遗憾。此后，孙孟晋几度将玉海楼藏书文物捐赠给相关单位，以期更好地保管研究：

1.1950年向温州市文物管理委员会捐赠文物180件；

2.1951年将22000册藏书（其中明版书、名家批校本近200种）交温州市图书馆收存；

3.1974年，将随身带往杭州的先人和自己的手稿分别捐赠给北京、温州的图书馆。

玉海楼原有藏书基本移出，其房屋也由孙氏亲族分居或予以出租，一度“楼是书非”。直到新中国成立后，玉海楼得到政府妥善保护，不仅有专款整修，流散在外的原玉海楼书籍，也被大力搜罗回购，更有大批从其他地方征集来的古籍图书、字画、文物被移入楼中收藏，按照经、史、子、集、丛书分类排架。

自1996年被列入全国文物保护单位后，玉海楼又于2009年入选第二批全国重点古籍保护单位。2013年瑞安博物馆新馆建成投用，玉海楼所藏古籍搬迁至博物馆文物库房。截至2020年，馆藏玉海楼古籍及民国线装书达31801册，善本3000余册，其中17部入选国家珍贵古籍名录，5部入选浙江省珍贵古籍名录。

时隔百年，在政府和社会各界的努力下，孙衣言、孙诒让父子视若珍宝的书籍再一次得到了保护，玉海藏书楼也实践了它传承文化、凝神聚力的时代使命。

藏书为用泽乡梓

著名藏书家叶德辉（1864—1927）爱书如命，曾在书架上贴一张条子曰“老婆不借，书不借”。类似的还有“书不出阁”的宁波天一阁，不仅藏书柜的钥匙由子孙多房掌管，非各方集齐不得开锁，更厉害的是制定了四个“不得”——外姓人不得入阁、不得私自领亲友入阁、不得无故入阁、不得借书给外房他姓（天一阁真正相对开放起于1673年）。

不管是将书等同老婆，还是集齐钥匙开锁等规定，这些藏书的特点都在于“藏”。而与天一阁同为浙江四大藏书楼的孙家玉海楼，却践行了另一种使命——藏书为用。

规约16条，另聘老儒为管书人

玉海藏书楼始建于清光绪十四年（1888），因其落成，孙衣言和孙诒让父子从全国搜集的八九万卷书，总算有了好去处。为保护这些珍贵的书籍，孙衣言曾制定《藏书规约》16条，提出“读书如对严师庄友，不可跛倚倾侧，或欹枕灯火之旁，阅时先将楼下几案拂净，用蓝布一方，拥在几上，再将所借书取出，打开函帙，正身端坐，细心阅读，不得以指甲掐裂中缝，以唾揭起纸函。”由此可见，他不仅对藏书、养书等做了详细规定，还对如何看书、读书所采用的姿势等也有要求。

不仅如此，孙衣言还摒斥那些读古书时仅选读其中一两篇或每篇仅读一两遍，且又张口呼号的人，他表示，“如不痛改此等恶习，不可辄观吾楼所藏也”。

据说，当时藏书楼雇有一名年约50岁、粗通文理的“谨厚老儒”，职位是管书人，月薪一千文，包食宿。管书人日常工作是翻检书柜，将书一本一本拿出来，掸掉灰尘，抹掉蛀虫和蛛丝，如果发现破损，还要随手记出，予以粘补。至于打扫房间，他先要在楼板上缓缓喷水，将尘土洒扫一清，再用棕刷、鸡毛帚拂拭几案橱柜。管书人的工作细致而又琐碎，且都需孙诒让亲自督促和考核。另外，在每月初二、十六，管书人要督视小童打扫书房；在每年八月天气晴燥时，则率领短工将所有的藏书统统晾晒一遍。

建楼初衷，"无欲为一家之储也"

管书人除了管书，还管借书。昔日玉海楼经常出现这样的场景——年轻的读书人将所需书籍告诉管书老儒，老儒便上楼替他们找书，年轻人看完书后交还，老儒再将书放回原处。颇像当代图书馆内的管理员。作为私人藏书楼，宁波天一阁以"束之高阁，秘不示人"的"藏"为目的，而玉海楼的初衷却与之迥异。

读书人对书与种田人对土地一样，都视为珍宝。玉海楼之所以会对读书人热情敞开大门。可从孙衣言的《玉海楼藏书记》中找到缘由："乡里后生，有读书之才，读书之志，而能无谬我约者，皆可以就我庐，读我书。天下之宝，我固不欲为一家之储也。"意思是有志向的读书人都可以来我家读我的书。孙家不想将这些宝贝书籍作为一家私藏，而是渴望乡里代出人才。

由此可见，孙衣言造玉海楼，一方面是为了孙诒让潜心著述，另一方面也是为了以收藏的方式保护书籍，同时将其分享给有需要的人。

孙衣言的《玉海楼藏书记》

学术互动，匾额后的知交情谊

玉海藏书楼的庭院前进位置，悬挂有清代工部尚书潘祖荫所题的“玉海楼”匾额（另有一块匾额为郭沫若书写），此匾究竟由孙衣言还是孙诒让请潘祖荫题字，目前还无明确考证，能确定的是，潘祖荫通经史，因与孙衣言为好友，早年即对孙诒让有耳闻。当孙诒让在写《古籀拾遗》《古籀余论》时，需要对当时新发现的彝器（中国古代青铜器中礼器的通称）款识进行考证，就得益于潘祖荫的宏富藏书。孙诒让在写于光绪二十九年（1903）的《古籀余论后叙》一文中，对学术知交潘祖荫充满了怀念之情。

一方面，孙诒让得到潘祖荫藏书帮助，另一方面，他将玉海楼所藏书籍与他人分享，可谓学人间的一种美好互动，也应了“玉海楼”匾额旁的对联落款：“琴西世丈以深宁叟（宋王应麟）名其书，额其藏书楼，且以公诸后生之能读书者，其用心深厚也。”

光绪己丑（1889）季春 潘祖荫题“玉海楼”匾

藏书为用，大兴藏书读书之风

玉海楼曾有这样一则故事：当地有个好学青年，很想进玉海楼读书，但他认为自己书读得太少，远没资格做孙家的弟子。他每天早上等在玉海楼门口，待仆童出来倒字纸，便从中捡出一些废纸片带回阅读、研究。时间久了，已能略知孙氏阅读、研究、著作的大致情形。同时，仆童也将他的这个举动告诉了主人。这青年随后被请进楼交谈，他可以定期到玉海楼内读书，后来还成了孙诒让的助手。

这故事足以说明玉海楼开放的藏书理念。就在孙家父子的倡导下，当时瑞安这个万余人的小县城里，竟然先后出现了蔘绥阁（黄绍箕藏书）、饮水斋（陈黻宸藏书）、染学斋（项葆桢藏书）、横经室（李笠藏书）等十几个藏书楼，更有许启畴、陈虬等人在清同治十一年（1872）创建了全国最早的公共图书馆心兰书社。瑞安藏书、读书风气大盛，更诞生了共享、共学等新锐思想。

学人辈出，玉海文化源远流长

孙家父子不但将私人的藏书向乡里后生开放，还创办或支持创办诒善祠塾、学计馆等遍布温处两地的300多所学堂，让乡里后生受熏陶、得教育。被誉为“东南第一笔”的书法家池志澂、“后清流”著名人物黄绍第、方言馆创办人之一的项芳兰等都曾师从孙衣言，另有泰顺周焕枢、周恩煦、周恩锜，乐清陈国锵，平阳杨镜澄、张蔚文、宋恕，玉环庞凤翥，青田章楷等他县或外地学子到此读书求学。每年祭孔，诒善祠塾学生都要参加，可谓人才鼎盛。

明德之后必有达人。自近代以来，瑞安孙氏后人一直活跃于海内外各领域，这应该与其族人子弟坚守族规、家训不无关系。

而今，玉海楼后花园内，一处占地50平方米、雅致古典的城市书房临池而居。曲水流觞，树影摇曳，书香氤氲，文脉绵延。

杏林名家出利济

中医，这是一门凝聚了华夏智慧的医学理论体系。中医采用的望闻问切，显得十分玄妙。

在中医史上，被列为第六批全国重点文物保护单位的利济医学堂是必须记上一笔的存在。它是我国近代最早的中医学校，也是温州第一所具备相当规模、较高水平的中医院。光绪十一年至光绪二十八年（1885—1902）间，瑞安城东杨衙里一所不起眼的四合院里（利济医学堂旧址，现为瑞安城区公园路10号），大批杏林高手从这里走出。当时，坊间口耳相传的广告语中，有一句：“寻名医，到利济”。

前“医”后“学”，只为医治更多乡人

介绍利济医学堂之前，首先要说一位瑞安中医大师，同时也是近代早期改良派思想家——陈虬（1851—1904）。

陈虬其人，以永嘉学派的继承者和发展者自命，曾于《治平通议》卷首序中称自己“生永嘉先生后七百年矣”。永嘉经世之学讲求做学问，必须有益于国事、社会。

一开始，青年陈虬的“经世之路”是参加传统科考。哪想20岁那年，他赴杭州参加乡试后，因治学过度劳累，出现了咯血难眠等症状。为了强健身体，陈虬开始自学医书。经过四年自学，身体好转的他，确定了自己真正的“经世之路”——为乡人治病。于是，他一边继续钻研中医典籍，一边拜访名医，将书中所学和名家经验相互融合。

经过六年准备，陈虬慎重地开启了他的行医生涯。据陈虬孙辈陈安枢回忆，其祖父研读古典医籍，也涉猎西学。他看书虽多，但不会拘泥于别人观点，而是将医学知识和实际病例结合，以此解决疑难病症。善于举一反三的陈虬，很快想到了一个问题：世界那么大、病人那么多，我

陈虬（左）与陈黻宸（中）、宋恕合称“东瓯三杰”

一个人肯定医不过来，怎样才能培养出一批好医生，帮助更多人？

清光绪十一年（1885），陈虬同陈黻宸、何迪启、陈葆善等维新志士合股集资，在瑞安创办了利济医院及利济医学堂。这是一个很有创意的组合：前有医院，后有学堂。据陈虬在光绪十年（1884）写就的《利济医院议》可知，他想采用西方的办学制度与方法，以此改革封建旧教育形式。这种“理论+实践”的教学模式，也许也融入了他自身的学医经历。

开辟药圃，提高师生辨药能力

最初的利济医学堂长什么样？陈虬在《利济医院议》里有一段较为详细的描述：“院设前后二厅，翼以长廊，廊左为诊室，右为药房，后以处学徒。又建阁藏书，以其余修置客房，待远来之就诊养疴者。”由此可见设计之合理：既有诊室、药房，作为“门诊”，又有客房作为“住院部”；学生不仅能课堂学习，还能接触到真实病例，得到陈虬提出的“学习+实践”的新学体验。

值得一提的是，当时市面上假药不少，贵重药品假冒者更多。比如羚羊粉掺点炭灰以冒充犀角，动物脊背切片上刮下细屑以冒充鹿茸，等等。为此，认为“读遍图经千部，不如栽药一区”的陈虬，在利济医学堂内设置了药局，另开辟了一方占地1000平方米的药圃，让医生、学生直接下地认识药物，他们的鉴伪能力就上来了。

百年之后，利济医案仍为经典

如何鉴别一名中医是否优秀？古人是这样说的："找长工，看出汗；找郎中，看脉案（即医案）。"意思是说，出汗多少能反映出长工出力多少，医案水平则反映医术高低。

这个说法其实很在理。每位中医在诊病时都要写病历，从大量的病历中筛选出有价值的医案，加以编撰，道出心得。因此，医案记录了医生救治病人时活生生的事实和对应的思考，体现出医者的理论思维和临床诊治水平。早在周朝，人们就将医案作为考核医者医疗水平及决定其升迁的依据。

由于行医之初就养成了严谨的医疗作风，又经过了光绪二年至六年（1876—1880）的行医看诊，30岁的陈虬，从病历中精选医案共20例，撰成《蛰庐诊录》两卷，详述诊疗过程、用药效果。这本医案问世后，不仅在当时广受好评，此后许多年，仍为医学界提供了辨证施治、解决疑难疾病的范例。如2004年至2005年，中国医药科技出版社的《伤寒温病医案（上册）》《内科医案（中册）》《古今名医骨伤科医案赏析》等，都收录了《蛰庐诊录》的经典医案。

利济医学堂对医案尤其重视。一方面，收集包括《蛰庐诊录》在内的已有优秀医案，并补充医院的最新临症医案，提供给学生研究。另一方面，待学生毕业后，若不选择在利济医学堂行医，而是自己开诊所的，那么处方、医案仍须加盖利济医院统一的院章，并按季度报医院备案。这不仅能有效督促学生严谨行医，也能帮助利济医学堂收集到更多病情案例，不断提高医生自身医疗水平。

现存的建筑由门厅、主楼、东西厢房及中药圃组成

孙衣言题“利济医院”匾额

名医不绝，利民济世功垂千秋

在利济医学堂近20年的开办时间里，共有300余位中医师从这里走出，这其中，有很多都是口碑极好的名医。除陈虬本人外，他的徒弟兼同事陈葆善（1861—1916），以其精湛的医术闻名于江浙及两湖间，慕名者络绎不绝，大儒孙诒让的顽疾据说就是他治好的。

陈葆善不仅医术了得，还写就《燥气总论》《白喉条辨》《燥气验案》《本草时义》《艺菊琐言》《湫漻吟草》等医书。其中喉科专著《白喉条辨》，在临床上价值很高，曾被载入《中国医学大辞典》。

此外还有胡鑫、陈侠、池源瀚、林獬、蒋瑞麟、程云济、张烈、季腾、刘玉如、郑缉甫、郑叔伦、周焕枢、金铭、周鸿年、王复、杨伯畴、何炯、程云、陈兆麟、李公亮、郑晓庐、陈明、高炳麟、何樾、高树屏、金慎之、徐堇侯等优秀医者。他们是闻名远近的利济“名医天团”，凡有重病危症者，必会向他们寻求帮助。除了医术高超，他们还留下《霍乱病源论》《疫治》《论医家古三学之源流》《利济卫生经图谱》《利济医历》《上医医国论》等著作，带动了医界治学之风。

利济之后，浙南又先后出现了永嘉中医学社、国医国学社、普安施医施药局等中医教育机构。其中，于民国十二年（1923）创办的“永嘉普安施医施药局”（温州市中医院前身），与利济医学堂渊源深厚。当时，永嘉普安施医施药局的常驻或义务医师中，有些本就是利济医院的名医，还有不少毕业于利济医学堂或者求学于利济的医生。利济医院当年“减润应诊，以其广道便民”的规定，也被永嘉普安施医施药局继承、发扬，后者明确宗旨：“凡遇贫而病者，无论就诊、出诊、施医给药，不取分文”。

利济医学堂早已因经费问题停办，但“利济”两个字，留给世人的并不只是褪色的历史，而是代代传承的“利民、济世”的高尚气度。

育才医人更医国

学堂用到的中医书籍

“天最高，不可攀。星虽繁，约二种；曰行星，曰恒星……”

“五星外，加地球，外天王，与海外，较地球，大而光……”

说起《三字经》，几乎人人都能背上几句。而在19世纪末西风东渐正盛之时，瑞安的一家新式学堂里，传出了这样一首沿用“三字经”格式、却讲述天文知识的生动民谣。

这所学风活泼的学堂，正是瑞安人耳熟能详的利济医学堂。

谨慎入学：察看“试学”一个月

光绪十一年（1885），这一年对于瑞安人陈虬来说，尤为特别。他和友人筹备已久的利济医学堂正式创办，陈虬担当院长兼主讲习，陈虬弟子、同为创办人之一的陈葆善也为学堂教习。

利济医学堂的招生对象为12岁（也有称14岁）以上的省内外聪颖子弟。学生自愿报名后，要先察看一个月，估计是看学生是否适应，是否愿意继续学习等，有点像“试学”。然后学院与家长签订《入院结状》，缴费注册才算作正式学生。

入学后，学生与老师之间形成等级十分鲜明的师徒关系。陈虬为主讲习，他以下分初传、再传、三传弟子，依次为道、济、群字辈。“道”字辈为陈虬亲自培养的第一代弟子，即陈葆善为“道一”；“济”字辈为陈虬的再传弟子，即第二代门生，如陈葆善的学生胡鑫为“济一”。这种排辈方式既契合中国礼制、体现传承来源，又有点类似如今的学年，“学了多久”“学习经历”等情况一目了然。

创意授课：自编“三字经”课本

利济医学堂的学制为10年，规定5年学医籍，5年览群经。读书，是利济学子必须养成的习惯，学堂明确提出“习医必先读书”。

为了读书需要，学堂建有图书室，并给学生拟定了一个“医藏书目录表”，将医书分为必读、必阅、必备三种。其中列举必读之书21种、必阅之书50种、必备之书32种，另将古今医籍分为名家书和专家书两类。学堂老师非常注重启发学生运用恰当的读书方法，建议“必读之书当循序渐进，必阅之书当择善而从，名家则观其独到处，专家则求其独异处”。从其中的“择善”“观独到”“求独异”等提法，可见陈虬并不想让学生死记硬背，而是学会思考、敏悟。日后，利济医学堂的不少学生都能著书立说，这与陈虬当年的教学方法是分不开的。

这里的课程分专业课与普通课。专业课教材有《内经》《难经》《伤寒》《金匮》《脉学》等中医经典著作，还有“利济教义”八种、“利济文课”六卷这样的自编教材和讲义。其中“利济教义”八种，包括了《利济教经》《教经问答》《利济元经》《中星图略》《医历表》《医历答问》《利济文译》《卫生经》等。为首的《利济教经》由陈虬自编，为我国近代最早的自编新式公共教科书之一，比南洋公学光绪二十三年（1897）自编的教科书还早三年。

《利济教经》涵盖医药、化学、物理、历史、地理、政治、军事、法律、时事等各种常识，其特别处在于，每个章节长短不同，却都以三字为句，仿照当时通行的蒙学教本《三字经》写成。如“习天文，先中星，浑天仪，逐时移”“地球上，判东西，分五洲”。陈虬将复杂的百科知识用简单朗朗上口的“三字经”语句加以概括，非常适合朗读与记忆。

利济的创意还不仅于此。《医历表》《医历答问》所说的医历，是利济创制的一种医药专业的历本，用以预测本年气候、推算预测疾病，并依此预防流行疾病。再如《卫生经》，这本教材指导学生锻炼心身，介绍了五禽戏、易筋经、导引气功等体育疗病的内容，让学子以医术立身的同时，也能“武艺”傍身。

接轨世界：开中西医结合之先河

作为新式学堂，利济的教育视野突破了传统的中医教学体制，在中医教育史上开了中西医结合之先河。在陈虬手订的《习医章程》中，明确规定教学以古典中医为主体，还要兼学西医。

如在课外阅读方面。除了给学子介绍中医古籍，利济也介绍当时的全体学（解剖学）、心灵学（心理学）、卫生学等新学，此外还在普通课程里加入时务游历的内容。让学生从课本中走出，是利济的一大创新。一起创办的利济医院更给学生提供了难得的实习场所，实现了教学、实践的二合一。

弹性学制：鼓励优秀者提前毕业

利济医学堂实行学子全员寄宿制。为了不影响学习，在校期间，大家不准回家眠食，一般早上卯正（6时）起床，晚上亥正（22时）就寝，一天除排满课程上课及自学外，晨起还要洒扫、整案，课间也设置了叉手联步操等体育锻炼，与现代学校里的课间操意义相同。

在严格的作息下授课，学堂鼓励学生提早毕业。前提是，要足够优秀。

利济学子每季考试一次，依成绩高下分高、中、低三班，这种排名也不固定，根据每次考试成绩，都会重新分配。作为成绩更突出者，高班学子要担任低班学子的“小先生”，将自己的学习经验进行分享。

值得一提的是，利济实行弹性学制，规定“课其所业有成，不拘年限”，也就是说凡勤奋好学、提前学完应修课程、考试合格的学生，可提早毕业，很像现在高校的学分制度。不仅如此，医术成熟者可获得“试医图章”，将获准留在利济行医、教学。

按照教习薪水、房租、伙食等成本核算，利济每位学生一年的花费合计银洋36元。为减少学生压力，学堂给予补贴24元，仅收每人12元。而对衣食无着的贫苦学生，第1年至第3年的伙食费也由学堂垫付，待学生毕业行医后由其诊金中提成归还。

“利济”恩泽：育才医人更医国

自开科目、自编教材、自任主讲，在传授医学知识的同时，还传授医理之外的古今中西学术，以及富国强兵的道理。从利济的系列教育成才方针来看，陈虬目的不只是训练治病的医生，还用自己的医学知识、社会声望，改革教育旧制度，培养出不仅能“医人”，更能医治深藏于国家民族躯壳内的顽疾的国之栋梁。

光绪二十三年（1897），日间行医、夜里讲学的陈虬创办《利济学堂报》（报馆位于当时的温州府前街）。作为利济校报，这份报纸除刊登学堂师生的医学论著、学堂教材外，还有大量的关于时事要闻、中外新知的新闻摘编，开阔学生视野，改变了当时学堂学子除了医学外对中外事近乎懵懂的状况，也帮助更多其他读者了解世界（该报纸有对外代售点）。

通过这份报纸，陈虬议论纵横，让“听者无不惊服”。在他带动下，学堂教习和学生都参与报刊运作，论国内新政，讲强国策略。可以说，《利济学堂报》是学术和时政相结合的综合性刊物，体现了利济集学堂、医院、学报三位一体的办学模式。

“利济”二字，《汉语大词典》释义为“救济、施恩泽”。利济医学堂不为盈利，减免学生学费和诊疗费用，坚持了育才“医国”的宗旨，也践行了利民济世的初心。此后，利济在温州设立分院，并在永嘉、平阳等处设有分部，当时的办学规模之大，在全国也是名列前茅。

历经近20年的峥嵘办学，利济终因频遇种种阻碍等原因停办。而“利济精神”却随着这里走出的医者学人们，弥永传续。

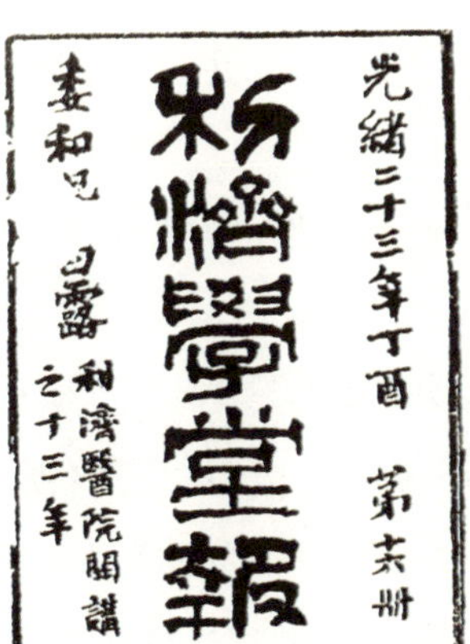
光緒二十三年丁酉　第六冊
利濟學堂報
利濟醫院開講之十三年

《利济学堂报》在当时异彩纷呈的报刊中独树一帜

利济学习场景的模拟

千年灵山水为名

瑞安城西南、云江畔，一座大山耸峙云端，雾霭袅袅间，传颂着千年前的仙迹轶事：宋徽宗赐封“神功妙济真君”的道教大人物许逊（民间尊称为许仙、许真君），曾在此炼丹问道。

许逊（239—374）为江西南昌（一说河南汝南）人，曾于晋太康元年（280）官拜蜀旌阳令（他因此也称许旌阳）。不慕名利的他，弃官云游江湖，行至瑞安华盖峰落脚，日常饮用、炼丹所需的水来自山上一口名为青龙泉的古井（也有传言井为许逊所挖）。后人为纪念许逊，将华盖峰改唤许峰山，还建造了一座石料仿木构雕刻的许真君祠。

“山不在高，有仙则名。水不在深，有龙则灵。”许逊饮用的那口青龙泉，清冽甘甜且不盈不涸，后人喜之便称其为“圣井”。久而久之，许峰山、许真君祠也被称作圣井山和圣井山石殿。

2006年，圣井山石殿被列入第六批全国重点文物保护单位。一切故事，都要从这口古井开始说起。

建造石殿，告诉世人“许仙”来过

瑞安圣井山，惯来“高”名远播，旧时记载其“山高数千仞，海艘每视为准”，为古人定位方向的重要航标。

大山巍峨，为世人敬畏，山中更少不了传奇故事。明姜准所撰《岐海琐谈·许峰》记载：“处士讳此翁，字兹父，姓许氏，晋旌阳令逊之后也。逊与弟护军长史迈，采药（浙东），至平阳华盖峰，结庐炼丹。人遂以其姓华盖，曰‘许峰’。”这里的华盖峰被认为是圣井山，传说许逊不仅在圣井边结庐炼丹修道，还为当地百姓做过不少好事，人们便在此遗迹处建造许公祠祀之。

据南宋木从龙《许峰灵迹记》碑载：“昔尝结屋井右，与乡邦誓终皈奉，莫支风雨而摧。今

全殿构件均为石头

石殿雕饰丰满流畅（万锡春/提供）

同志愿，共图不朽者，遂鞭石负土，为垣为墠（shàn）。”从中得知，许公祠堂起先为木结构建筑，南宋景定元年（1260）肇建石殿，至明成化、弘治年间才具规模。

如今的圣井山石殿，依次排列着山门、牌坊、前殿、回廊、后殿、左右厢房，组成基本对称的宫殿式格局。总占地面积870平方米，总建筑面积229平方米。除厢房后檐墙和山墙为乱石砌筑外，其余建筑共用3000块花岗岩和青石打制和雕刻而成，即全殿所有构件和殿内陈设，都是石构，为地道的石殿。其屋脊吻兽（殿宇屋顶的装饰性建筑构件）出神入化，不同的视角，有着雌雄龙伏、玉兔奔月、金猴飞攀等不同观感。

造化神工，古井不盈不涸和它有关

后殿为圣井山石殿建筑群中颇为幽僻的所在，里面神座下，藏有一口并不显眼的古井。井口不过半米见方，却见清泉汩汩。水流之下，一丝清凉感如鼻息般扑出，这便是旧名青龙泉的圣井了。

在当地人的心目中，井水不仅能喝，还味比甘露。最为神奇的是，清嘉庆《瑞安县志·山川》载：“许峰山……顶上有井，各圣井或称为‘海眼’，深广不满尺，探之见沙，常有水。”据后人考证，不论旱雨，此井常年不溢、不涸，水位始终不变，日流量约700立方米。

既为海眼，有龙潜居，此井过去就被唤作“青龙泉井”。后传说青龙常作怪，溢洪波漫淹山下人家和庄稼，许逊制服青龙、为民除害，此井这才变为有益于民生的“圣井”。

为证海眼之名，有专家实地调研，发现圣井地处山顶，正东、正西、西北、西南方向都有小山包，整体上形成一个状似马蹄形的坡面。圣井石殿所处的位置正好在马蹄形的开口处，与坡面垂直距离30米左右，雨水季节，三面的山坡地表潜水在此汇聚，供应圣井水源；同时，圣井山山体多为火山凝灰岩，火山喷发过程中，可能在岩体中留下熔岩孔道，未冷凝的熔岩流走后形成管状含水带，成为强富水的含水层，这一水层则在旱季为井水补给。由此看来，井水源源不断，和地下水源有着莫大关系。

祈雨显圣，山间云雾“别有深意”

因不盈不涸的特性，在古时，圣井成为官员、百姓祈雨求福的对象。

祈雨，早在西汉时期就有记载，温州一带也有过一段干旱无雨的时期，人们通过一系列民俗行为，祈盼雨水降临。清嘉庆《瑞安县志》卷九《艺文·诗》中，记载了清乾隆间瑞安县令曹文深（广西人）写的《圣井祷雨》诗。序曰：“乾隆五十六年秋，瑞邑不雨五十日矣，苗槁土坼，阡陇吁叹遍干，群祠罔济。或以圣井为言，虔我步祈，获慰民望。岂明能格幽，抑神之爱人也！爰缀短章，以镌冥贶。”

类似祈愿驱灾的例子还有很多，圣井山石殿内就保存有《许峰龙井祷雨感应记》等八方记载宋以来温州水旱灾情的碑刻。这些“水旱灾情”都与圣井山祈雨有关。而圣井，不仅被记录为“随潮升降，祷之水涌，即雨”，且传言宋人木从龙曾在这里七次求雨，七次均遂其所愿。

事实上，圣井山年雾日达260天，每逢阵雨初霁，余云未消或山雨欲来之际，山头经常处于云遮雾罩之中。当地还有“圣井山一盖，落雨不用等”“三个尖戴帽，午后雨就到”“圣井山腰围白带，不落日界落晚界”等民间气象谚语流传。“盖”在方言读作“滚”，首句意思是，圣井山山尖白云盖顶，就会下雨。后两者的意思则是：瑞安梅尖山、圣井山及大坑底三个山尖布白云，午后多有雷雨；圣井山飘起了云雾，那就是马上要下雨了。所以，不管圣井山祈雨是否真的灵验，从气象角度讨论，圣井山的云雾和降雨情况确有关联。

圣井山石殿，是浙南现存规模最大、保存最完整、年代最早的石构建筑群，对于研究我国古代石构建筑艺术，具有重要的参考价值。同时，圣井代表的水文化贯穿历史始末：明明是山，却以水为名，明明是地道的石殿，却在最重要的位置守护着一口古井。

圣井，之于圣井山和圣井山石殿，正如水之于顽石——是前者赋予了后者蓬勃与生机。

古道悠悠多神迹

“圣井大路”残碑

浙南名胜圣井山，人称南国仙山，怀抱着一座被誉为国宝的圣井山石殿建筑群。

据清初邑诸生董凤翔的《登许峰山诗》描述，圣井山“身离天尺五，目小界三千。潭水龙应伏，仙人鹤未旋。”其实际海拔达748.6米。

没有直达公路，也没有上山索道，古人是如何解决“山高不可攀”这道难题的？

正所谓“世上本没有路，走的人多了，也便成了路”，有需求便有解决方案。让我们沿着古道，一起向圣井山制高点开拔吧。

路碑“开道”，歇个脚便可登山

民间有云：“圣井三条岭，条条通天顶。”圣井山古道有3条古老的石路通向山顶。一条从曹村许岙村上岭；一条从篁社河岙村上岭（称黄泥架古道）；一条从大南素面村出发，经许峰村上岭（称洪坑岭古道）。三条路线中，尤以曹村许岙这条最为出名。据史料记载，历代官府进行圣井祈雨活动，大多从许岙出发，直至圣井山石殿。此道全长约6千米，路宽1至1.5米，有着“许岙大道”“圣井大路”“圣井山古道”等称呼。

古道起点许岙村，村内有一溪流名“梅溪”，上跨石构桥梁，石桥旁有一木结构亭子名“许

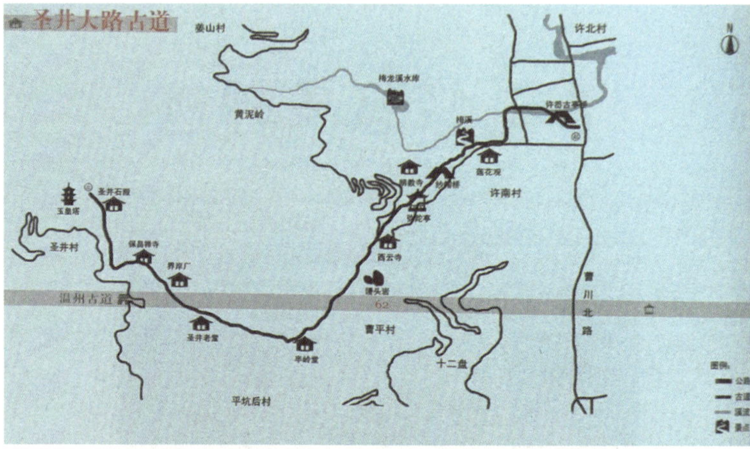

圣井大路古道路线
（来源：《温州古道》，中国对外翻译出版公司2014年版。）

岙亭”。此亭多层斗拱、青瓦盖顶，虽不奢华，但支撑讲究。据立在亭边的一方石碑记载，该亭与石桥均建于清代，距今已有140多年的历史。

岙，在浙江、福建等沿海一带指的是山间平地（多用于地名），地形表现为三面被山包围，一面向平原或近海敞开。在这里，岙口是过去船泊靠岸的地方，可以想象，古人坐船到达后，便在亭子里先歇上一歇，顺便互相搭讪找个“登山友”同行。

沿着溪潭过碇步往上游而去，迎面一架刻有“迎仙桥大清道光九年”字样的石桥，此“迎仙桥”一侧，还立有“圣井大路”的古老石碑。周围河道溪涧众多，人们容易在岔路处迷了方向，因此此石碑很可能就是过去的指路牌。

权贵“霸道”，住持出头终还寺

有关圣井山古道的记录，其中一则和山脚下的西隐古寺有关。西隐寺初名西隐庵，由尼僧慧源于明隆庆三年（1569）创立，距今已有450余年历史。至清乾隆年间，天台宗第36世传人——性玉和尚住持，扩建大雄宝殿、天王殿、山门、照壁及僧舍，遂改名西隐寺。

西隐寺背山靠水，寺产有山林、竹园数十亩，寺周耕田数百亩，寺一带的道路（现为古道）建设初成规模。清乾隆五十三年（1788），寺后部分竹园田地、坡界道路被当地士绅谢大峰侵占，性玉和尚出头将士绅告上了瑞安县衙。后来官司胜诉，古道及古道一带山林才归还西隐寺。

性玉和尚不惧权势、对抗“霸道”士绅的故事在当地传为美谈，更被记入寺院石碑，长久相伴在古道旁。

风景“地道”，山路“豪华”设施全

圣井山古道一路向上开拔，包括了乡间小路和700米左右的垂直高度，古道石阶的梯级较高，半山腰处建有半岭堂（最初建筑已经废弃，现为新建佛堂）。别看它外观平平无奇，半岭堂其实很有“名堂”，因为张阁老托梦圣井山的传说就发生在这里。

张璁（1475—1539），温州府永嘉（今温州市龙湾区）人，明代政治家，官至内阁首辅，世称“张阁老”。相传张阁老少年时，慕求功名，特意到圣井山“求兆”，在石殿住宿得了一梦：梦见自己一只眼睛被人钉在木柱上。

因做了噩梦，张阁老在心中给圣井山记上了一笔。待他功成名就时，便率兵去剿石殿。行至半岭堂位置，张阁老却被一位白发银须的道长挡住了去路。道长说：“你当年梦到的眼睛和木桩，正是‘目’和‘木’，两字合在一处，不就是宰相的‘相’吗？正好预示了你现在的成就。”张阁老听后豁然开悟，不仅出资在圣井山建造石牌坊等，还把御赐的宝物献给圣井山石殿。从此，圣井山“求兆”灵验的名声更甚，古道虽难，却难不倒诚心“求兆”的百姓。

高人气加上来往不绝的人流，圣井山古道沿途设施不断完备：除了半岭堂，古道一路及周边还有弥陀亭、西云寺、陈爷殿、圣井老堂、保昌寺、玉皇塔等建筑，另有路亭、石板桥、碇步、路边碑刻等。不仅如此，古道沿途植被茂盛，生长着枫树、松树、杉树、竹、杨梅等植物，到了春天，更有满山杜鹃，堪为胜景。时人走在这条山路上，该歇就歇，该逛就逛，中途还有木棚石壁的“公厕”可作解手，算是上山的豪华线路了。

求兆“有道”，夜宿“梦室”盼好梦

孙衣言编撰的《瓯海轶闻》记载，晋代道教净明派祖师、民间尊称“许仙”的许逊和他弟弟许迈曾到瑞安采药，并在华盖峰（圣井山旧名）顶建起房子炼丹。因他的这一炼丹，华盖峰变成了许峰，后人为纪念他还造了许真君祠（即圣井山石殿）。现存宋木从龙撰《许峰灵迹记》碑载：圣井山石殿初为木质结构，南宋景定元年（1260）肇建石殿，明成化、弘治间多次扩建，才具规模。

在道家大人物的加持下，加之石殿内有一口不盈不涸的圣井，圣井山仙名远播，人们纷纷上山祈雨求兆。后来，随着张阁老求兆故事的“加码宣传”，圣井山之名更添神秘色彩。如今，石殿内专设“圣井梦室”，供人们夜宿石殿，以求一个“好梦”。

圣井山古道不仅是祈雨求兆之路，还多灵迹。相传圣井山宝昌寺当家和尚要造一只千斤铜钟，便让灵通和尚外出永嘉化缘。灵通嫌一户穷人家只有三个铜钿寒碜，愤然离去。当寺里后来凑够缘银，请铜匠冶炼时，炼了三次铜钟却都有三个窟窿。当家和尚得知此事，差灵通到那户穷人家讨取三个铜钿，千斤大钟立马炼成。灵通见状诉说自己受三个铜钿的羞辱，铜钟一听，竟发出呜呜之声，朝圣井山下滚去。当家和尚见状，跪拜高呼：“铜钟，铜钟，请受贫僧一拜，速速回转寺来。”铜钟应道：“叫我上山不难，灵通要答应我两件事：一是以后不得贪富欺贫；二是送三十个铜钿给那户穷人家，当面道谢。”当家和尚答应照办，铜钟才滚回到宝昌寺。当年铜钟带着哭声滚过的路，就叫作钟哭路。

悠悠古道，是旧时交通的主要载体，它见证了人们跋涉困境、向往美好的决心。不论高山险峻，抑或是仙崖隐匿，沿着环山盘绕的古道步步向上，人们得以一览高处的风景。也正因此，才有了古道，有了圣井山的胜景。

吉梦有征。梦室门上石匾，道光二十一年（1841）菊月立（吴小淮/摄）

神秘莫测巨石群

说起巨石，你会想到什么？英国巨石阵，还是埃及金字塔？

瑞安也发现了这样一类巨石建筑，它由重达好几吨的盖顶巨石，和多块立石组成，类似一座石头棚，以独特的角度立于山坡之上。

这些神秘的巨石究竟作何用途，由谁发起，又是如何完成的呢？带着这些疑问，让我们一起揭开瑞安巨型“石棚”的秘密。

来自商周时期的独特墓葬

在瑞安篁屿石桥村、江桥村交界的棋盘山上，有这样两堆突兀的巨石：

东边山冈上，几块不规律的石条，顶着一块长约3.9米、宽约2.7米、厚0.45—0.75米的长方形巨大花岗石，石下空间约深1米、宽2米、高1.2米；西山冈上，石条支撑起长约4.5米、宽约3米、厚0.6—0.7米的三角形巨大花岗石，其下空间约深1.2米、宽2.5米、高1.2米……两处石堆建在土方台基上，坐北朝南，后壁都用块石拌泥堆砌。

巨石朝上的一面比较平整，类似桌面、棋盘，瑞安当地有人称之为仙人棋盘岩。然而，这样的组合并非天然，巨大的花岗岩名为盖石，底下支撑它的为支石，其实为商周时期（或说新石器时代晚期至铁器时代早期）的一种墓葬形式。所以，这些遗存至今的“石棚”，其完整名字应该叫作石棚墓，或抬石墓、支石墓。

棋盘山东山头石棚墓

棋盘山西山头石棚墓

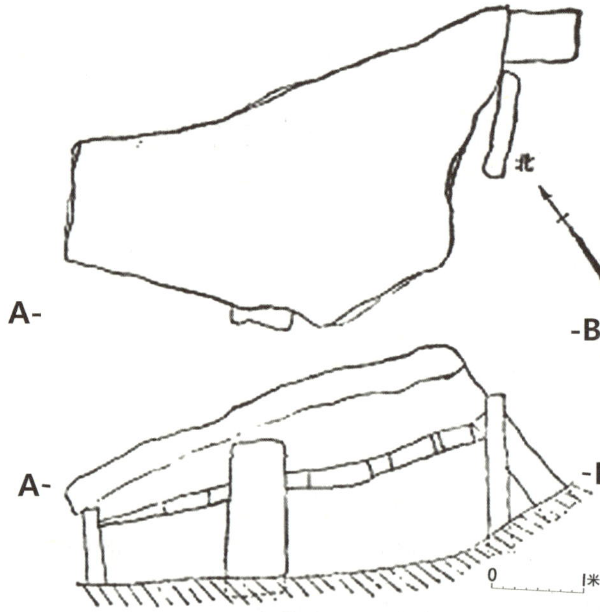

棋盘山西边石棚墓的平面及侧视图

浙南石棚墓集中瑞安等地

石棚墓在瑞安并非孤例。自1956年浙江省文物管理委员会在瑞安市莘塍岱石山东山脊发现2座石棚墓开始，瑞安陆续又在岱石山、棋盘山、杨梅山、草儿山等地发现数十座石棚墓。不仅是瑞安，平阳和苍南等地也发现了石棚墓的踪迹。因年代久远等问题，部分石棚墓已经毁殁。

石棚墓起源于早期人类的“大石崇拜”，欧洲的西部、北部，亚洲的南部、东南部和东北部，非洲北部等处均有分布。因形态差异，各地对石棚墓的称呼也不一样，欧洲称其为桌石，韩国、朝鲜和日本称之支石墓。

我国石棚墓主要分布在东北的辽宁、吉林两省和浙江省南部沿海地区。作为中国南方唯一的石棚墓分布区，浙南石棚墓群目前确定有13处，包括温州瑞安棋盘山、平阳龙头山和苍南桐桥等。2001年，浙南石棚墓群被列入第五批全国重点文物保护单位。

瑞安岱石山石棚墓旧照（引自《浙江新石器时代图录》）

豆，大多由陶、木、青铜等制成，此为西周原始青瓷豆。

“舶来品”和“土著文化”之争

豆，在现代人的概念里，往往让人联想到红豆、绿豆等豆类植物，或是豆浆、豆腐等豆制品。但在瑞安石棚墓，豆，却长这样（见上图）。这是瑞安岱石山出土的原始青瓷豆。原来在古代，豆是一种盛东西的器皿。根据石棚墓采集到的印纹硬陶罐、原始黑瓷、原始青瓷、纺轮及各种青铜礼器等陪葬品可见，瑞安石棚墓的主人，应该为商周时代（公元前17世纪至公元前256年）的奴隶主。

那么问题来了，这种奇怪墓葬的起源在哪里？

就此，温州学界抱持两种截然不同的观点：一说认为它从辽东半岛经漫长海路传播过来，为“舶来品”；另一方面，有学者认为瑞安石棚属棋盘式石棚，辽东的为桌式石棚，两者形制并不一样，所以前者应该是瓯越先民独立发展起来的土著文化。此外，也有人提出石棚墓的主人可能是善于游走、尚武的外来民族。

确切来源虽未定论，但值得一提的是，《山海经》最早记载了温州地理位置：瓯居海中。说明当时温州对外交通必取道于海上，给人以居住海中的印象。而据专家考证，浙南出土的彩陶、石锛与我国福建、台湾地区，乃至海外日本等地的属同一类型，这些现象反映浙南一带在商周时期乃至更早，已通过海上交通与中国东南沿海及日本等地有过频繁交往，浙南石棚墓有可能对日本产生过直接影响。

巨大盖石究竟从何处来？

瑞安石棚墓在样式上有其独特之处，即用独块巨石盖顶、多块立石作为墓壁支撑住盖石。这些盖石为巨大厚重的天然石块，小的有3—4吨，大者10—15吨，比起均重2.5吨的埃及金字塔巨石也是不遑多让。

扑朔迷离的是，有考古专家在附近山上均找不到如此大小、质地的岩石。如果这些大石块是从他处运输而来，那么在当时的社会条件下，这绝对是一个需要极大组织力和调度力的大型工程。

放眼全球，石棚墓属于巨石建筑系统，为建筑史上现存最古老的建筑之一，与埃及金字塔、英国巨石阵、法国卡尔纳克巨石遗址、玛雅金字塔等同为世界巨石文化遗产的重要组成部分。

以瑞安石棚墓为代表的浙南石棚墓群，它的发现对于研究石构建筑的形制和营造技术具有重要意义，它所呈现的农业、手工业的发展状态，昭示了瑞安历史的来处，瞻见了今日的熙来攘往。

桥如其名一身谜

瑞安水网密布、纵横交错，是桥梁拉近了两岸的距离。在城市蓬勃发展的今天，现代化大桥跨江越洋一驰千里，而在过去，正是一座座石桥串联了民生国计。据温州市第三次全国文物普查统计，瑞安现存古桥梁41座。

这些古桥中，有一座桥名为八卦桥，它并不是最古老的，也不是规模最大的，兴许还不是最漂亮的，但它却因独特的造型成为桥中翘楚，被列为第七批全国重点文物保护单位。

造型奇异，副墩、卯眼用途成谜

八卦桥位于陶山镇陶峰村，南北走向，连接了陶峰老街与老瑞枫路。两岸草木葱茏，远处山峦起伏，八卦桥低调地卧于陶溪之上，是山野人家日常行旅的必经之路。

远远看去，八卦桥并不显眼，为五孔梁式石桥，跨度25.4米，桥面宽2.35米，中孔跨度最大，为6.42米，南北两侧的孔呈对称状，跨度从大到小为5.20和3.13米，各孔上铺有5条桥板，整个桥面中间高、两边低，共25条桥板。桥板上刻有花纹、线条，甚至还有棋盘，是防滑、美观，还是供人在桥上下棋？为何两边沿的桥板上，大多凿有两个长方形石孔？

其实，八卦桥奇特之处正在于造型——4座桥墩各并排竖立5根方形石柱，上头架搭一条帽梁石，呈“爪”字形竖立于河中。而中孔两主墩的两侧各设有略低的副墩，每个副墩同样有一排5根垂直石柱，上头也搭了帽梁石。

副墩做什么用呢？曾有学者认为，此造型旨在实现分流，也就是说副墩实为缓冲设施，避免洪水直接冲击桥墩，增加桥的稳定性。但也有学者参考其他桥梁造型，认为副墩的分流作用并不明显，与稳定性也没有直接关系。为什么设副墩？为什么非迎水面也有副墩？为什么要设一排5根石柱？关于这些疑问，现在还未有定论。

另一个有意思的地方是4个副墩的帽梁石上，都凿有两个长方形卯眼（俗话“榫头卯眼”之“卯眼”）。这似乎说明了副墩上原来有过廊桥、亭榭、庙宇之类的建筑，且规模不小，可供行人休憩、躲避风雨或烧香祭拜。兴许当年，八卦桥是当地最为热闹、繁华的中心地段。

离八卦桥两三百米处河的西桥，以东西走向之势，跨于河西河上，也为五孔梁式石桥。因与八卦桥位置相近，用材结构风格和八卦桥相似，与八卦桥一同跻身第七批“全国重点文物保护单位”。

河西桥上刻有礓磋纹、斜格纹、钱纹、棋盘等，西侧桥面板上题刻“辛亥口口当张会弟俞僧□成法应□书于□”等字。

宋代石桥，相传由进士出资建造

除了造型奇异外，八卦桥的身世也扑朔迷离。当地流传最广的说法是，八卦桥由南宋淳熙十一年（1184）进士张声道（1150—1220）捐资建造。

张声道世居瑞安陶山花园底村，为当地名人，34岁时中二甲第一名进士，历官朝请郎、知永州事、莆田知府（知兴化军）、湖南提刑，最后以刑部侍郎致仕。相传张声道还是一位郡王的女婿，曾奉诏在家乡建御风楼，供郡王公主回瑞探亲时居住。也许就是借此机会，张声道拿出积攒的两千两银子，为乡邻建了八卦桥（也有传说包括河西桥）。

虽然这则传闻还未得到确切证实，桥身上也没有记录确切的建造年代，但从石桥本身用材粗大、桥板石造型等建筑细节来看，八卦桥具有典型的宋代石桥风格，推测建于南宋淳熙年间（1174—1189），为研究古代交通水利建设、社会经济状况、建筑艺术等提供了良好标本。

八卦之名，是否和陶弘景有关联

古代桥名有一些相似特征：接地气的如第一桥、芝麻桥、杨家桥，寓意吉祥的有状元桥、将军桥、飞霞桥、龙首桥等。八卦桥乍听之下，联想到八卦、小道消息，难免让人有些云里雾里。

传说张声道捐资造八卦桥时，曾请当地名师踏过八卦，为的是此桥造好后不仅方便民众往来，还能护佑一方平安。当地村民说，此桥自建好至今已有800多年历史，不仅仍能安全通行，且没有人在桥上或附近河边发生意外。

上述说法似乎有些玄乎，还有一个推论是，道教茅山宗的祖师陶弘景（456—536）在陶山

八卦桥两边没有栏杆，离河面虽不是很高，但走在上面多少有些惊险。

河西桥远景

桥板上刻有花纹、棋盘等纹饰

河西桥桥面上刻有礓礤纹、斜格纹、钱纹、棋盘等。

副墩、卯眼等真实作用究竟为何，成为八卦桥的未解之谜。

西面桥板侧题刻“辛亥□□当张会弟俞僧□成法应□书于□”等字（局部）。

修行过。而道家正好有乾坤八卦一说，桥名说不定就来自于此。

据明万历《温州府志》记载，陶弘景曾在瑞安（当时称安固）的屿山（为纪念他，后人将屿山改称陶山）隐居。平日除了读书著述、修道炼丹外，他还经常采药配方，为周边百姓治病疗伤，给这片曾经蛮荒的土地上居住的百姓带来了先进的医学、农耕与道教文化。

正是有了陶公开风气之先，及至南宋，陶山诞生了狄家、谢家、王家、张家等名门望族。作为张家第十五世，张声道不仅承袭岐黄之志，著有《产科大通论方》《经验方》等医学专著，还修筑了八卦桥以安民济物，这其中，多少带了些因缘际会的意思。

千佛塔上“寻常事”

观音寺石塔修缮前原貌

修缮后的观音寺石塔

温州人重乡情，地方经济活跃，不少大型建筑项目都由民间筹资建造。其实，这种“众筹”之风早在宋代就已经出现。

列入第七批全国重点文物保护单位的观音寺石塔，便是一个宋代民间众筹项目。塔身不仅雕刻有472尊（现存）造型精美的石佛坐像，还保留了68条造像题记，这些题记就像是一连串的故事宝藏，记录着宋代瑞安生动的民风。

原名千佛塔，现存佛像472尊

观音寺石塔，原名千佛塔，位于瑞安市万松山南麓，安阳街道周湖村的观音寺内。

据民国《瑞安县志稿》记载，观音寺原称观音院，始建于五代周显德年间（954—960），北宋治平四年（1067）御赐匾额，传原有前后大殿五进，规模恢宏。明永乐十五年（1417），寺院毁于台风，现存建筑为晚清重建格局。

观音寺石塔位于寺院西侧，始建于北宋熙宁元年（1068），历时四年，直到熙宁四年（1071）建成。距今已有900多年历史，见证了寺院兴衰变迁。

石塔通体实心，由叶蜡石砌造，仿木构楼阁式建筑，平面呈六边形。塔原高七层，后顶层坍落，现存六层，高7.8米。基层做成须弥座，束腰雕出立门，底部做出圭脚，是宋代标准形式，但塔身各层宽度相等，又一反宋塔逐层收缩的常态风格。

除已毁的顶层，塔身现存大小佛像472尊，均为法相庄严的结跏趺坐，这也是观音寺石塔原名千佛塔的原因。这些石佛雕像历经近千年的风雨洗礼，面容、姿态仍然栩栩如生，衣服样式及上面的皱褶也十分逼真，展现了宋代雕琢手艺的精湛。1963年被列为浙江省第二批文物保护单位，2013年被列为第七批全国重点文物保护单位。

宋代木构建筑的“活化石”

观音寺石塔的特别之处不仅在于保存完整、精美生动的宋代石雕佛像，还在于其每层部分倚柱、槏柱及坐佛须弥座上，刻有宋代造像题记。现存题记共68条，约2500余字，数量之多，十分罕见。

字数最多的是第一层第一面坐佛须弥座上的内容：“温州瑞安县清泉乡周湖东保，女弟子陈氏十八娘并男琮、珣、玑，新妇朱五娘、何二娘、韩六娘阖家直属等同发净心，建造千佛塔第一层，永立福利者。熙宁元年六月二十一日书耳。”熙宁元年（1068）对应了建塔的开始年岁。

观音寺石塔有确切的建造纪年，从文物专业角度称之为“纪年塔”。这座“纪年塔”就像是宋代木构建筑的“活化石”，对于研究宋代建筑与佛教雕刻艺术具有重要的参考价值。一些没有确切建造年代的文物，可对应这座石塔的风格、造型和构造等，进行年代判断。

为祈福，百姓“接力”造塔

石塔第二层有题记：“温州瑞安县清泉乡代石南保，弟子贾思在并男陈四副公，新妇邵氏二娘，又施净财造佛六面共七十二身，奉为妻张一娘往生净土者，熙宁元年戊申十一月志耳。”

第四层有题记：“温州瑞安县清泉乡东山西保居住，弟子周贱，并妻郑廿八娘，施财三十贯文，造塔第四层及中尊六身，奉答生身父母……熙宁二年四月八日。”

从石塔所留下来的题记可知，出钱建塔者正是当时百姓。上面详细记述了捐者姓名、居住地址及捐资数量，反映出捐施者大都是当地清泉乡人，其中不少是阖家眷属一起出钱，造塔一

各面主龛中雕大佛一尊，左右各刻出六个小壁龛，内雕小佛一尊。

塔身铭文

石塔底部须弥座

层、造佛一身或数身不等。

所以说，整座石塔是在百姓人人接力、众筹的情况下，一层一层建造起来的。

捐造者中，以妇女居多，有意思的是她们的名字，如张一娘、何二娘、韩六娘、郑廿八娘等，看来当时民间女性基本以家中排行指代闺名。

题记常常用到“书耳”“志耳”等词语。要知道“书耳”是古籍版本学上的名词，不仅方便阅读翻检，也体现了捐资百姓对石塔佛像的尊重，寄托了他们造塔的最为质朴的祈福目的，比如报答父母、为过世的妻子祈愿等。

众筹建塔到底花了多少钱

既然是众筹造塔，那么到底筹到了多少钱？

石塔第六层题记正好记录了捐造数额：“韩一娘、丁几各施钱三贯，韩十九娘、韩三十二娘、丁七娘、丁八娘、韩定生、韩若新各施钱贯伍佰，韩仲方、韩真各施一贯，丁衍自施钱十三贯并化缘造此层，辛亥。”

此处辛亥为熙宁四年（1071），正是石塔完工那年。曾有人简单将所有金额相加，算出517

贯。但有两个理解问题，一个是“各”，应为各自的意思，那金额就要按人头再加。还有一个问题就是，这上面记录的金额是整个石塔的造价吗？可此前第四层题记“弟子周贱并妻郑廿八娘施财三十贯文”就没有包含在内。由此可见，要算石塔究竟花了多少钱，其实是很困难的。

虽说总价难算，但我们还是能从中推算当时瑞安百姓的生活水平。按有关资料表明，宋代一贯是一千铜钱，相当于一两银子（根据购买力相当于现在的800—1300元），一两银子在当时能买4—8石大米，也就是264—528千克大米。那么上述捐造者，平均捐出了好几百斤大米，约全家一年的粮食，多者甚至捐出了好几千斤大米的金额。要知道民以食为天，只有自己吃饱了饭，才有余钱去造这样一个“县级重点工程”。中国是建塔大国，除住宅外，在中国建筑中数量最大、形式最多的可能就是塔了。

人们为什么喜欢造塔呢？观音寺石塔给出了它的答案——镌刻在塔上的，不只是当时的生活百态，还有人们对生活的真挚期许、对亲人的满腔眷恋。

罗山南麓是吾乡

四海阜安在承传

春夏秋冬，是自然的生长轮回。沧海桑田，是文明的生命更迭。

在瞬息万变的时代面前，瑞安，这座东瓯古邑的生命力在哪里？在于传承的意志。

瑞人重传承，其传承之路，是家学传承，学风传承，永嘉之学到浙学的学派传承，是生生不息的对于所学、所感和所爱的精神接力和创新。这，是为了前行而百折不挠的姿态，更是为了振兴乡邦而手足胼胝的坚持。

雏凤清于老凤声，四时有冬，春日跫音已近，人有起落，唯有文化薪尽火传。

- 一脉传家
- 学泽乡里
- 行思行远

行思行远

姜立纲：日本国门悬至宝

姜立纲（1444—1499）

明朝洪武元年（1368）至弘治年（1488—1505）间，正值日本的室町时代（1336—1573）。刚刚结束了南北朝对峙状态的日本，进入了一个由足利氏统一执政的相对稳定期。由此，日本新修京都国门，高达十三丈，并特意向明朝派遣使者，恳请当时颇负盛名的姜立纲为新国门题写匾额。皇帝欣然应允，于是"姜字"向东漂洋过海，高悬于日本京都的国门之上，成为当时中日文化交流的一段佳话。日本人民非常喜爱这件书法作品，称"此中国惠我之至宝也"。

姜立纲（1444—1499），正是瑞安梅头东溪（今龙湾海城）走出的明代书法家，声名远播海内外。

天资聪颖，书法神童七岁入翰林

姜氏是中华最古老的姓氏之一。据东溪姜氏大宗谱序记载，本宗姜氏始祖宣一公原系四川成都人，于宋朝盛世时官至苏州知府，后宦游到福建，居赤岸。二世道一公迁温州平阳万全乡仙口，五世礼一公迁瑞安浦西（今马屿姜家江），七世智三公迁瑞安南社乡附近（今阁巷），十一世仁三公迁梅头东溪。明正统九年（1444），姜立纲在瑞安梅头东溪青山秀水的怀抱中出生，字廷宪，号正菴，又号东溪。

姜立纲的祖父汉东"喜读经史、善草书"；其祖母周氏，乃明代温州唯一文状元周旋之姑，任翰林院侍郎的周旋在姜立纲入翰林后曾给予不少关照；叔父璧琨，善书法，也在朝中为官。在这样的家庭环境熏陶下，姜立纲小时候就已经显露了惊人的书法天赋，幼童时就能写"径尺大字"，被誉为"神童"。其父姜秀山带着他四处拜师求学，传说曾偶遇世外高人，也曾拜仙岩寺方丈觉禅和尚学习书法。这些故事虽无法考证，但从侧面体现出姜家非常重视对幼年时期姜立纲的培养和训练，为其将来的成就打下坚实的基础。

由于姜立纲天资聪颖又勤奋好学，七岁便因“善书”被朝廷破格录为翰林院秀才。听上去难以置信，但确是有史籍可证。明朝黄佐《翰林记·选充秀才》云：“秀才之选始自太祖时，然未始隶翰林也。英宗时，始选奇童及善书法，充本院秀才，天顺中有姜立纲”；《两浙名贤录》载：“姜立纲，字廷宪，居梅头里，七岁以能书，命为翰林院秀才。”

名噪一时，重要谕旨必出其手笔

姜立纲“初学黄蒙（字养正，瑞安人），继法钟、王，后自成一家”，七岁入选翰林院仅仅是他书法生涯的起步。他一边临习古人碑帖，一面积极吸收同时代著名书家的艺术养分，尤其是当时亦为中书舍人的瑞安老乡任道逊，其气貌魁岸、议论卓厉、气节清高，不仅从艺术上，同时也在为人上影响着年轻的姜立纲。

明英宗天顺七年（1463），姜立纲时年二十岁，被授“中书舍人”，供职内阁制敕房办事，为皇帝誊录诏旨。凡用于朝廷、藏于秘府的金版玉册、重要谕旨，朝廷必让姜立纲书写。所以，姜立纲的“台阁体”（又称“诰敕体”）其实就是朝廷的“印刷体”，是显示朝廷门面的官方字体。他的字，代表着王朝的气度、尊严，所以结字平正端严，章法舒朗清逸，集古人碑帖之大成。其二十五岁时的作品《御制重修孔子庙碑》及次年写的《敕赐观音禅寺记碑》为代表作，有柳、赵、“二沈”之体态，也可见欧阳询的笔意，为“台阁体”的典型之作。

弘治四年（1491），姜立纲官至太仆寺卿，这时候已经四十多岁了，离开中书舍人的职位，书法作品上的禁锢得以解除，所书以《明赠征仕郎中书舍人柳公合葬墓志铭》和《过秦论》为代表，有“二王”风格。

后人研究他的书法历程，将其分为四十五岁前后两个阶段。四十五岁前，主要是遍临名帖，集古人之大成，“用笔方圆兼备，结字平正端严，章法舒朗清逸”，为“台阁体”书法典型。四十五岁之后，作品创法出新，虽然结构仍宽博端正，但笔法变得圆润，不似从前瘦劲，有晋唐古风。

一字千金，其书法作品广受尊崇

姜立纲一生沉浸于书法，加上他自身天资，艺术成就非同一般。为日本国门题匾，当时并无字体缩放技术，若在高大的国门题字，必须写下与匾额相应大小的字体，其功力可见一斑。

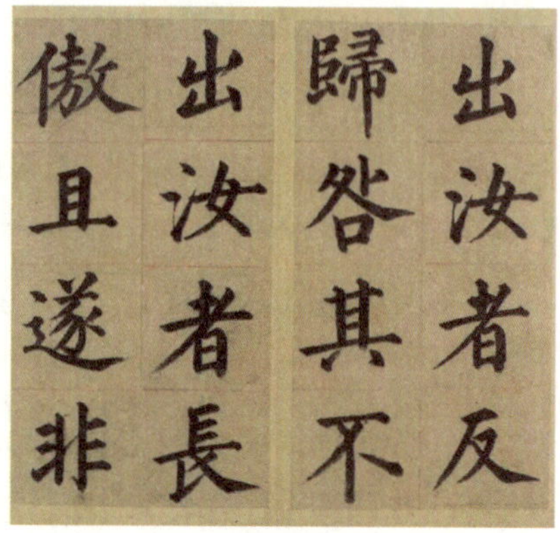

姜立纲楷书作品

明朝天顺、成化、弘治三代，朝廷内庭制诰、宫殿碑额，大都出于姜立纲的手笔，社会上“人得片纸，争以为法”，其书法作品价格比肩祝枝山、王宠等书法名家。

由于时人视其书法为珍宝，所以出现了不少赝品。据明人话本《醉醒石》记载，成化年间，有人模仿姜立纲书体，并冒用他的名字，骗了不少钱。

另据明代著名笔记体杂录《万历野获编》记载，嘉靖年间，有人长期研习姜太仆立纲体，到京师谋生时，正值世庙改造，因会书写一手出色的“姜字”而被供事斋官看上，竟大受恩宠当了官，后来官至工部左侍郎。由此可见，当时姜立纲是多么受到尊崇。

从“台阁体”到“姜字”，姜立纲对书法艺术作了不少总结与思考，留下《东溪书法》《中书楷诀》《本书楷诀》《七十二例法》《楷法大成》《字学绳尺》等著作。

除了精于书法，姜立纲还是一位诗人和画家。明徐沁《明画录》载：“其画山水，深得黄子久法。世人但知其书法为院体，不知其精于画也。”明万历《温州府志》载：“历官太仆少卿书法行于天下，称曰姜字，工声诗，画法亦入妙品。”

为官清廉，皇帝谕祭盛赞其品行

在书法学习过程中，他重视人品与书品的统一，“心正则笔正，笔正乃可法”“未有心不正而能工书者”，将内心的修养与作品自觉结合起来，时时刻刻鞭策自己。他天资聪颖，却又肯下笨功夫，这是他最终成名的“秘诀”。

姜立纲一生为人正直，洁身自好。官历天顺、成化、弘治三朝，为官数十载，一向谦恭谨慎，生活简朴，“位陟清华，布素若寒士；至于周急解纷，视弃金帛若尘土”。在朝为官，他从不卷入宫廷人事纷争，终生沉浸在书法之中，明孝宗朱祐樘皇帝在给姜立纲的《谕祭》中这样评价：“操心非懈，奉职惟勤。”

弘治十二年（1499），因父亲过世，姜立纲回家居丧，却因悲伤过度而逝，孝子之心，天地可鉴。明孝宗特遣浙江布政司使、温州知府邓淮为使谕祭。祭文称，姜立纲天资秀颖，才识通敏。为官近四十年，由郎署升至卿阶，一贯勤勤恳恳，廉洁奉公。正值重用之时，竟因守孝求归，悲伤过度而亡。讣音达闻，不胜悼惜。为念往日业绩，以示褒恤，特命有司遣官谕祭。

孝宗皇帝的祭文被刻成石碑，至今尚在东溪姜氏宗祠内。（唐震/摄）

所传甚少，瑞博珍藏其草书中匹

姜立纲一生创作颇丰，可流传后世的极少。如今瑞安博物馆珍藏着一幅《李太白梦游天姥吟留别》草书中匹和三方楷书墓志碑。《李太白梦游天姥吟留别》纵145厘米，横63厘米，全文304字，除10余字稍有残损，其余均笔画清晰明了。署款为行书，字稍小，书有“右李太白梦游天姥吟留别，姜立纲书于玉堂西署”，共20字。落款署“玉堂西署”，“玉堂”本是宫殿的美称，而宋代以后，翰林院亦称“玉堂”，可见这件草书作品应是他盛年时在翰林院书写的。

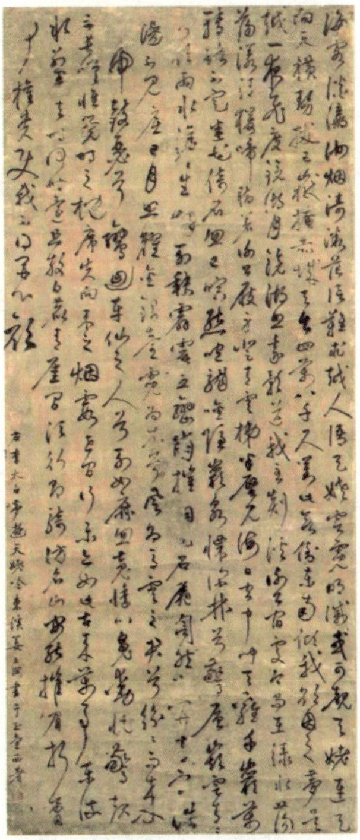

瑞安博物馆珍藏的《李太白梦游天姥吟留别》

此外，南京博物馆藏姜立纲行书《咏易诗》、故宫博物院藏其楷书七言律诗二件。另有专家考证，北京前门“六必居”的匾额也是姜立纲所题。

2018年，新华社报道称，新加坡国立大学中文图书馆珍藏一部50万余字的《史记》手抄本，为姜立纲以工整小楷写成。书法艺术作品字数之多，堪称“历史之最”。

另有学者考证，山东曲阜孔庙同文门周围，有四座明代的御碑，其中体积最大的成化碑，系姜立纲所书。

2006年，海城街道东溪村村民自发筹资修建了姜立纲纪念馆，现馆内藏有姜立纲塑像、姜立纲诗文碑亭等。

2020年初，东溪公园姜立纲塑像落成，该塑像取姜立纲正立提笔直视姿态，雄伟高大。雕像基座镶嵌一块匾额，写着“一代书宗”四字。

唐震

郭凤鸣：国货“出海”引路人

郭凤鸣（1871—1938）

近年来，中国展会经济发展迅速。据商务部初步统计，2019年中国在专业展览展馆举办的展会约6000场，展览总面积超1.3亿平方米，展会举办规模和可供展览面积均居世界首位。

展会中最负盛名者，莫过于历史悠久的世界博览会。说起世博会，不得不提有着“世博会温州第一人”之称的瑞安籍名士郭凤鸣。清光绪年间，他被派赴意大利参加米兰万国博览会，被誉为“中国近代展览的先驱”和“中外实业交流的开拓者”。

他与孙诒让：工作踏实，深受前辈器重

郭凤鸣（1871—1938），字漱霞（一作嗽霞），出身于瑞安县城书香之家。父亲郭庆章（梅笛）是“心兰书社”创办人之一。

郭凤鸣精明强干、富有远见，深得孙诒让的器重和赏识。光绪二十八年（1902），在孙诒让的推荐下，年仅31岁的郭凤鸣出任瑞安普通学堂学监。一开始郭凤鸣害怕自己年纪轻、资历浅，担当不了学监一职。但孙诒让亲自找他谈话，并当面委以重任，才打消了郭凤鸣的顾虑。他当即表示，一定会遵照孙诒让制定的“甄综术艺，培养人才，导厥途彻，以应时需”的办学宗旨，竭尽全力管理好学堂。

光绪三十年（1904），为筹措教育基金，振兴地方实业，孙诒让又邀请郭凤鸣出任温宁大新轮船股份公司及大富铅矿公司的总经理。不久，还委派他赴湘鄂等地调查矿务，并设法征聘当地技术人员来温办矿。临别送行时，孙诒让赠诗四首，其中有“两行饱看楚山青，万里江流接洞庭。此去布帆定安稳，篷窗细读矿人经”等句，鼓励郭凤鸣。果然，郭凤鸣不辱使命，圆满完成考察任务。从此，孙诒让对他更为倚重，凡与兴办地方实业有关事宜，经常找他一起商议定

夺。

光绪三十一年（1905）夏，孙诒让又向晚清状元、著名实业家张謇推荐郭凤鸣，协理七省渔业公司。

他与世博会：联名上书，改变赛会格局

郭凤鸣赴任后，工作踏实、办事干练，张謇十分赏识他的才智，视为左膀右臂，不久就指派他到欧洲意大利考察，对即将在米兰举行的万国博览会进行实地考察，并由他全权负责公司参展物品的征集工作。

万国博览会即世博会，是世界各国传播本国物产、技术与文化的商贸盛会。1851年，在英国伦敦海德公园举办首届世博会，1853年、1855年又相继在美国纽约和法国巴黎举办世博会。中国产品从一开始就在世博会上露脸，并获好评。随着世博会规模与影响的进一步扩大，中国政府也开始正式组团，并携带新产品参展。

光绪三十二年（1906），郭凤鸣组织代表团参加意大利米兰万国博览会。会上，中国商品陈列面积520平方米，其中渔业400平方米，工艺120平方米。最后获奖牌、奖杯100余枚（张）。

郭凤鸣等5人代表浙江渔业公司，携带鱼品百余种参会。温州商人林毓蓂、林子屏、林严齐、周凤、毛鸿兴等多人亦携带瓷器、玉器、绸缎、绣品等参展。由于会场突发大火，温州展品大多烧毁。但是会展期间，郭凤鸣等温籍商人的一次举动，却为中国出洋参加国际博览会的制度改

米兰万国博览会上的获奖证书

革开辟了道路。

原先，我国参展工作都由海关的洋员把持，他们充任监督随员，歧视华人，时常损害华商的利益。这次会展期间，郭凤鸣等温籍商人联名上书朝廷，揭露洋人丑恶行径，要求由华人担任该职。会后，朝廷订立《出洋赛会通行简章》，决定今后参加国际博览会由政府和民间合作筹办，摆脱以往海关洋员把持赛会的旧格局。这是我国博览会历史上一次重大进步，郭凤鸣等人可谓功不可没。

他与国际市场：借博览会，全球推介国货

从欧洲回国后，郭凤鸣编写了《意大利万国博览会纪略·调查欧西实业纪要》，为我国近代研究国外博览会及实体经济名著之一。这本书分为两大部分，第一部分介绍意大利万国博览会情况，分别介绍道路、铁路、邮政电报电话、水陆转运、海军、工艺制造、渔业、农务、卫生、食品、度量、美术等15个展馆；第二部分调查欧西实业的情况，以及提出自己的看法与建议，如各国通邮、邮票发行及温州的青田石雕行销欧美等意见。

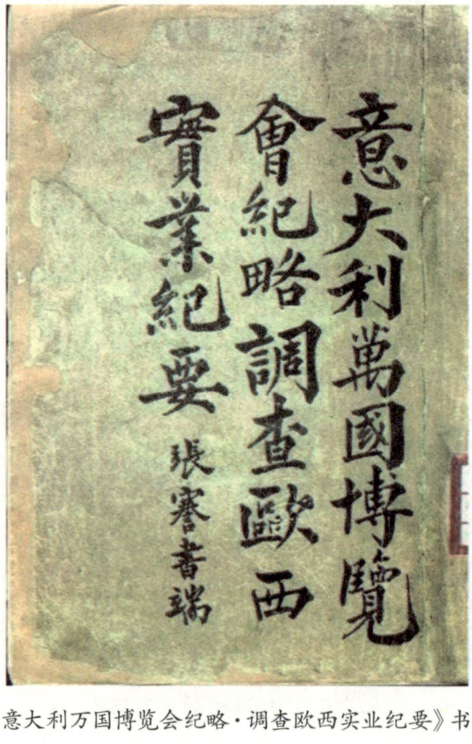

《意大利万国博览会纪略·调查欧西实业纪要》书影

张謇为该书题写书名并称："浏阅再四，益愀然于吾国实业之前途……纲引而目系之，俟有能采而行之者，可谓能耻我所短，且知我之所无者矣。"

孙诒让在序中云："吾国古书茫昧，石史沉霾，学者固莫能举其要略，……漱霞之行……创获殊夥，亦附纪其略，缀以平议，所论中西异同，良多深切著明，洞中时弊。"

此后，郭凤鸣对世博会一往情深，结下不解之缘，频频参与各项对外经贸活动，甘当中国产品参展世博会的引路人。他曾四次被政府派赴欧美，两度去日本考察实业，并结合我国实际情况，就开展对外经贸活动，提出许多富有创造性的建议，努力将中国产品通过世博会推向全球各国。

清宣统二年（1910）六月至年底，清廷在江宁（南京）举办了一次规模盛大的南洋劝业会，这是近代中国第一次官商合办的博览会。郭凤鸣是南洋劝业会的积极参与者，专门撰写《温州府属调查报告》，将温州产品推介到劝业会。

此外，郭凤鸣的江浙渔业公司也有多个产品在南洋劝业会上获奖。比如各种渔具图，中国渔界全图，获得水产类超等奖；福海渔轮、养鱼田模型，糟醉鱼虾、砺壳灰及青云菜获水产类优等奖。

1915年，在中国筹备组团参加巴拿马太平洋博览会期间，郭凤鸣四处奔波，积极征集物品参展，还相继撰写《制革之利益》《甘草乃制雪茄烟之好药料》《螺壳制造纽扣说略》等文章，广为宣传。瑞安人李墨西留学日本攻读食品制造专业，归国后在家乡创办太久保罐头厂，在郭凤鸣的积极倡导下，他将产品推介到南洋劝业会和巴拿马太平洋博览会，而且还获得金牌奖，使得瑞安产品扬名全世界。

《东方杂志》1915年第5期关于巴拿马万国博览会的图片报道

许氏兄弟：太和酒坊“酿”五杰

许璇（1876—1934）

清朝末年民国初年，温州人赴日考察、留学，蔚然成风，其中瑞安“留日军团”之庞大，人才之优秀，可称空前绝后。

瑞安玉海中心小学附近有一条街古称渔篁街，此街有一户许姓人家，许家有一间酒坊，名为“许太和”。当时，许家六个兄弟中，竟有五兄弟先后留学日本。他们学成归国后，在各自领域皆有突出贡献，里人称其为“太和五杰”，即农学家许璇、辛亥革命先驱许燊、教育家许铸、法律专家许壬和冶金专家许徵。

许璇：现代农业科学奠基人之一

“许太和”是清代瑞安城内临西河渔篁街的一家酒坊商号，也是如今玉海中心小学校舍所在之处。太和酒坊由儒商许培基在咸丰年间创办。

许培基的儿子许黼宸育子六人，他十分重视对子女的教育。除长子早逝外，璇、燊、铸、壬、徵等五子都到日本留学。

许璇（1876—1934），字叔玑，排行老二。他少时就读于县学，后中秀才，光绪二十年（1894）补廪生。光绪二十八年（1902）考入上海南洋公学，毕业后应聘湖北编书局。30岁被公派日本留学，毕业于日本帝国大学农科，是我国近代著名的农学家和现代农业科学奠基人之一。

留学期间，他先在京都第三高等学校预备班就读，毕业后考入帝国大学农科。宣统三年（1911）前后，瑞安务农会委托他把“无核蜜柑”苗带回瑞安。

民国二年（1913），许璇毕业回国时，从日本东京把“温州蜜柑”的树苗和栽培技术带回瑞安“娘家”，用以改良，使这一独特品种成为名副其实的温州特产。如今，无核蜜柑已由温州传遍全国各地，成为中日文化交流史上的一段佳话。

许璇留学回国后历任国立北京农业专门学校代理校长、国立北京农业大学校长、国立北平大学农学院院长。民国十三年（1924）一月任浙江省省立甲种农校校长，此后历任浙江公立农业专门学校校长、国立第三中山大学农学院教授兼农业社会系主任、国立浙江大学劳农学院农业社会系主任、国立浙江大学农学院院长。曾任浙江省农务局局长、浙江省农民银行筹备处主任，民国十三年至二十三年（1924—1934）连任中华农学会会长（理事长），为农业教育事业作出卓越贡献。著有《粮食问题》《农业经济学》等，是我国农业经济学科的开创者。

民国二十三年（1934），许璇卒于北京，北平大学为他举行公葬，中华农学会设置“许叔玑奖学金”，老友、北京大学教授马叙伦为他撰写墓志。

许燊：华东政法大学创始人之一

许培基三子许燊（1879—1943），字达夫，光绪二十八年（1902）毕业于瑞安普通学堂（瑞中前身），1903年赴日本，入日本弘文书院，后又入东京明治大学攻读法政。留日期间与黄兴结为挚友。

1905年8月，黄兴与孙中山在日本成立同盟会。许燊积极响应，成为我国首批同盟会会员。与此同时，他还与沈钧儒（救国会“七君子”之一）、于右任（政治家、教育家、书法家）、张静江（与蔡元培、吴稚晖、李石曾并称“国民党四元老”）、褚辅成（浙江辛亥元勋）等人结为同盟。

从日本回国后，奉同盟会之命，许燊和沈钧儒等人曾在江浙地区的青年学生中宣传民主革命思想。1912年中华民国临时中央政府在南京成立，许燊被选为中华民国首届国会参议院议员，参与了民国初期有关法律、法规和政令的制订和审议工作，为我国近代法律体系的初步形成和发展奠定了基础。

20世纪20年代，许燊和沈钧儒较长时间一同寓居上海，彼时许燊不再担任参议员之职，以元老身份闲居上海，但仍然参与司法界活动，并热心于社会工作，威望很高。民国十七年（1928），许燊、沈钧儒两人又联合章太炎、董康、褚辅成等人发起创办上海法政学院（华东政法大学前身）。学校组织董事会，许燊为董事，褚辅成为校长，沈钧儒为教务长，同乡王孝通（瑞安城区水心街人）被聘为法学教授。

值得一提的是，在著名的“七君子事件”（沈钧儒、邹韬奋、李公朴、章乃器、王造时、沙千里、史良，因主张抗日而被蒋介石关押）中，许燊还曾只身赴苏州监狱看望沈钧儒等人，并联络宋庆龄及于右任等人，要求南京政府顺应民意，无罪释放七君子。

许铸：会文里办瑞安第一所幼儿园

许培基四子许铸（1880—1956），名冶荪，毕业于日本早稻田大学，是近代温州地区德高望重的教育家。于光绪二十九年（1903）随三哥许燊赴日本，入早稻田大学，专攻文史。民国初年，曾在省立第十师范学校（温州中学前身）和朱自清先生等一起任国文教员，抗战前居沪、杭、京、苏一带从事高等和中等教育工作。回到瑞安后，在会文里许氏宗祠创办瑞安第一所幼儿园，开创瑞安幼儿教育之先。

许铸为人正直，富有正义感，且不畏权势，对国民党镇压青年学生抗日救亡运动表示强烈不满。"一二·九"运动期间，地方当局逮捕温州中学洪彦霖、胡景瑊等地下革命斗争青年。他闻讯后，拍案而起，为营救而奔走南京、杭州，直言斥责国民党当局迫害爱国青年的非法作为，并联络国内知名人士联名函电国民政府，成功营救出洪彦霖等3人，光耀瑞安革命史册。

新中国成立后，他被选为瑞安县第一届政协委员和第一届瑞安县人民代表。他还曾三次担任城区西南示范小学（今玉海中心小学）的校长。为了教育事业的发展，他将家族"太和"商号的全部房产计2000多平方米、3亩多地，无偿捐赠给学校。

许壬：杭州有条以他命名的道路

许壬（1884—1930），字养颐，排行老五，毕业于日本政法大学，是我国司法界老前辈和近代著名的民法专家。光绪二十九年（1903），他随哥哥们赴日，先入弘文学院，后攻读政法大学，与胡汉民、程树德等系同班同学。留日期间，他精研民法，受到日本民法大家梅谦次郎博士器重，曾在日本任浙江省留学生会会长。

回国后，许壬主要从事我国近代民法研究。光绪三十二年（1906）曾任浙江官立法政学校教务长兼民法教习。宣统元年（1909）创立浙江法政学堂兼民法教席及审判研究所民法教习。民国元年（1912）任江浙第一地方法院院落长兼法庭庭长、都督府参议员、省宪议会议员，并被选为浙江律师公会会长。

他还着手修订程序法规，著《民法讲义》等著作，为中国近代民法的制定奠定了基础。许壬思想先进，与余绍宋、阮荀伯共同发起创设浙江私立法政学堂，又在杭州刀茅巷，自建新式校舍。阮荀伯任校长，许壬任教务主任。清廷起初不许私人讲授法政之学，经一再力争，始获核准。

该学堂虽规模不算太大，但不少学者都曾在此读书，如目录学家周子美、篆刻家武钟临等。

为纪念许壬，杭州有条路被命名为“养颐里”。

许徵：完成我国第一部材料学著作

许徵（1888—1969），字冶同，是许家老幺，毕业于日本帝国大学，系我国近代著名冶金、兵工及热处理专家。光绪三十年（1904）五月，他赴日本留学，归国后曾在北京大学讲授数学，后来投入部队参与兵器工程事业。新中国成立前官至国民政府军事委员会兵工委员会委员，少将军衔。新中国成立后由冶金部聘为东北工业学院热处理教授，曾当选辽宁省政协委员。

在教育生涯中，许徵曾为物理冶金、钢铁压力加工等专业学生讲授“钢铁热处理”和“钢铁合金学”等课程。因为国内最初并无此类中文科技书籍，许徵便在60岁学习俄语，参考了十余种国内外专业书籍，将这两门课的教学讲义合并整理编著成《钢铁材料学》一书。他为东北工学院培养出我国第一届“物理冶金”专业学生作出了重要贡献。

此外，许徵还与同事李润隆一起，针对鞍山红旗拖拉机厂的材料质量问题，开展了关于可锻铸铁的研究，取得了重要成果：提高了冲天炉熔制“含铬改制可锻铸铁”的成品率，缩短了可锻化退火的处理时间，明显提高了生产效率。相关研究论文在1955年发表于《东北工学院学报》。

林摄：护国讨袁才且雄

林摄（1877—1919）

打响护国战争第一枪的蔡锷将军是民国的开国元勋，在蔡锷幕僚团里，同窗林摄是核心成员，两人曾相约共担天下兴亡的重任。

作为瑞安官费留学第一人，林摄在辛亥革命时期的反清、反封建的资产阶级民主革命和讨伐袁世凯复辟的护国运动中作出杰出贡献。他的社交圈包括孙中山、梁启超、袁世凯、赵尔巽、蔡锷、蒋百里、张孝准等民国政要。他们宛如历史坐标中的“点”，串联成清朝末年民国初年的政治图谱。

起草《抗俄宣言》，带领留学生声讨沙俄暴行

林摄（1877—1919），字赞候，又名调元，出生于瑞安大沙堤的书香门第，系清代瑞安著名画家林纯贤之后代。其兄调梅精通数理和天文学，光绪二十二年（1896），曾被孙诒让聘为瑞安学计馆（瑞安中学前身）总教习。林摄青少年时聪明好学，颇有抱负，且关心国事。光绪二十六年（1900），他从学计馆毕业后进入上海公学，光绪二十八年（1902），因学业优异，被选派官费留学日本，是瑞安出国留学第一人，先后入成城学校、仙台第二师团、日本陆军士官学校，其间与同学蔡锷、蒋百里结为挚友。

1903年5月，樱花盛开时节，这一天东京锦辉馆内人声鼎沸，气氛很不平常，900余名中国留学生在此集会，愤怒声讨沙俄帝国主义的侵华暴行。原来，大家刚刚得知消息，沙皇俄国倒行逆施，不仅违反《交收东三省条约》，还公然出兵侵占我国东北的辽宁。

“朝廷腐败，任由沙俄侵我国土、虐我同胞，我们身为炎黄子孙、热血青年，绝不能坐视不管！”会上，一位20多岁的青年慷慨激昂，宣读由他领衔起草的《抗俄宣言》——这正是林摄。

他的身后站着16位血气方刚的青年，他们都是温籍留日学子。会后，这17名温籍留日学生和伙伴一起，向俄国驻日本领事馆递交了抗议书，并倡议组织“抗俄铁血会”，随时准备赴前线与沙俄决一死战。

第二年，林摄与蔡锷等人在东京加入光复会，为瑞安早期的光复会成员之一。他从日本回国后，被清廷任命为南京武备学堂监督（校长）兼军事教习。光绪三十一年（1905），清政府为了抵制日益高涨的反清革命浪潮，推出所谓“预备立宪”的花招，继续派遣人员留学深造，以扩充新军。时任东三省总督的赵尔巽为了扩张实力，资助林摄、蒋百里、张孝准三人赴德国陆军大学留学，并在德国第三军团实习，先后长达四年。四年里，林摄深度学习了西方的军事知识，并接受了现代的民主意识。

追随同窗蔡锷，投身护国运动讨伐袁世凯

辛亥革命后，袁世凯篡夺胜利果实，建立了北洋政府，林摄回国后以当代军事专家身份，被委任为陆军军部军衡司司长，主管人事、行政及优抚等军务，授陆军少将军衔。

1915年，袁世凯为了获得帝国主义的支持，不惜出卖国家和民族利益，与日本签订丧权辱国的《二十一条》。1915年12月12日，袁世凯公然接受帝位的申令，改“中华民国”为“中华帝国”，定年号为“洪宪”，准备于1916年（洪宪元年）元旦登基。

袁世凯冒天下之大不韪，变成了人人不齿的窃国大盗。孙中山发表《讨袁宣言》，号召全体国民为捍卫民主共和而奋斗到底。蔡锷亦气愤至极，他决心以武力“为四万万人争人格”。于是他表面上装出不关心政治的样子，暗中却多次潜赴天津，与老师梁启超商量讨袁计划，后潜离北京，与李烈钧、唐继尧在云南组建护国军，成立护国军政府，率先发动了护国战争，继而各省纷纷响应。

林摄获悉老同学蔡锷在云南举事反袁，便义无反顾离京出走，赶赴云南投身护国运动。他被任命为护国军政府参议，护国军又添一猛将。1916年5月，两广、贵州宣布独立，建立护国军政府军务院，蔡锷、李烈钧、梁启超等为抚军，林摄就任军务院出征动员计划部主任，并随军指挥作战。

护国军乃正义之师，同仇敌忾，打得袁军节节败退。其他各省见袁世凯大势已去，也纷纷宣布独立。袁世凯四面楚歌，在万般无奈的情形之下，被迫取消帝制，6月6日在全国民众的唾骂声中一命呜呼。

将星陨落塞北，故里千人自发送别“林大佬”

护国战争结束后，《中华民国临时约法》被恢复，南北再次统一。遗憾的是，此时，那位具有宪政精神，并被北洋系、孙系都能接受的协调者蔡锷病逝了。北洋政府重组，林摄重返北京就职。其时，段祺瑞以“再造共和”的功臣自居，出任总理。他独揽大权，排斥异己，拒绝孙中山关于恢复《中华民国临时约法》、实行民主政治的正义要求。如果说辛亥革命的果实被袁世凯所窃取，那么护国战争渔翁得利者就是段祺瑞。可想而知，林摄参加过讨袁斗争，又是孙中山护法运动的捍卫者，段祺瑞怎能容得了他？他屡次遭段祺瑞忌恨、排斥，最终被削去军职，贬任绥远塞北税务总督。

英雄没落，谁怜他屈就在汉关！偏远塞北气候寒冷，林摄又是南方人，初来乍到水土不服，加上政务极其繁忙，不久便因忧愤交集、劳累过度而致疾。1919年，这位风华正茂、战功卓著的将星陨落塞北寒土，年仅41岁。

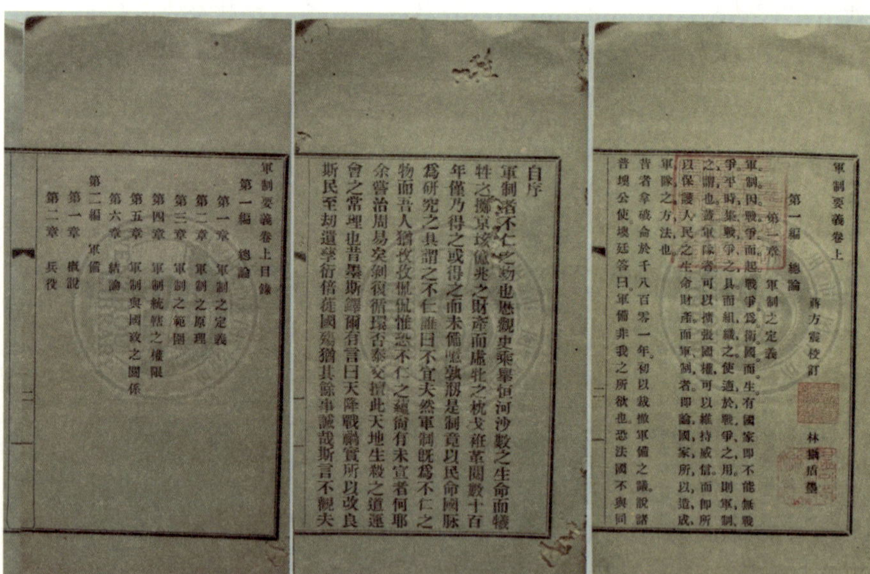

林摄的军事著述《军政要义》上下二册书影（温州图书馆藏）

同乡副官许绥之（瑞安水心街人）护送其灵柩回乡，当运至北京时，北洋政府为他举行了隆重的悼念活动。林摄的至交、近代著名军事家蒋百里主祭，并代表政府追赠他为中将。

棺椁抵达故里时，瑞安各界人士三百多人前去东门轮船埠头接丧，并由瑞安县国民政府县长沈严主持，为他举行公葬仪式。瑞安社会贤达项骧、许寿椲、洪彦远、池志澂、胡榕村等人均为他撰写了哀挽词：

二十年患难深交，欧土同游，京国同居，计部复同官，遽尔阳关，珍重故人难析手；
五千里河山迢远，电问不通，近状不知，病源又不悉，忽来噩耗，凄凉旅邸倍伤心。

——项骧

革命讫前功，犹然赋职闲曹，经世奇才千世忌；
羽书催就道，只笑贬边迁塞，出关容易入关难。

——许寿椲

少年投笔，飘然万里远游，师训守鸽原，为吾乡西学权舆，老死孟坚犹有弟；
同室挥戈，横绝八州都督，将才甘蠖屈，只末局北平太守，数奇李广不封侯。

——胡蓉村

苦海三十年，失马塞翁竟非福；
长城一万里，牧羊苏武不还乡。

——池志澂

都尉共论交，自从携手河梁，此去岂期异域死；
伏波今不还，最是伤心兄子，远游无复诫书来。

——洪彦远

林摄后葬于东郊周岙村，当时送葬队伍至千人。葬礼十分隆重，至今瑞安还流传有“林大佬搬丧”的故事。

李墨西：罐头兴邦日争新

李墨西（1880—1915）

19世纪末至20世纪初，在孙诒让、黄绍箕等人的倡导和带领下，瑞安的现代工商业开始蓬勃发展，一大批开时代风气的留学人士，回国后积极创办实业，引进国外技术反哺家乡瑞安。其中，留日学生李墨西是最早的海归企业家，他和弟弟共同创办太久保罐头厂，为浙江最早的食品罐头企业。该厂生产的牛肉罐头、枇杷罐头屡获国际金奖，享誉国内外。

在废弃寺庙办浙江最早罐头厂

李墨西（1880—1915），又名墨轩，瑞安城区打绳巷人。父亲李漱梅，是清朝的举人，曾任瑞安商会总理，生有四子，李墨西为老大。

光绪三十年（1904），在温处道台童兆蓉和乡贤孙诒让、黄绍箕等人的倡导与推动下，永、瑞一带掀起了出国热潮。因瑞安普通学堂经费支绌在该年停办，在父亲支持下，李墨西和弟弟李翰西也加入赴日留学的洪流。他们抵日后，李墨西进弘文学院攻读食品制造，李翰西则就读于法政大学。

四年后回国，李墨西开始在温州中学任教。不久，受维新思潮的影响，他决定放弃教育事业，转而"实业救国"。宣统元年（1909），他和弟弟翰西在瑞安城北河埭桥旁废弃的本寂寺创办了温州太久保罐头厂。许世铮在《维新运动后瑞安新工农业的萌芽》中称，太久保罐头厂的创办"为全省之冠，在全国亦属最老罐头厂之一"。

据汪林茂著《浙江通史》（清代卷），浙江最早的一批海归企业家有：光绪三十一年（1905）创办温州太久保罐头厂的留日学生李墨西（实为瑞安李墨西、李翰西兄弟），光绪三十二年（1906）创办绍兴越华女子织巾工场的留日学生、著名革命志士秋瑾……

当时海外归来的留学生大多从事政治、军事、科技等工作，而兴办企业的很少，世俗认为这没出息。瑞安学者林炜然在《九十年来》中就提到：“一次，我去外祖父客座旁听到李的尊人漱梅老先生提到此事，风趣地说：‘若川拉世兄学矿，叔庸拉世兄学电……都是国家急需的人才。而我拉小儿也出洋，学的竟是——剔牛。’”（尊人，父亲；若川，林大间之父的字；叔庸，黄曾铭之父的字；拉，本地话，家；剔，本地话，杀，指李墨西兄弟制牛肉罐头。）可见，海归兴办企业，不仅要有敏锐的经济头脑，还要顶得住世俗的压力。

众筹创办温州较早股份制企业

创业之初，资金严重不足，兄弟俩除倾尽家财外，还以每股五银圆向地方群众集资，共筹得资金7000银圆，作为启动资金。瑞安学者许世铮在《维新运动后瑞安新工农业的萌芽》一书中简略介绍：“在筹办期间，向地方群众宣传招股，每股5元，共收资金约7000银圆，其中发起人李墨西投资最多。”用今天的话来说，太久保罐头厂是一家按股份制运作、采用日本技术的民营企业。

创业之初，技术力量不足，李墨西兄弟引进日本罐头制造工艺，边干边摸索，还聘请两位日本技术员，作为生产技术的指导。为了节省资金，工厂除购进杀菌釜、制罐机等必要的设备外，基本上都靠自力更生、就地取材，自行制作其他附属设施。

最令人难堪的是，当时群众的封建迷信思想很严重，认为借寺院办工厂会惊动神灵，招致不测；以牛羊肉做罐头原料，会造成杀生，带来灾祸。面对流言蜚语，不少人产生动摇畏难的情绪，但李墨西坚信科学，顶住各种压力，终于力排众议，说服当地村民，坚持把工厂办了下去。

瑞产罐头摘得国际博览会金奖

平阳著名学者刘绍宽在《厚庄日记》中记载，太久保罐头厂当时生产牛肉、羊肉、鲜笋、鱼翅、瓯柑等罐头。其中，最出名的是牛肉、枇杷两种罐头。

太久保的产品以牛肉、枇杷两种罐头为主，同时兼制羊肉、鲜笋、鱼翅、瓯柑、河鳗、凤尾鱼、麻雀、贻贝、涂蒜等罐头。牛肉罐头以温州本地黄牛为原料，引进先进的机械屠牛设备，屠后即将新鲜的黄牛精肉，横断切片，用祖传自制酱油与黄酒调味配制而成，肉细味美，口感纯正。民国《瑞安县志稿》对其制作有简要介绍：“罐头牛肉。原料：牛肉与糖；制法：将牛肉入锅和糖烂煮、装罐、泄气、固封。”

枇杷罐头的原料，则选自苏州洞庭西山单核枇杷与杭州塘栖大红袍枇杷，这两样品种果大肉肥，核小味甜，为枇杷中的上乘佳品。枇杷购进后，先送至上海，再由海轮直运温州，最后用河轮运到瑞安，途中三四天时间，正赶上枇杷充分成熟、糖分增加的时节，清洗干净后，即用太古糖和滴水岩泉水配制，使产品色香形味俱佳。

这两种罐头质量可靠，美味可口，属太久保罐头厂的拳头产品，一经上市，就受到上海、杭州及温属各县用户的追捧，不仅被用作佐餐佳肴，还成为交际馈赠的礼品，产品经常供不应求。太保久罐头厂的发展步入快车道，年产量最高时达2万听，工人最多至50多人，员工总数超100人，是当时温州一带响当当的食品生产企业。

有关方面还将其作为地方名牌产品进行推广，使它们在各地商品展销博览会上频频露脸。宣统二年（1910）在南京举办的南洋劝业会是第一次全国性的博览会，中国、英国、美国、日本、德国等国提供了展品100万件，瑞安太久保罐头厂的产品在如此多的展品中脱颖而出，获得金牌奖，一并获奖的瑞安产品还有百年老店吴恒吉锡店制造的錾花锡暖锅，均为温州最早的国际博览会金奖产品。此后在1915年美国巴拿马博览会上，该厂的罐头再次荣获金奖；民国十九年（1930）又获西湖博览会优等奖。

至民国二十九年（1940），因日军侵华，港口封锁，原料供应困难，罐头厂因销路锐减而停业。

清农工商部颁给南洋劝业会奖牌，"劝业"有提倡和奖励实业之意。

石印公司开浙南印刷业之先河

在创办太久保罐头厂的同时，李墨西还引进日本石印技术，先后在本寂寺和瑞安西山文昌阁创办务本石印公司，成为浙南印刷行业的创始人。他们试制成功彩色招纸，用于罐头外包装。由于装潢别致，产品深受欢迎。

后来公司迁往温州，改称务本印刷局，拥有石印机两台，对开石英钟印大车一台，除印制表格、商标外，还承印《瓯海民报》《浙瓯潮报》。民国二年（1913），务本印刷局还率先引进铅印技术，开浙南印刷业之先河。

多年的奔波操劳，李墨西不幸患上了肺结核病，这在当时属不治之症。为实现自己实业救国的理想，他强支病体，顽强拼搏。终因病情过重，于民国四年（1915）病逝，年仅35岁。墓地位于瑞安市郊沙塘“猫狸雷”。

李墨西英年早逝，社会各界不胜惋惜。瑞籍教育家洪彦远为其撰写墓志，好友张棡为之题长联挽之：

具绝人干济奇才，游学返东洋，精印刷以开知，制罐洁以卫生，双方名利兼收，顿为瓯海商场大放异彩；

是我友亢宗令嗣，缔交由中校，谈风月而忘年，乐琴书而写意，八载云泥一别，忍使江村老朽哭尔英髦。

项骧：三个“第一”“洋状元”

一提项骧，瑞安人总会把他的名字跟“洋状元”联系在一起。项骧是瑞安人公认的大才子，曾游历日本，留学美国，归国后夺留学生殿试第一名，时称“洋状元”。

这位瑞安先贤曾发起创办中国第一所私立大学，撰写中国第一本比较行政法论著，开征中国第一笔所得税，创下了近代中国的三个“第一”。

倡办中国第一所私立大学，为复旦大学前身

项骧（1880—1944），字渭尘，号微尘，居瑞安县城草堂巷。晚清至民初，项氏人才辈出：项霁、项傅梅、项傅霖、项方纲、项湘藻、项芳兰等，个个誉满乡里。

项骧早年就读于族叔项湘藻、项芳兰创办的瑞安方言馆，在这里打下了英语和日语的基础。1901年，项骧考入上海南洋公学（上海交通大学前身），成为蔡元培的得意门生。于右任、邵力子、李叔同、黄炎培等人均为项骧的同班同学。

瑞安市玉海街道南堤街草堂巷项骧故居

光绪二十八年（1902）年初，蔡元培跟从马相伯学拉丁文，并选派24位学生一起学，其中就有项骧。当年11月14日，南洋公学爆发了“墨水瓶事件”，引起学生退学风潮。项骧等特班生也一同退

学。退学后，项骧萌生了自己办学的念头。

1903年2月，项骧发起，并请自己的老师马相伯主持，在上海徐家汇共同创办了震旦学院（复旦大学的前身），这是中国第一所私立大学。震旦，意谓中华曙光，八卦“震”表东方，“旦”象形，象征太阳在地平线升起。项骧任总干事，并起草了《震旦学院章程》。

震旦学院是一所新型的学校，以培养翻译人才为宗旨。当时，梁启超闻讯大喜，在《新民丛报》上写道：“吾闻上海有震旦学院之设，吾喜欲狂。吾今乃始见我祖国得一完备有条理之私立学校，吾喜欲狂。……吾中国今已见此院，吾为中国前途贺。”

殿试第一世称“洋状元”，瑞安城万人空巷

1905年，黄绍箕在京师译学馆任监督时，项骧在译学馆翻译文稿，以稿费津贴赴美国留学，考入世界名校哥伦比亚大学政治经济科。1909年毕业，获硕士学位。回国后，参加清廷留学生廷试，得进士。1910年，获殿试一等第一名，世称“洋状元”。

当时，瑞安还没有通电话和电报，发榜的喜报只得先由北京电传至杭州，再由杭州派快马飞传抵瑞安。喜报传到后，瑞安城沸腾了，旗鼓齐出，笙箫管弦共奏，万人空巷，人们奔走相告。

1912年中华民国建立后，项骧任财政部参事、代理银行总办，并积极参与国家的宪法讨论和制定。1913年4月，由进步党在日本东京创刊出版的《说报》月刊第一期，刊登项骧的论著《比较行政法》（第五、七期续载）。这是中国人撰写的最早的比较行政法论著，也是项骧公开发表传世的主要论著。

在北京开征第一笔所得税，三任财政部次长

1917年冬，项骧赴上海参加国际关税会议，面对十多个国家的代表，他不畏强权，力争关税自主，维护了民族尊严和国家权益。随后，他去美国考察财政，拟定了金本位制度。

1920年7月5日，民国政府财政部设立所得税筹备处，派项骧为主任，筹划开征所得税。9月15日，《所得税条例》正式颁布实施。1921年初，《所得税分别先后征收税目》《所得税条例实施细则》《所得税征收规划》先后公布，规定所得税收款分作十成，七成振兴教育，三成提倡实业。官俸所得税首先在北京开征，1921年实收税款10310元。这是我国实征所得税的开端，也是中国第一笔所得税税款。

1922年7月，项骧任全国财政讨论委员会副委员长，1922年至1924年，曾三次任北洋政府财

1922年，项骧与家人在北京

抗战期间，62岁的项骧和夫人在瑞安家中

政部次长，两次兼任盐务署署长。

任内，项骧总揽全国盐务，年税收逾百亿。他清廉自守，一丝不苟，全国财务检查时，深受各界赞誉。民国大总统特授予他一等大绶勋章，以示褒扬。

组织并推动抗日救国运动，反暴行毅然绝食

1925年春，项骧辞职，徙居上海，专心教子读书，并以诗文自娱。1929年6月，被推举为国际商会中国委员会专门委员。1933年，在上海任中国兴业银行董事兼总经理。1932年，得知武汉等地发生严重水灾，农田绝收，哀鸿遍野，他致电同窗好友、时任美国总统胡佛，呼吁赈济灾民，获得了一定的援助。

抗日战争全面爆发后，项骧尽己之力积极投身救国运动。他在瑞安带头组织"反日会"。在瑞安大操场召开的抗敌救援大会上，他慷慨陈词，愤怒声讨日军的侵略暴行，并当场为"反日会"捐款。此后他又发起举办书画展览会，将义卖所得款项全部捐作抗日经费。

1941年4月瑞安沦陷后，敌人威胁项骧为日军做事，他大义凛然，誓不屈服，因而忧愤成疾，患脑出血症瘫痪在床。1944年夏秋，日军第三次占领温州、进逼瑞城，项骧不忍再见家乡故土沦陷，毅然绝食，于当年11月逝世于草堂巷家中，享年65岁。

蔡屏周：翻飞健影史留名

蔡屏周（1895—1959）

家境殷实少时喜好运动

蔡屏周（1895—1959），字镜清，又名平庄，瑞安城区西门人。

蔡屏周的父亲蔡鸿初虽是医家出身，但很有经商头脑，在西门经营一家山货行——“蔡正和山货行”。店里生意十分红火，远近闻名，店名“蔡正和”三个字还是当时浙江督军卢永祥亲笔题写的。

民国初年，蔡家在西门西前街盖了一幢中西结合的大宅院，坐南朝北，中西合璧，由西式门楼、中式主楼、左右厢房组成。即便是现在，也可以从泛白的墙体、倾斜的屋顶，依稀看出蔡家大院曾经人声鼎沸的场景。

作为少东家，蔡屏周自然是衣食无忧，但他却没有纨绔子弟的做派。因为蔡鸿初对儿子的教育非常重视，在他的培养下，蔡屏周从小聪颖好学，就读瑞安中学时，各科成绩名列前茅。他还积极参加跑步、游泳等体育运动，曾获得瑞中运动会100米、200米和500米跑第一名。

1915年，蔡屏周瑞中毕业，不顾家人反对，毅然留学日本，从此开启不一样的人生。

东瀛成名照片登日本明信片

清朝末年民国初年，列强入侵，民众贫弱，中国人被称为“东亚病夫”。少年蔡屏周深受刺激，原本就好强的他，决心倡导“强身健体，振兴民族”。

1917年，第三届远东运动会在日本东京举行，这是菲律宾、中国和日本三国模仿奥运会模式，发起、举办的近代东亚地区首个国际体育比赛，也是国际奥委会承认的第一个区域国际体育比赛，被后世誉为“东方奥运会”和“近代亚运会”。

南开中学校长、“中国奥运第一人”张伯苓带领百余名运动健儿远赴东京参赛，蔡屏周代表中国队参加了游泳项目比赛并取得好成绩，他跳水的照片被选印在日本当年发行的邮政明信片上。

很快，这件事就在国内外引起强烈关注，上海《申报》及其他报刊均有大幅报道。在京求学的同乡周予同曾作诗云:“飞雁东瀛报喜来，翻飞健影跃高台。英姿焕发扬波起，豪气凌云破浪开。热血男儿雄心在，赤诚游子济时才。屈时雪刷病夫耻，切盼中兴汉室恢。”

但是那年运动会的成绩并不理想，日本综合成绩为120分，菲律宾80分，中国仅49分，张伯苓从日本回来后，发表了他考察日本和菲律宾体育运动的评论。他以穿衣比喻三国的体育状况：“菲律宾完全学习西班牙、美国的体育方法，他人之衣裳彼即着之，故亦锦烂可观；日本则他人有衣而彼借之，故亦华丽可睹”“惟独中国，体育落后，又不思学习他人长处，结果自己之衣既不合时，且不合体”。中国和体育强国之间的差距，加深了蔡屏周学习体育的决心，也促使他留在日本学习西方先进的体育方法，以期学成回国改变中国的体育教育现状。

1918年3月，蔡屏周官费考入东京高等师范学校体育系，实现了自己的愿望。在日学习期间，他在田径、球类上均有建树，尤其是游泳、跳水，多次参加日本运动会并获奖。

创知行社通力推广平民教育

辛亥革命后的中国，进步潮流的大闸已经打开，整个社会涌动着除旧布新的热潮，一批批仁人志士为了“振兴中华”而坚持不懈地进行着探索，民主共和的理念传播广远。

1919年，“五四”爱国运动爆发后，一批在外读书或教书的温州青年如姜琦、郑振铎、周守良、高觉敷等人，与家乡温州，内外呼应，传播新思想、新科学、新文化。永嘉新学会、慎社、瓯社、会文学社等先进青年社团先后成立。

届数	举办时间	举办地	参赛国家或地区	比赛项目	比赛结果	与两次世界大战的时间关系
第一届	1913.2.2-2.8	菲律宾 马尼拉	中国、日本、菲律宾	8个项目	1.菲律宾 2.中国 3.日本	一战前
第二届	1915.5.15-5.22	中国 上海	中国、日本、菲律宾	8个项目	1.中国 2.菲律宾 3.日本	一战期间
第三届	1917.5.8-5.12	日本 东京	中国、日本、菲律宾	8个项目	1.日本 2.菲律宾 3.中国	一战期间

第一至三届远东运动会赛况

在此契机下，蔡屏周于1921年暑假回乡期间，与伍叔傥、周予同、李笠、洪特民等人组创知行社，联络瑞安进步知识青年，宣传民主、提倡科学、健身强体、普及教育，推广平民教育。

为了让大家直观感受体育教育的重要性，他时常到大操场为大家示范跳高、标枪、单杠等体育项目的竞技动作。为了扩大影响力，他独自横渡波涛滚滚的飞云江，轰动一时。

教坛耕耘以振兴体育为夙愿

1922年，蔡屏周以优异成绩毕业于东京高等师范学校体育系。回国后，身为蔡家独子的他并没有子承父业，而是为了发展体育事业和实现国民健身强国的愿望，一直活跃在体育教坛。

1923年，蔡屏周被聘为国立武昌大学体育系教授。第二年，又受聘到暨南大学任体育教授。1926年，受北京师范大学的聘请，他北上任该校体育系教授兼附中体育主任。

1930年4月，第四届中华民国全国运动会在杭州举行，他受邀南下参加筹备工作并担任总裁判。运动会结束后回乡，瑞中校长胡哲民邀请蔡屏周出任瑞中教师，母校的盛情自然难却，蔡屏周欣然应允。之后，他又被推荐到温州省立第十中学任教。

20世纪30年代初，经成都大学校长张澜邀请，蔡屏周任成都大学体育系主任兼成都师范大学体育系教授。之后两校合并为四川大学，他继任四川大学文学院体育系主任。他撰写的《体育运动与教学》一书，为国内体育教育的重要参考书。

1935年10月，中华民国全国第六届运动会在上海举行，蔡屏周负责田径跑道和游泳馆的具体设计及监造工作，并担任总裁判长。在上海期间，他还写出了《游泳训练法》一书。

蔡屏周在体育教坛上硕果累累，但家业因无人管理，最终败落。蔡父去世时，正值抗日战争期间，蔡屏周辗转千里从四川回乡治丧、守孝。忧虑中，蔡屏周写下了诗句：

关山如许烽烟阻，雾雾朦胧促白头。

热血男儿空自负，豪情壮志欲何求？

都江水堰川流冷，丞相祠堂不胜愁。

度日如年常忆旧，梦魂几次戏猕猴。

1959年12月12日，蔡屏周因病去世，享年65岁。临终前，他写下：

多事之秋病缠身，平生夙愿已沉沦。

泳书几本今犹在，留待他人好问津。

留学潮：负笈欲成栋梁材

随着经济全球化及中国经济实力的提升，越来越多的人选择出国留学。其实，早在100多年前的清朝末年民国初年，瑞安就掀起了一股留学潮，一批学子走出国门“睁眼看世界”。

这些留学生学成归国后，在推动辛亥革命，以及温州、浙江，乃至全国经济社会发展中发挥积极作用，他们身上所体现的敢为人先、追求真理、追求科学、报效祖国的精神，沉淀为瑞安人民的宝贵精神财富，激励后人披荆斩棘、不断前进。

留学之风，瑞安学子占温州四成

甲午中日战争中，我国战败而遭受割让台湾、辽东，赔款2亿两白银的奇耻大辱。消息传来，全国群情激愤，救亡图存成为国内有识之士的强烈愿望。清光绪二十二年（1896）四月，清政府开始派遣首批13名学生留学日本，而后逐年增多，至1906年累计达8000名。

当时的温处道台童兆蓉亦积极鼓励本地学子出洋留学，“每名捐给津贴洋一百元……从事师范卒业后，即在该县学堂任事”。于是，温州的知识分子纷纷响应。光绪二十四年（1898）十月，永嘉县王鸿年（鲁璠）由使馆官费派遣留日，入东京帝国大学学习法律，开温州出国留学风气之先。光绪二十八年（1902）三月，瑞安县林调元（林摄）由南洋官费派遣留日，入成城学校，后入士官学校学习军事，成为瑞安出国留学第一人。

据浙江留日学生同乡会会刊《浙江潮》、“清国”留学生会馆历次《报告》及其他一些资料，从光绪二十四年至宣统三年（1898—1911），温州出国留学生共138人，其中瑞安籍54人、乐清籍34人、平阳籍27人、永嘉籍23人。瑞安籍留学生人数占温州留学生总数四成，成为其时温州留学生队伍中的主力。

1890年，部分留美学生合影

光绪三十年（1904）春，瑞安普通学堂因经费支绌停办，在校学生面临着学制衔接的问题。因当时国内高等教育刚刚起步，于是，孙诒让在县城话桑楼召集家长座谈会，鼓励学生出国留学。因而项骧、洪彦亮、洪彦远、薛楷、沈靖、许璇、许徵、余纲、李墨西、李翰西、王鼐卿、林绍章等人都在该年或公费、或自费赴日留学，其人数占从光绪二十四年至宣统三年（1898—1911）瑞安出国留学生总数的三分之一。

值得一提的是，民国时期瑞安赴日留学的学生中还有一名女性王居素，进入千叶医科大学学习。虽然女子留日学生人数极少，但对旧教育制度、旧教育思想带来了巨大冲击。

独领风骚，瑞安新式教育发先声

宣统年间（1909—1911），在清廷举办的几次归国留学生廷试中，瑞安的林大闾、项骧、林大同、黄曾铭高中“进士”。项骧在殿试中又金榜题名，得一等第一名，俗称洋进士、“洋状元”，一时在温、瑞传为佳话。

晚清瑞安留学生中较为著名者，包括林调元、黄曾铭、林大闾、林大同、沈靖、许燊、许璇、洪彦远、项骧、李墨西、许壬、金嵘轩、许徵等人。

其中，许璇为我国近代农业科学的奠基人和农业科学教育的一代宗师；洪彦远曾任浙江省立第十中学（今温州中学）校长、教育部视学；项骧曾在民国政府任财政部次长、盐务署署长，对我国近代财政制度的创立作出重要贡献，被民国大总统授以一等大绶勋章；李墨西是浙江最早的海归企业家，创办浙江最早的食品罐头企业——太久保罐头厂，产品获国际展会金奖，驰名中外；许壬是我国司法界老前辈和近代著名的民法专家；金嵘轩曾任浙江省教育厅督学、瑞安中学校长、温州中学校长、温州市副市长、温州市体委主任、温州师范学校校长；许徵是我国近代著名的冶金、兵工及热处理专家……

瑞安留学生在晚清温州留学热中为什么能独领风骚？

这得益于当时瑞安的维新思想深入人心，新式教育起步较早。

清光绪二十二年（1896），孙诒让力助瑞安同乡项湘藻、项崧兄弟俩创办瑞安方言馆，早早就为传播西学、兴学图强站队。后来，这所留学预备营走出来的学生考入国内外语学校学习，有史料可查者有项骧、项朴如等。

留日为主，张之洞总结四大原因

光绪三十一年至宣统三年（1905—1911），清政府每年举行留学生考试，合格者1388人，其中留日学生有1252人，占绝大多数。为什么在清末出国留学潮中，日本是主要目的地？国人为何在甲午战争后非但不忌恨日本，反倒纷纷涌向日本学习呢？

光绪二十一年（1895）中国在甲午战争中惨败和光绪二十六年（1900）义和团事变被八国联军镇压，使中国知识分子对清政府彻底丧失信心，同时震惊于日本学习西方后，在那么短的时间内实现富国强兵。因而在甲午战后群趋东渡日本的中国留学生，根本目的仍是为了学习西方。

1905年的《日本早稻田大学中国留学生章程》记载，专为中国人设的“清国留学生部”预科学费为每年日银三十六元，本科学费是日银四十八元。当时，日银两元相当于华银一元，即七钱白银。也就是说，早稻田大学高等预科的学费，最贵也不过每年十七两银子，比起欧美留学的每个月学费二十两，选择答案不言而喻。

更重要的是，留学生待遇优厚。光绪二十九年（1903），清政府颁布了《奖励游学毕业生章程》，规定根据留学生的学历，授予拔贡、举人、进士、翰林等科举等级及相应官职的奖励标准。

张之洞在比较留学日本和留学欧美的利弊时，总结出留学日本四大便利：路途近、费用省、文字接近、易模仿。日本学习欧美有诸多成功经验，可以效仿。

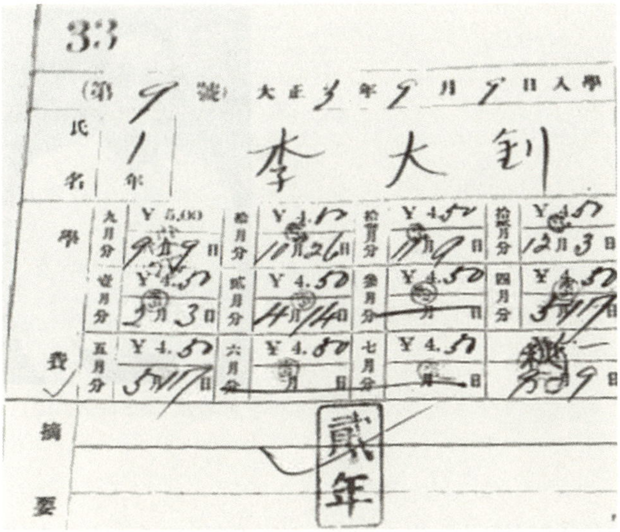
33

（第 9 號） 大正 3 年 9 月 7 日入學

氏名 李大钊

學費

摘要

貳年

日本早稻田大学史料中心，保存着100多年前曾在这里留过学的李大钊的资料。

反哺家乡，推动教育近代化进程

瑞安清朝末年民国初年的留学风潮对当时温州的教育、文化、政治、思想等方面均产生较大影响，尤其是推动了温州教育的近代化进程。

秉承着“教育救国”的理想，留学生学成归国后有效地充实了温州的师资队伍，缓和了师资紧缺的矛盾。清政府于光绪三十三年（1907）五月由学部奏准：“官费留学生回国后，皆令充当专门教资五年，以尽义务。其义务年限未满之前，不得调用派充其他差使。”因此，除了学师范的留学生回国后从事教育职业，很多非师范类的留学生归国后也担任了教职。

学成归国的留学生还直接参与创办了各级各类学堂。林文潜发起了师范研究会；宋任觉创办了飞云女学校；留学生黄曾锴、林文潜等，建立了东北隅蒙学堂等新式学堂，学堂设国文、伦理、历史、地理、算术、图画、体操等学科。此外，他们还办了一些补习学校。

留学的经历，还让留学生意识到女性的价值，回乡后他们纷纷创办女学，推动温州女子教育。光绪二十八年（1902），清廷下诏劝禁妇女缠足。瑞安籍留学生孙任、孙衡成立劝解妇女缠足会，在各个寺庙演说解缠，他们还邀请启蒙思想家宋恕撰写《解缠公文》，由于提倡有力，措施得当，很多女性纷纷解足。

当年，这些热血青年不顾艰难险阻，远赴海外接受新思想，为瑞安的教育事业发展写下了浓墨重彩的一笔，而他们身上所体现出的“敢为人先、追求真理”的革命精神，亦成为瑞安精神的重要组成部分。

倪海厦：五术兼备一奇人

倪海厦（1954—2012）

倪海厦（1954—2012），祖籍瑞安市林川镇岭下村，生于中国台湾，美国中医师，中医学博士，被喻为当代少见的“命、相、卜、山、医”五术兼备之旷世奇人。他在美国行医逾二十年，曾任美国加州中医药大学博士指导教授、美国汉唐中医学院院长、佛罗里达州政府卫生厅厅长等职务，善用经方治疗内科杂病和恶性肿瘤，常被病患称为“The last hope（最后的希望）”。

倪海厦撰有《人纪》《天纪》等多本著作，其中《天纪》一书被瑞安市图书馆收藏，中医论文英译本被美国医科大学列为教科书。

金雀与鲤鱼的传说

岭下村是瑞安西部山区一个山叠水绕的小山村。倪海厦的祖父笃信地理风水，曾向倪海厦的父亲倪志凌讲述这样一个传说，当年先祖大川之墓穴内，不时有吵闹声，引起附近居民不安，几位好奇的村民一起将墓穴的龙门打开，发现一只金色麻雀和一条鲤鱼正在相斗。不久，村民们目睹金雀远飞，鲤鱼跃向山丘后不见。此后，村民将此墓地命名为“金雀坟”，鲤鱼遁走的山丘名为“鲤鱼驾”并沿用至今。

为让子孙出人头地，倪海厦的祖父变卖了家里的25亩水田，供倪志凌读书。小时候的倪志凌就以“三日不读书，面目可憎”来激励自己，后以优异的成绩考上瑞安中学（初中）和金华中学。

1946年，22岁的倪志凌离乡去台湾谋生，先后在台湾“政治大学”统计研究所、政治研究院和台湾“农业发展处”学习和工作。

倪志凌长时间旅居中国台湾地区，以及美国，但一直惦记着家乡瑞安和儿时生活的岭下村。1975年，倪志凌不顾台湾当局禁锢，借出境旅游之便，悄悄地回到阔别30年的故乡——岭下村。

倪海厦家老宅，
电表箱上还写着他父亲倪志凌的名字。
（林长凯/提供）

久别重逢，他和父母相拥哭成一团。为答谢乡亲对他父母的照顾，倪志凌第二天宴请全村乡亲，还给全村小学生购买了3000余元的学习用品。

老家瑞安是倪志凌心中挥之不去的牵挂。为方便回家探亲，1984年，倪志凌毅然将全家迁到美国佛罗里达州定居，并担任美国佛州大学客座教授，讲授《中国文学史》。除讲学外，倪志凌还积极从事中美文化交流活动。

倪志凌有6个子女。长子倪望陆，毕业于美国佛罗里达理工学院，数学博士；次子倪海厦，中医学博士；三子倪伯时，中医学博士；四子倪仲华，大学工业管理系毕业，现任某汽车公司经理；大女儿倪片林，新闻学硕士；次女倪岛子，计算机专业博士，现为某房地产公司经纪人。孙子倪方亮、孙女倪嘉亿同是医学博士；外孙女车道弘是牙科博士；孙子倪嘉雷是物理学博士。倪家子孙两代共有8人取得博士学位，被称为“一门八博士”。

少年学医有天赋

倪海厦在台湾出生，自小聪明活泼。姐姐长期患月经痛，正在读高中的倪海厦很是心疼。他在与学生的聊天中回忆道，当时姐姐很害羞，不好意思到医院去看。她买了一套《医宗金鉴》给倪海厦，让他帮忙治疗月经痛。倪海厦认真地看了三个月后，开出一帖药方，竟缓解了姐姐的月经痛，此事奠定了他习医的决心。

倪海厦的母亲常有大拇指僵硬疼痛的症状，发作时痛不可忍。当时天主教教堂的一位吴姓管理员，年轻时学过一些针灸知识，给她下针，效果极好，母亲亲见中医疗效甚好，于是鼓励倪海厦大学报考中医学。不料，倪海厦大学考试前夕发生车祸，大腿被撞断而无法应考，手术后出院疗养期间，他又醉心于古书，无心于课业。第二年，他考上了东吴大学政治系。

虽然读了政治系，但是倪海厦从小就表现出来的医学天赋让家人对倪海厦学习医学充满期待。母亲请天主教教堂的吴先生教倪海厦针灸，不到三个月，倪海厦把吴先生的技术学了个遍，针法甚为熟练。吴先生自承倪海厦的针灸术已在其之上，请倪海厦的母亲另寻高人，以免耽误倪海厦的天分。

随后，倪海厦拜多位名医学针灸、经方。倪海厦博览群书，各家各派都有涉猎，但他很快就确定了用中医经方治疗病人为未来投注心力的方向。 因高超的针灸技艺，倪海厦大学毕业之后入伍，被分派至马祖军医部。他在军中帮人看病，声名大噪，各家新闻媒体前往采访，新闻中称其为“马祖神医”。当年倪海厦才24岁。

移民美国开诊所

20世纪80年代，倪海厦随父移民美国佛罗里达州，在美国取得中医学博士学位，获得美国佛罗里达州针灸医师执照和当地中医医师执照签证。1989年，倪海厦在佛罗里达州开设汉唐中医诊所并开始行医，全心专注于医术。他经常对学生说，他到美国就是要宣扬中国的传统中医文化。

1995年，美国汉唐中医学院成立，许多美国人前来学习中医，探寻中医的奥秘。倪海厦视中医为自己的毕生事业，熟练地掌握了多种中医诊疗技术，精通中药针灸、火罐、推拿技术，并在《伤寒杂病论》《黄帝内经》《针灸大成》《神农本草经》《天纪》《人纪》《地纪》等书籍的研究上形成自己独到的见解。

在美国行医期间，倪海厦善于用经方治疗内科杂病和恶性肿瘤。2000年至2003年，倪海厦被选任为佛罗里达州卫生署中医委员会最高委员会委员。为了表彰倪海厦对中医的贡献，佛罗里达州州长任命他担任佛州针灸委员会委员及副主席。

异国耕耘传薪火

倪海厦一辈子钻研中医，不仅用精湛的医术解除病患的疾病，而且还在行医之余积极培育储训中医人才、传承经方医学、发扬传统中医文化，让全世界更多人认识与学习中医经方。

1991年，倪海厦开设中医教学班，教授中医课程，内容包括针灸、伤寒和金匮等。

2004年，倪海厦在台北开设人纪中医教学班，设“针灸大成”“黄帝内经”“神农本草经”“伤寒杂病论”“金匮要略”五门课，另有大量的医案和临床跟诊课程，把理论和实践结合，学生得以目睹诸多红斑性狼疮、类风湿性关节炎等疑难杂症，在经方医治下转危为安的过程。

此外，倪海厦还充分利用空闲时间举办现职医师在职教育研讨课程，并到各地开课演讲。2010年，倪海厦受邀前往上海参加第三届扶阳论坛。该论坛延请中国著名中医界人士与会演讲。他在论坛中总结了自己一生的经方思想，分享了阴阳思维，并深入浅出地解释了重症的治疗之道，震惊全场，众多学术单位和医院邀他到医院临床，针对各种重症做教学门诊，国家级广播电台、多家省级电视台邀请他参与录制中医节目。

为提升中医经典理论与促进中医学术不同流派之间的交流，倪海厦还受邀到广西中医学院、美国斯坦福大学等海内外高校演讲，推广中医文化。

倪海厦晚年定居台北，生前最后两年的大部分时间在台北汉唐诊所授课训练医师临床。这段时间，他除了向最后几位学生教学解答疑惑外，还常常提到对经方推广的愿景。去世前一年，倪海厦提出了癌症治疗的新观念，并且依此研发了癌症专用处方，让癌症病患有了更多的选择。

“汉朝医学普济天下，唐代盛世万古流芳。”这副悬挂在美国汉唐中医学院大门口的对联，是倪海厦追求的目标和一生工作的写照。他虽然长期旅居海外，但一生致力于发扬中医经方，传播中医文化，行医治病，挽救了很多人的生命。2012年，倪海厦因病去世，享年59岁。

林长凯

学泽乡里

温州书院之肇始

王开祖（1035—1068）

书院的建立，始于唐，盛于宋。

温州的官学（府学、县学及学宫）起步较早。东晋太宁元年（323），永嘉建立郡学，即后来的温州府学，是浙江最早建立的府学之一。五代时，由于长期战乱，官学逐渐凋零，私学应运而生，书院开始成为讲学的主要场所。

温州最早的书院，当属创办于北宋的东山书院。这所书院不仅开“永嘉学术”之先河，还与瑞安、瑞安人有着颇深的缘分。

温州第一家书院诞生于宋代

宋初，官方利用唐代以来出现的书院，通过赏赐、召见山长等方式进行扶持，在“官学未兴”的情况下，使其替代官学，为国家培养人才。

第一所在温州出现的书院就是东山书院。宋皇祐年间（1049—1053），王开祖设塾讲学于此，并开“永嘉学术”之先河。

王开祖（1035—1068），字景山，祖籍福建，祖上因避兵乱迁到瑞安。他的父亲王鲁，娶温州知州刘起之女，后搬到温州城里生活。

宋皇祐五年（1053），王开祖考取进士，出任处州丽水县主簿。后参加制科考试，未通过（当年参试的18名考生均未被录取）。次年，王开祖在华盖山授徒讲学，提倡“学者国之大本，教者国之大务”，传播中原文化，世称“儒志先生”。因为华盖山旧称东山，后人便把王开祖华盖山讲学之所称为东山书院。东山书院逐渐发展为当时全国知名书院。

当时与王开祖一起在温州传播中原文化的先行者中，还有瑞安的林石和丁昌期，他们被称

画卷中的东山书院

为“皇祐三先生”。

王开祖在书院讲学，声名大噪，从者数以百计。后东山书院在明嘉靖年间因台风毁坏而重新修建；清代迁建于今中山公园积谷山麓。

继王开祖东山书院之后，宋时温州书院发展迅猛，数量达12座，而当时全省也就48座。温州占了四分之一。

王开祖后又被举荐，但未赴任就去世了，年仅32岁，留下一部其生徒录成的《儒志编》，墓地在今瑞安湖岭芳山乡潮至。

孙锵鸣在此主讲益民之学

乾隆二十四年（1759），东山书院迎来“全盛时期”。

书院相继重修，增置涂田，筹措膏火之资，延请名师主持讲席。东山书院掌教由官府聘请名儒担任，不少由府学教授兼任。清代瑞安著名学者孙锵鸣也曾主讲东山书院，历时超过三年。

孙锵鸣（1817—1901），字韶甫，号蕖田，晚号止庵，为孙衣言之弟、孙诒让之叔。孙锵鸣19岁中举人，比兄长衣言早9年，25岁中进士入翰林，为入清两百年来温州学人所罕见。道光二十四年（1844）散馆授编修，道光二十七年（1847）充会试同考官。到了古稀之年，孙锵鸣还被赐三品，在他生命的最后一年又被加授侍郎。清朝重臣李鸿章、沈葆桢曾在孙锵鸣门下，后进士及第，他因此被誉为“天下翰林皆后辈，朝中宰相两门生”。

孙锵鸣为学以益民为宗旨，在书院中致力于实学教育。他时常劝诫他的学生要鉴古今、明得失，博约观取，才能明察古今政理得失成败之因，才能使坐而言者起而行。他自身在执着于

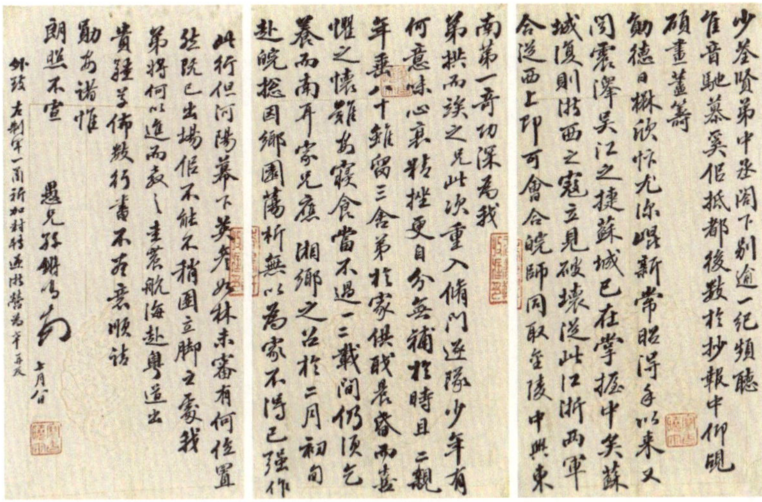

孙锵鸣致李鸿章信札

地方特有的历史文化之同时，又在学习西方的问题上超越了旧式文人的视野，他曾向西方学习植牛痘，并率先在温州推广。

温州图书馆大门口的对联，就是孙锵鸣留下的书法，可以看出他对自我学习与培养人才的理解与看法——“刚日读经，柔日读史；十年树木，百年树人。”

两大书院在清末合并转型

东山书院全盛时期，“两郡之士负笈来游者日益众”，以至于书院舍宇容纳不下。乾隆二十四年（1759），温州知府李琬考虑到东山书院“院址逼于岩麓”“蒸湿淋溢”，地形狭隘扩建困难，便在比较开阔的中山（今温州实验中学一带）兴建了中山书院。

中山书院教学延续温州文脉，标榜“经世致用”，以永嘉之学为传授重点。温州所属“五县之士弦诵其中，旁及他郡，向风而至”。清末大儒孙诒让寓居温州城区时曾就学于此，每试获冠。

同治二年（1863），东山书院连同它的资产并入中山书院，两大书院相得益彰。

清末，面对旧式教育日益显现的弊病，有识之士大声疾呼，以建新式学堂取而代之。光绪二十八年（1902），朴学大师孙诒让提议改中山书院为温州府学堂，旧式书院最终告别了历史舞台。

温州府学堂后数度改名，历经温州府中学堂、浙江省第十中学堂、浙江省立第十中学校，直至温州中学。孙诒让在温处学务分处总理任内，对温州府中学堂做了整顿。他还借温州府中

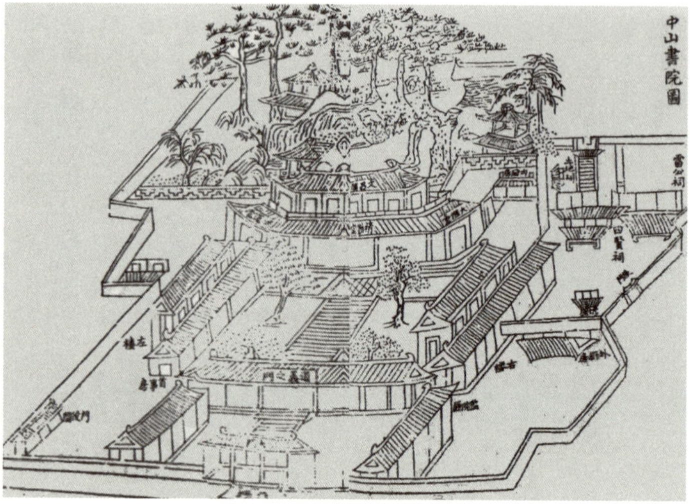

中山书院

学堂校舍，举办理化、博物、体育、音乐等科传习所。

东山书院之文脉代代承袭

东山书院培养出很多学者名人，如瑞安的林从炯和伍叔傥。

林从炯（1779—1835），原名佩金，号石笥，道光元年（1821）举人。曾任国史馆誊录。著有《玉甑山馆诗钞》八卷、《文钞》一卷。曾修《承德府志》。

著名学者伍叔傥十六七岁时曾在东山书院读书。20岁时，他考入北京大学，毕业后历任中山大学、中央大学、台湾大学、日本东京大学、香港中文大学等校国文教授、国文系主任等，名列“民国瑞安十才子”。

二十世纪初，东山书院虽已不复书院功能，但仍然是一些文人墨客雅集的场所。

1920年，温州文化界名人梅冷生、夏承焘等筹建诗社，取名“瓯社”，邀请瑞安人薛钟斗入社。薛钟斗撰《答瓯社同人书》长函，并提出更改社名，曰：“瓯江一名蜃江，又名慎江，当易瓯为慎，既动乡国之情，又作垂绅之诫，而不以地限人，更可广声气于四方。”梅等纳其议，遂定名为“慎社”。“慎社”初期以积谷山侧旧东山书院为聚会之所，后迁至鼓楼。

塘岙《春秋》为世儒

君子石

在瑞安安阳街道的筼筜山上，有一块高耸的石头，周围环绕着数块小石头，仿佛众星捧月一般。据清嘉庆《瑞安县志》载："筼筜山去城东八里……多种竹，故名。山之巅一石，状如卓笔，旁数小石环拱。"

这个石头还有个很正义的名字——"君子石"，是后人为纪念北宋"皇祐三先生"之一的林石所命名的。

林石，字介夫，出生于北宋景德元年（1004），塘岙（今塘下镇塘西村）人，世称"塘岙先生"。

当年，林石在塘岙创办了塘岙书塾，常常带学生来筼筜山登山观景，讲授学问。

终身从教，桃李芬芳，一部《春秋》授众徒

林石终身从教，在塘岙书塾以《春秋》教授乡里，吸引了众多学子，不少人宁可舍弃科举，也要到这里学习。

林石是北宋开理学先河的胡瑗（安定先生）的再传弟子，曾跟随括苍名士管师常学习《春

秋》。管师常是北宋理学家陈襄（1017—1080）的学生，对《春秋》有着很深的研究。两人一起讨论学问时，管师常总是自叹不如。

《春秋》是中国最早的编年体史书，由孔子编订，是古代儒家典籍“六经”之一，深受历代儒家重视。后来，鲁国史官左丘明的《春秋左传》为《春秋》做了更为详尽的介绍和阐述。

一部《春秋》授众徒。林石培育出来的学生，有沈躬行（元丰九先生之一）、沈琪、韩汝翼等。弟子们均以笃行为重，不尚空谈心性，在温州学术界影响深远。

沈躬行是林石最得意的门生之一。沈躬行，字彬老，先祖迁居瑞安，遂成当地名门望族。他受家风传承，从小勤勉好学，入塘岙书塾随师深究儒学。年届弱冠，又去汴京（今河南开封市）太学读书深造。熙宁年间（1068—1077），《春秋》被禁，受林石影响，沈躬行冒着极大风险，偷偷将《春秋》石刻手摹下来，私藏于家中，被学者称为“石经先生”。

北宋元丰年间（1078—1085），除沈躬行外，还有周行己、许景衡、刘安节、刘安上、蒋元中、戴述、赵霄、张辉等人在太学学习，他们经过林石等人的熏陶教诲，研究“伊洛之学”，形成具有地域色彩的永嘉文化人团体，史称“元丰九先生”。“元丰九先生”深受率先在温州传播中原文化精神的“皇祐三先生”的熏陶教诲。

值得一提的是，“皇祐三先生”中，最长寿的是林石，活了98岁。相比较而言，林石对后世永嘉之学的影响也较大。

开设私塾，造桥通路，善行义举惠乡里

林石主张为学者“必先行实而后文艺”。他身体力行，在家乡参与重建石岗陡门，兴造塘岙桥等造福桑梓。

石岗陡门最先采用条石代替木头砌筑，成为温州古代陡门建筑史上一项创举。后来，林石和瑞安县令朱素一起又在塘西与塘川之间，建起横跨塘河的石桥，取名“塘岙桥”，方便村民的出行交通。陈傅良在《重修石岗陡门记》中写道：“元丰四年，宋兴百有余载矣。郡丞赵屼景仁行县，与令朱素履常、隐士林石介夫赋诗记事，则有《观石岗斗门》之作。”

清雍正年间，邑人在孔庙右侧建造的“乡贤祠”中，林石被尊为首位乡贤。

绝意仕进，畅游山水，翠阴洞前留佳句

林石生活的时代，正是北宋名臣王安石推行新法之时。王安石为推行变法，特地编著《三

翠阴洞摩崖石刻

林石（1004—1101）

经新义》，全国学子皆趋“新学”，《春秋》为世所禁。陈傅良《新归墓表》中称：“林石故不为‘新学’，窃以《春秋》教授乡里诸生。于是永嘉之学不专趋王氏。”林石不屑与官场为伍，隐居家乡，再也没有踏上仕途。但是，林石的学问博大精深，总有人前来拜访，约他一起畅游山水，讨论学问，题咏唱和。

宋元丰四年（1081），瑞安县令朱素邀年逾古稀的林石同游附近岑岐山麓的翠阴洞，两人在清幽宜人的洞中感怀吟唱。林石写下《游翠阴洞》一诗：“松桂擢危岑，烟云昼亦阴。洞门虽不锁，谁测洞中深。”后来，他们的两首五言诗作被人刻在了洞口，成为流传至今的珍贵摩崖石刻。

在清嘉庆《瑞安县志》里，还有林石的一首《梅雨潭忆旧游》：

去夏曾同潭上游，荫松坐石濯清流。论文声杂飞泉响，话道心齐邃谷幽。

盛暑忽思寻旧好，烦襟顿觉似新秋。也知人世多余暇，能更重为胜赏不？

萱堂养母，无微不至，孝行故事广传唱

林石还是远近闻名的大孝子。他待萱堂以孝行美名远播。

林石的父亲生前体弱多病，经常卧床不起，林石寻医问药，侍候在床旁端茶送水，照顾得无微不至。后来父亲因病去世，林石悲痛万分。为父亲守灵，同时为方便照顾母亲，他在塘岙父亲墓地边筑屋一间。因古人有“北堂树萱”之说，意为母亲的居室，所以林石将这间房屋取名为“萱堂”。

据说，林石的母亲活到119岁才去世，此时的林石已年逾九十，但依然遵守礼节，为老母居丧守孝。萱堂的故事，后来被编入词曲广为传唱。

开天气象题仙岩

宋时，温州书院发展迅猛，数量达12座，占全省的四分之一。其中，宋代名臣陈傅良在瑞安仙岩（今属瓯海）创办的仙岩书院（后迁澍村），在当时享有盛誉，培养了蔡幼学、曹叔远等一批大家，传说理学大家朱熹也曾慕名前来拜访。

瑞安书院盛于明清，主要书院有35座

书院原为藏书修业之所，后以讲学、考课为主，兼藏书和祭祀，分官办、私办或地方捐资兴办。据《瑞安市教育志》记载，瑞安自宋至清，主要书院（塾）有35所之多。其中在瑞安县城中的，又以篔筜书屋、菉竹书院、玉尺书院、心兰书社（书院）等最为著名。

书院的主持人多为当地名儒学者，称山长、洞主，总理全院事务。清乾隆三十年（1765）书院山长曾一度改称院长。书院订有学规、准则。崇儒尊孔，训教合一，教人为学、修身、处事、接物之道，训以封建纲常伦理道德，以儒家经学为主讲内容，旁及史书诗文，尤重八股文，以应科举考试。教课分中、高两等，课考设旬考、月考和季考，由山长或学官主考。书院经费来源不一，有官府、公产划拨或私人捐资。以莘塍聚星书院为例，就有官方、私人、民间捐资等多种捐资方式。

清末，瑞安城乡书院逐步改设为学堂。

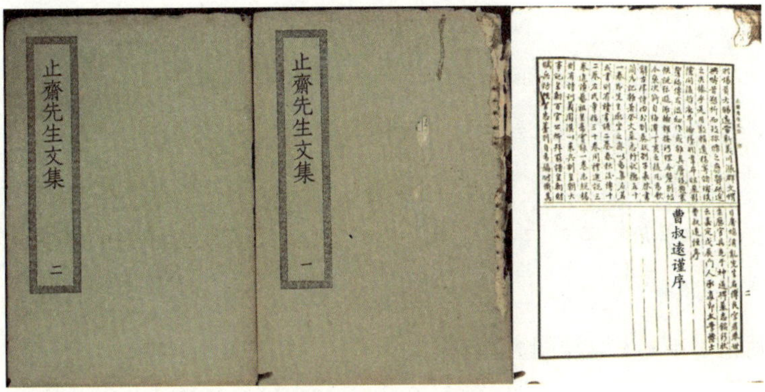

《止斋先生文集》书影

在少年读书处办学，陈傅良亲自授课

陈傅良（1137—1203），字君举，瑞安湗村（今塘下镇罗凤社区）人，学者称止斋先生，南宋著名的思想家、政治家、教育家，一代名臣。他著有《止斋文集》《周礼说》《春秋后传》《左氏章指》《建院篇》《历代兵制》《毛诗解诂》《八面锋》等作品，其中，《八面锋》为宋孝宗击节赞叹，御赐书名，流传甚广。

相传，陈傅良因为家境贫寒，26岁便执教温州茶院寺等书院、学塾，他治学不拘泥于旧说，常有自己的独到见解，前来求学者众。陈傅良并不满足，专心向温州城内永嘉学派创始人薛季宣请教，受薛季宣的影响，陈傅良开始了潜心学习和探索传统儒学，还向多位名师求教。

南宋乾道八年（1172）陈傅良中进士，授迪功郎、泰州州学教授，但未赴任，仍在家乡教书。南宋淳熙三年（1176）赴京任太学录。淳熙六年（1179），任福州通判，后因秉公执法而被人诬告。又辞官回乡继续教书。淳熙十一年（1184），被任命为湖南桂阳知军（与知府、知州同级的地方官）。候职期间，陈傅良在仙岩其少年读书处创办仙岩书院。书院创办之初，陈傅良亲自制定规约，授课讲学。仙岩书院游学者很多闻名于世。其门生有蔡幼学、曹叔远、木天骏、朱黼、钱文子等，后均为当时“经世致用”的名士。

朱熹慕名前来拜访，留下了多幅墨宝

仙岩书院当时有名到什么程度呢？

南宋时期著名文人贾俨就是仙岩书院的学生。贾俨，字端老，学识渊博，与叶适等人有过交往。

相传著名理学家朱熹也远道而来，到仙岩书院探访陈傅良。

朱熹（1130—1200），字元晦，号晦庵，晚称晦翁，谥号“文”，世称朱文公。宋朝著名的理学家、教育家、诗人，做官清正有为，振举书院建设。官拜焕章阁待制兼侍讲。朱熹在仙岩期间，留下了“溪山第一”“开天气象”“东南邹鲁”等墨宝。如今，来到仙岩的游客，还可以一睹“开天气象”这块匾额的风采。

在温州文献丛书本《瓯海轶闻》卷之七《永嘉学术·陈文节公傅良》中，有一段话可以看到当时陈傅良和朱熹的友好关系：“今陈丈君举郎中，精敏该洽，词笔高妙，皆熹所不能望其万一者。若举而属之，公论无不以为宜者。”

朱熹（1130—1200）

仙岩寺山门“开天气象”牌匾（黄卫东/提供）

仙岩书院藏书丰富，为永嘉学派阵地

仙岩书院藏书丰富，是瑞安最早的书院藏书楼。陈傅良《迁仙岩书院于屋西有怀同志》诗云：“作屋皆三益，藏书可万家。”叶适在陈傅良的墓志铭中也曾写：“拥书如城，其乐欣欣。”

陈傅良是永嘉学派承前启后的“主旗手”，仙岩书院因此成为永嘉学派进行学术研究、文化交流和思想传播的重要场所之一。

后来，书院一度迁于澍村，由陈傅良的学生蔡幼学、曹叔远主持，影响颇为深远。

宋嘉泰三年（1203），陈傅良病逝家中，谥号“文节”，其墓在瑞安塘下镇罗凤凤川村。

为了纪念陈傅良在仙岩创办书院、讲学授课的功绩，明弘治年间，百姓们在梅雨潭旁陈傅良当年读书处建起了“止斋祠”。明万历十二年（1584）重建时迁于今址（仙岩山积翠峰下，虎溪桥北首），清同治六年（1867）重修时改名为“陈傅良祠”。1997年被列入浙江省重点文物保护单位。2010年，当地政府对此大规模重修后，改名为“陈文节公祠”。

“陈文节公祠”坐北朝南，中轴线上依次为门房、正殿、东西厢房。目前，在东西厢房内分别设置有永嘉学派展和陈傅良生平事迹展。第一进台门上有一副对联，上联为“山中檀越”，下联为“天下贤人”。清康熙初，该祠年久失修，仙岩寺主持天目和尚便拨寺银予以修葺，并书刻此联榜于台门，赞颂陈傅良。第二进台门上的对联：“东瓯理学无双士，南宋文章第一家”，充分肯定了陈傅良的学术思想和历史地位，据说为南宋光宗皇帝所赐。

德星聚奎百年业

聚星石，聚星书院190周年校友会捐献。

瑞安市聚星小学（莘塍中心小学），始创于清道光六年（1826），由莘塍人蔡朝珂、陈步云等众筹资金兴建，取名“聚星书院”，后改名义学、聚星学堂、聚星二等学堂、东区区立聚星高等小学兼国民学校、东区第二中心小学、莘塍镇国民学校、莘塍区中心小学、莘塍五七小学、莘塍镇中心小学等。2011年改名为莘塍中心小学。2018年增挂瑞安市聚星小学校牌。办学至今已有190多年，不曾迁移或中断，为一直在原址延续办学的浙南最古老的学校。

太学生联合乡绅众筹办义塾

道光六年（1826），莘塍下村人、太学生蔡朝珂同老师鲍云楼研读《郁离子·沙班子中兴义塾诗序》一文后，认同沙班子中所言的官办书院弊端，感叹乡间文风不振，欲仿子中样式另筑一室，兴办义塾，招弟子以教。鲍云楼认为，仿照子中的办学方式，单靠自己，没有巨资，难以实现。

承载宋代大儒林石、蔡幼学、季应祈等曾在莘塍设塾授徒的厚实文脉，“穷经以致其用，反躬以践其实”，蔡朝珂将永嘉学派的事功义利精神融入广开民智的办学实践中，他将此事同乡绅商讨，佥请乡绅武官陈步云。陈步云牵头捐白银千两，开启“众筹”集资模式，林培厚从湖北寄捐白银百两，蔡仲樵、张桐石、黄燕山、蒋鲁堂等捐百两或数百两，蔡朝珂借垫千多缗（后变卖自己田亩百亩还债），众士绅闻风纷纷出资，共筹银三千余缗。

蔡朝珂和诸同志选址于三千年文明岱石山脉下的莘塍河口宫边，度其材料，择日动工。历时七年，于道光十二年（1832）竣工。书院颇具规模，中为讲堂，上建魁星、文昌二阁，左右厢房和耳房二座，书室五十八间，伙夫房、水井、厨房、浴室、厕所等一应俱全，四周围墙，巍然壮观。取名“聚星书院”，寓意“德星聚奎，五百里内贤人聚”。

清道光十四年（1834）聚星书院地图

聚星书院深受历任府邑官员器爱

历任邑令先后兼任书院山长。

道光十年（1830），温处道王孚远拨付头陀寺充公民田八十亩，以为聚星书院延师考课之资。道光十一年（1831），邑令刘礼章带来杭州《宗文义塾条规》，又捐廉俸六百两；道光十二年（1832）二月二十四日，聚星书院首事，礼请刘礼章亲为开课，之后刘礼章每月必到馆上课；道光十四年（1834），刘礼章又亲撰《为陈锦堂公倡建聚星书院碑》。道光十五年（1835），邑令彭元海捐二百廿四两，又拨付充公民田六十三亩归为书院产息。道光十六年至十七年（1836—1837）间，书院经费一度困难，陈步云又捐赠四百金，蔡朝珂变卖花椒楼以捐金百两，黄燕山妻黄潘氏又捐资二百五十两银，以解书院资金之急，道光十八年（1838），邑令梁元撰《黄潘氏还券续捐聚星书院碑记》。

曾为中共地下党活动的中心

据《赵钧日记》《张棡日记》记载，清朝末年民国初年，聚星小学是清泉乡政治活动的一个重要据点。瑞邑邑令多次在聚星书院召开会议商讨剿贼公事、督催海塘建设、布置禁烟等工作。“新同福”“新锦福”“新品玉”等戏班也常在聚星礼堂演戏。

民国十三年（1924），中共中央派谢文锦，同林去病、蔡雄、叶辅阶、戴国鹏等到东区开展宏文会活动，宣传新思想、新文化，传播马克思主义和革命理论，聚星小学开始成为革命活动据点之一。民国十四年（1925）救国团在聚星小学礼堂演文明戏；民国十六年（1927）林去病等在聚星小学会议，合并宏文会和中山主义研究会为“民社”。

百年名校春华秋实

同治年间，聚星书院曾一度改为义学，招收贫困子弟就学，深受百姓欢迎。至今老一辈莘塍人仍以“义学”这个名字称呼。清朝末年民国初年，乡绅张震轩先生联合河乡志同道合的知识分子，为振兴民族愿望，接受新思想，改进宾兴资金筹集和管理方式，动议使用宾兴款去上海采购书籍报章、设立阅览室，改聚星书院为新制学堂——聚星高等小学，成为当时东南沿海地区屈指可数的高等小学。

民国六年（1917）四月二十四日，学校改为东区区立聚星高等小学兼国民学校。民国二十九年（1940），首办幼稚班。1951年创办聚星小学附设初中班，招收学生42名，开启莘塍初中教育的历史。1955年，成为瑞安市两所重点学校之一，彭文席在学校代课期间写出了著名儿童寓言《小马过河》。

近200年来，该校培育了2万余名毕业生，其中许多人成为各行各业的拔尖人才。其中包括陈景润的恩师、数学家方德植，中国工程院院士方国洪，音乐教育家缪天瑞，眼科专家缪天荣，硫酸环保专家缪天成，民房结构专家缪天祺，台湾师大教授缪天华，省人大代表缪天贵，水声物理学家高天赋，果树专家温商霖，建筑专家黄希尧，法学家薛祀光，革命武术家陈文征，革命先驱张志玉，美国宾州大学终身教授蔡天武，世界举重冠军胡挺和全国最年轻的象棋大师梁妍婷等。百年名校，春华秋实！

倡学办学孙诒让

光绪二十三年（1897），近代著名教育家、经学大师孙诒让在温州发起成立永嘉蚕学馆。杭州师范大学教育学院教授、浙派名师研究院院长童富勇称，这是有史记载最早创办并招生开学的职业学校，孙诒让则是最早提倡职业教育并付诸实施的职业教育家。

且不论此说法精准与否，可以确定的是，于晚岁的十三年（1886—1908），孙诒让从一位纯粹学者，向浙南近代教育开拓先锋的角色转型。他广开学风主持，创下在温州、处州（今丽水）创（倡）办学校309所的纪录，开启了浙江近代教育的序幕。

寻求新学强国路，核心是“惟其致用”

孙诒让（1848—1908），精研古学垂四十年，著有《周礼正义》《墨子间诂》《契文举例》《温州经籍志》等三十余部作品，有着“晚清经学后殿”“三百年绝等双”之誉。

孙诒让曾自称“于世事无所解，顾唯嗜读古书”，然而列强的枪炮声打碎了书斋的宁静，感慨“学校不兴，则士陋而无术，农劳而寡获，商拙而失赢”的他，从爱国知识分子的本能与良知出发，期望通过教育寻求强国之路。

如何做教育，孙诒让的立场和他不守旧、喜创新的性格有关。“每见时贤新论，辄复饮喜玩绎”。孙诒让不仅订阅《申报》《万国公报》等新学刊物，购入中外新学书2643册，还买了一架显微镜，时时饶有兴味地研究。他认为，旧教育的最大弊端是“与现时不相应”，所以新教育的核心在于强调“惟其致用”“以应时需”。

光绪三十一年（1905）十一月，温州、处州（丽水）两府学务分处成立，孙诒让被举为总理，而后就任学部谘议、浙江省教育总会会长等职。

分学科也重技能，摘多个全国第一

“数学是自然科学中一门最重要的学科，它造乎其微，则步天、测地、制器、治兵厥用无穷。”光绪二十二年（1896），年近五十的孙诒让创办了我国最早的数学专门学校——瑞安学计馆，专授数理化等现代知识。他在《瑞安新开学计馆序》中提出，办馆目的是培养新式人才以适应时代需要，大处可“待国家之用”，小处说也可“以泽乡里”。

学计馆办了6年，先后培育了约200名学生，他们具备数学基础并懂得运用现代科学。时值《瑞安县志》重修，这个测绘任务的重担，落在了对三角测量已有门径的学计馆学生的身上。经县志局选聘，部分优秀学生首次按新法规的标准完成了全县的测绘任务。

在孙诒让的积极支持下，光绪二十三年（1897），“瑞安方言馆”于瑞安城范大桥项氏宗祠开学，设西文（英语）和东文（日语）等科，为浙江近代最早的外语学校。光绪二十八年（1902），瑞安学计馆与瑞安方言馆合并为瑞安普通学堂（瑞安中学前身）。

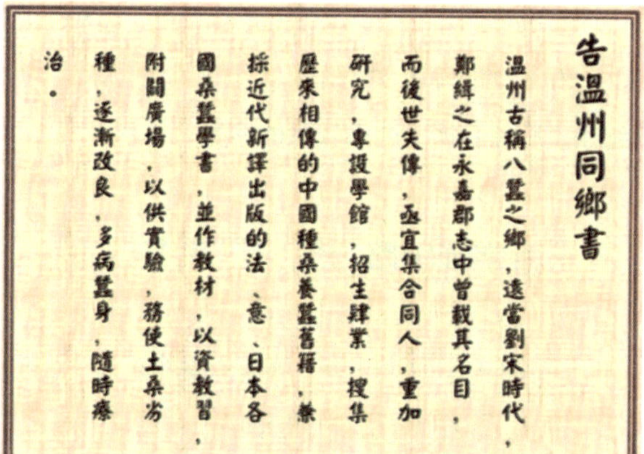

告温州同鄉書

温州古稱八蠶之鄉，遠當劉宋時代，鄭緝之在永嘉郡志中曾載其名目，而後世失傳，亟宜集合同人，重加研究，專設學館，招生肄業，搜集歷來相傳的中國種桑養蠶舊籍，兼採近代新譯出版的法、意、日本各國桑蠶學書，並作教材，以資教習，附關廣場，以供實驗，務使土桑劣種，逐漸改良，多病蠶身，隨時療治。

办蚕学馆时发布的《告温州同乡书》

孙诒让注重对学生技能的培养，强调学生未来的职业应用。光绪二十三年（1897），孙诒让与友人筹资创办了永嘉蚕学馆（为温二中肇始），兼用中西新旧诸法，教导学生养蚕种桑。杭州知府林启（字迪臣）筹办杭州蚕学馆时，还曾致书索取永嘉蚕学馆章程作参考，后传至苏州、南京一带。

此外，孙诒让还创办了国内最早的化学专科类学校之一的瑞平化学堂等职业学校，并主张中小学开设职业技术课。直到光绪三十四年（1908），孙诒让病笃之际，还计划创办温州农工商实业学堂。有数据表明，当时温州地区的职业学校数量位居全省首位，占全省总数的30%。

筹办师范学校，民间开展演说会

针对当时的教员多为科举出身，对教育学、心理学一无所知的情况，孙诒让于光绪二十九年（1903）同林文潜等人成立“师范教育研究会”，以理论探讨的形式推动师范教育的发展。他还在瑞安普通学堂设立“师资读书社”，配备教师无力购买的书籍报刊，并设立“星期讲习会”“博物讲习班”“理化讲习所”等，为教师间相互切磋、研究在教学中产生的问题提供方便。其形式类似现在常见的教研组、集体备课组，这些在当时都是一大创举。

值得一提的是，创办于光绪二十八年（1902）的温州府学堂（后改名温州府中学堂、浙江省立第十中学校等，为温州中学前身），虽名义上为州最高学府，但存在管理、课程等多方面弊端，名不副实。孙诒让推其得力助手刘绍宽为府学堂监督，从学风、教风、校规等方面整饬，将一所腐败的官立中学重振为颇具生气的新学校。

为培养合格教员，孙诒让积极筹划创办师范学校，如温州师范学堂、处州初级师范学堂等。其中，温州师范学堂首批有200多名完全科学生入学。“一代词宗”夏承焘、文史专家苏渊雷、历史学家陈竺同等都毕业于此。

“国民之智愚贤否，关国家强弱盛衰。初等小学本应随地广设，使邑无不学之户，家无不学之童。”为普及教育，孙诒让在瑞安普通学堂附设4所蒙学堂，并在《温处学务分处暂定学堂管理法》的制定中，以奖惩并用之举，保证适龄儿童入学。

孙诒让更将视野扩展到社会教育领域，支持或参与创办了瑞安务农会、瑞安天算学社、瑞安演说会、普通话讲习所、温州通俗教育社等组织，开启了教育为大众服务的先河。其中瑞安演说会，每月逢朔望有名家演说时事政治、科学知识等，学堂师生及各界人士参加，听者数百人。

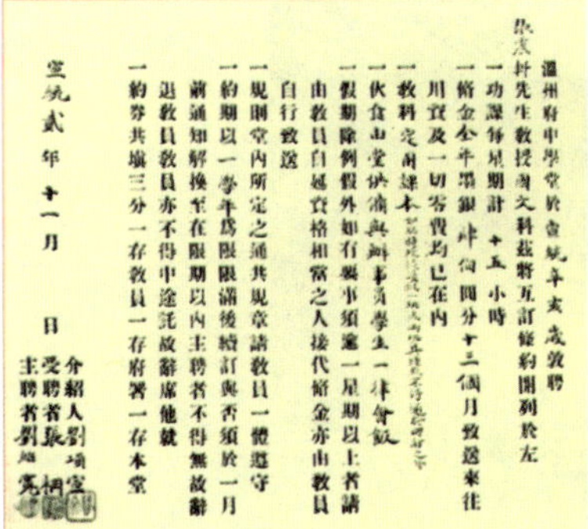
溫州府中學堂於宣統辛亥年敦聘
張震軒先生教授國文科茲將互訂條約開列於左
一功課每星期計十五小時
一脩金全年墨銀肆佰圓分十二個月致送來往
川資及一切雜費均已在內
一教科定用課本
一伙食由堂供備與職事員學生一律會飯
一假期除例假外如有要事須塗一星期以上者請
由教員自延資格相當之人接代脩金亦由教員
自行致送
一規則堂內所定之通共規章請教員一體遵守
一約期以一學年為限限滿後續訂與否須於一月
前通知解換至在限期以內主聘者不得無故辭
退教員教員亦不得中途託故辭席他就
一約券共塡三分一存教員一存府署一存本堂
宣統貳年十一月 日
介紹人劉
受聘者張棡
主聘者劉紹寬

刘绍宽聘请张震轩任国文教员的聘书

温州师范学堂题匾

带头送女儿入学，促姐妹求学佳话

孙诒让还大力提倡女子入学。光绪三十二年（1906），他倡办德象、宣文、毅武三所女校，带头送女儿入学。

东瓯知名画家蔡英（1861—1918）膝下有两女：长女蔡笑秋和次女蔡墨笑。两姐妹从小受家庭熏陶，酷爱艺术。蔡笑秋六岁时与平阳一陈姓人家的男孩订了婚，不幸的是男方夭折，蔡笑秋因旧俗要为其守寡。

一次，蔡英与孙诒让谈及长女境况。深感同情的孙诒让，将此事记在了心中。光绪三十年（1904），天津创办首所国立女子学校——北洋女子师范。孙诒让当即劝说蔡英让女儿报考。在孙诒让竭诚相劝下，本心中无底的蔡英最终点头。除了18岁和14岁的蔡家两姐妹，平阳毓秀女塾两个同学屠素侠和阮萱娥，也有意同往。临行前，孙诒让亲笔写了推荐信，交由她们带上。当时，温州府五县赴考的唯此四人，她们也成为近代公办女子师范学校最早的温州学生。蔡氏姐妹学成归里后，效仿孙诒让，投身桑梓。

开温处两地学风，诸名校百年留芳

光绪三十四年（1908）六月二十日，孙诒让患病卒于故居，浙江省各校停课致哀。

2018年12月，恰逢孙诒让170周年诞辰暨逝世110周年，孙诒让教育思想研究会暨浙南百年名校联盟成立大会在瑞安中学举行。以温州中学、瑞安中学为首的52所温州各县（市、区）的百年名校加入该联盟。52校中，26所学校由孙诒让先生创（倡）办。

百余年前，孙诒让毅然走出书斋，号召教育救国；百余年后，他的治学精神、教育思想依然绽放光彩，如一块精神地标，照亮了教育的前路。

为纪念孙诒让，温州学界建籀园。

蓡绥成阴付后人

一笑相逢念九春，惊看万事逐年新。
定巢画阁分邻燕，入梦香炉识殿麟。
岁月峥嵘容暂合，乾坤荡莽老逾亲。
病中种树从君学，留待成阴付后人。

这首《迁居学署答梁节庵同年》，来自晚清瑞安籍学人黄绍箕，其标题点到的友人梁节庵，正是曾为溥仪老师的学人梁鼎芬。这两人，除了同朝为官外，还有一层私密关系，那就是书友。

其实，身为瑞安“五黄先生”（还包括黄体芳、黄体立、黄体正和黄绍第，他们因学问、道德、文章为世人所钦敬而得名）之一，黄绍箕不仅在仕途上为中国新学发展鞠躬尽瘁，于求学之途，他也躬先表率，其书友名单不仅包括梁鼎芬这样的藏书家，还有康有为、孙诒让等名士大儒，现代词学的开拓者夏承焘也曾因他慕“书”而来。

书友聚会琉璃厂，倾囊抢购“卧雪庐”

黄绍箕（1854—1908），字仲弢，瑞安城区人。清光绪六年（1880）中进士，入翰林。少承家学的他，在学术上兼综汉宋，精于考据、辞章、金石文字、书画、目录校雠之学，是一位广博精深的大学问家。要问黄绍箕的学问从何而来，首先，是有看书的爱好。

黄绍箕当年在京工作时，得空便到琉璃厂（原为元朝烧制琉璃瓦的官窑，清代各地来京参加科举考试的举人大多集中住这一带，此地因而书铺众多）看书、淘书，见有所好，即捆载而归。那个时候，京城很多藏书家都会到琉璃厂聚会，如宗室盛昱、福山王懿荣、江阴缪荃孙、嘉兴沈曾植、番禺梁鼎芬、萍乡文廷式等人。他们都是黄绍箕的好友兼书友，大家聚在一起切磋版本之学。

光绪九年（1883），湖南大藏书家袁芳瑛卧雪庐所藏之书，由其儿子运到北京出售。要知道，袁氏藏书之盛被称为“二百年所未有”，北京大学图书馆因收藏由袁家流出来的众多善本，后将古籍作为馆藏特色，可见卧雪庐藏书品质之高。当时，黄绍箕得到消息后，马上跑到琉璃厂抢购，终于买下其中一部分。他在给堂弟黄绍第写信时兴奋地说：“所见宋元版真者甚多，然好书太多，亦不能不割爱也。”

黄绍箕（1854—1908）

以快意之心淘书，以求实之念记录

光绪十四年（1888），黄绍箕以银二百两巨资购得宋刻本《文选》一部，在给父亲的家书中，黄绍箕说明购买动机：“此男极知冒昧，然当时所以如此者，一则立意自今以后，父亲大人及男，或得外差一次，拟必置书籍或碑版、字画……一件以为传家之宝，二则是书精美无比，男快意非常。”

除了埋首淘书，黄绍箕也通过各种方式，将书中的重要内容摘录保存。

比如清语言学家王筠所校的一本《说文篆韵谱》。此书内，王筠过录了内阁学士翁方纲的校语，还加入个人见解。黄绍箕认为此书很有价值，无奈“书贾居奇价太昂”，他最终没有买下，但黄绍箕也想到了弥补遗憾的办法——将其中有价值的校语摘抄过录。

作为晚清名臣张之洞的门生，黄绍箕曾看到庚子事变期间重要的实录史料，那是总理衙门大臣袁昶记录京中动向的日记，他在被杀前寄给老师张之洞参考。黄绍箕随即抄录该日记并寄回家乡瑞安。乡人杨绍廉将日记传抄，于民国十年（1921）寄给嘉业堂主人刘承干。黄绍箕的记录，让这份珍贵的史料得以保存。如今这册袁京卿日记传抄本，藏于国家图书馆善本库。

抄《地理丛考》残帙，寄送孙诒让补遗

作为维新派的重要人物，黄绍箕力主变法自强、抗击外敌侵略，参加过由康有为策划组织、近代中国最早的政治团体“强学会”。黄绍箕曾将《上海强学会章程》寄给孙诒让。埋头学问

的孙诒让看后，极为感动，同时也认为危局面前，单是搜集图书、购置古物难以支撑下去。于是，孙诒让草拟《兴儒会略例》21条，提出"与寰宇同志集成兴儒会"等设想，并寄给黄绍箕。

一方面，两人互相交流政治见解，另一方面，他们也为各自治学提供帮助。光绪十五年（1889）十月，黄绍箕从学者文廷式处写得宋永嘉薛季宣《地理丛考》残帙。黄绍箕将传写本寄送给孙诒让，希望为他著《温州经籍志》提供帮助。

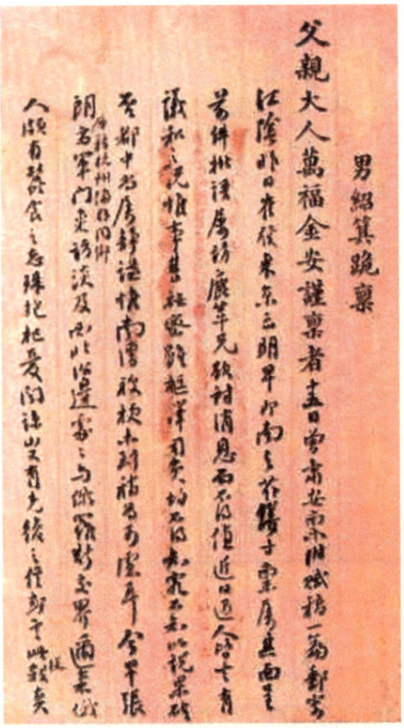
男绍箕跪禀
父親大人萬福金安謹稟者

黄绍箕致父亲黄体芳的家书

藏书盛及三大家，引词人搬家读书

黄绍箕的藏书楼位于瑞安城区，以"蔘绥阁"命名。蔘绥一语出于汉扬雄《方言》："荆扬之间，凡言广大者谓之恒慨；东瓯之间，谓之蔘绥"，取藏书宏富之意。蔘绥阁与孙诒让的玉海楼、项霁的水仙亭被称为瑞安三大藏书楼。

经过黄绍箕多年的淘书积累，蔘绥阁形成了自己的特色：多藏宋元明善本，其中宋版《王公四六话》《文房四友除授集》《樵渔对问》等都是百川学海本，而百川学海是中国刻印最早的丛书；地方志较多，有109部，其中《正德兴宁志》系海内孤本，现藏温州市图书馆，入选第一批国家珍贵古籍名录；金石类图书收藏较全，有《金薤琳琅录》《真迹日录》《十二砚斋》《小蓬莱阁金石文字》《两汉金石记》《啸堂集古录》《严氏古砖存》等62部。

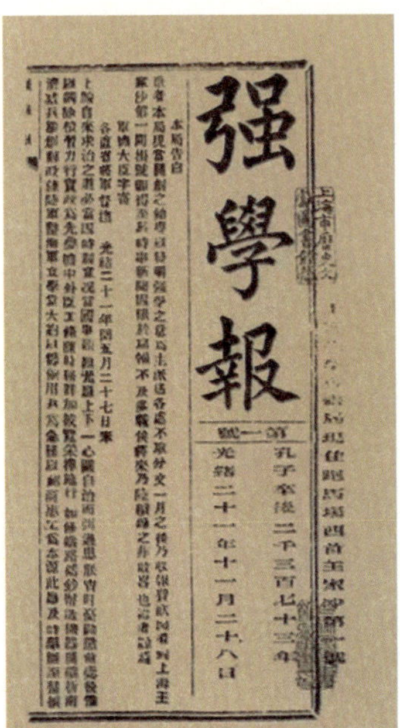
強學報
第一號

《强学报》第一号

民国初，同邑杨嘉纲（字则刚）编有《蔘绥旧本书目初编》，记录蔘绥阁藏书共103种、1100余部，其中宋刊8种、元刊11种、明刊80多种，日本刊8种。不过这个数字并不能反映蔘绥阁当时规模，因为"这个书目乃是黄绍箕死后散亡之余，盖善本仅得十之一二耳"。

民国十一年（1922，也有说民国十二年），黄绍箕后人将"蔘绥阁"藏书寄存籀园图书馆（温州市图书馆前身），不久全数捐赠。蔘绥阁的旧藏捐归籀园这件事，在当时很是轰动，籀园图书

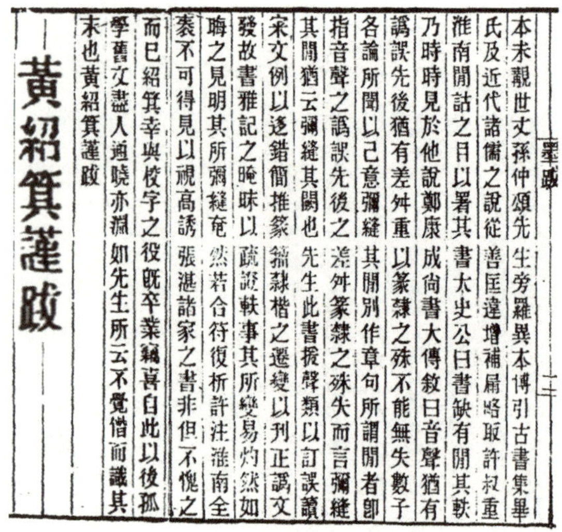

本未覩世丈孫仲頌先生旁羅異本傅引古書集畢氏及近代諸儒之說從善匡違增補扁略取許叔重淮南閒詁之目以署其書太史公曰書缺有閒其軼乃時時見於他說鄭康成尚書大傳敘曰音聲猶有譌誤先後猶有差舛重以篆隸之殊不能無失數子各論所聞以己意彌縫其闕別作章句所謂閒者即指音聲之譌誤先後之差舛篆隸之殊失而言彌縫其閒猶云彌縫其闕也先生此書援聲類以訂誤讀宋文例以迻錯簡推篆籀隸楷之遷變以刊正譌文發故書雅記之晻昧以疏證軼事其所變易灼然如晦之見明其所彌縫奄然若合符復析許注淮南全袠不可得見以視高誘張湛諸家之書非但不愧之而已紹箕幸與校字之役既卒業竊喜自此以後孤學舊文盡人通曉亦猶如先生所云不覺僧而識其未也黃紹箕謹跋

黃紹箕謹跋

黄绍箕为孙诒让《墨子间诂》作跋的书影

馆为了纪念黄绍箕，还专门在籀公祠内立了黄绍箕的灵位。蔘绥阁藏书的高质量为温州学界所通晓，词人夏承焘为了能够看到原蔘绥阁旧藏，专门在籀园附近找房子住下，天天到馆里读书。很长一段时间过去，他竟将蔘绥阁旧藏通读了一遍。

而今，蔘绥阁留下的旧藏大多入了温州市图书馆的善本库。就像黄绍箕于本文开篇的那首诗中所写“病中种树从君学，留待成阴付后人”，正因前人的辛勤栽树，才有我们的如沐春风。故人已逝，书籍留存，书友，是可以跨越时间和生死的。

附瑞安藏书楼一览（不完全名单）

经史阁——最早的官府藏书楼

从个性来讲，经史阁这个名字并不特别，相对正统，这也寓意了它的官办身份。

该藏书楼初建于北宋崇宁元年（1102），又在北宋政和五年（1115）被郡守刘从之、邑令蔡景初等人复建。“瑞安四贤”之首的许景衡曾作《经史阁记》。该藏书楼其大致位于瑞安县学内（今玉海街道实验小学一带），储藏各类图籍。

闲心寺经藏——最早的寺院藏书楼

瑞安湖岭镇有个特别的村子叫闲心寺村，过去有座闲心寺。闲心寺的藏书，曾被永嘉学派开山鼻祖周行己记录在《闲心寺置经藏文》里。此藏书楼大致建于北宋时期，所藏应该主要是经文。巧的是，大儒周行己百年后，便归葬在闲心寺附近。

仙岩书院——最早的书院藏书楼

仙岩书院是温州历史上颇有才名的一座书院，位于塘下镇凤川村澍村[南宋淳熙十二年后（1185）迁此]，是南宋名臣、瑞安人陈傅良读书、藏书、教书的地方。作为陈傅良治学的起点，仙岩书院内藏书极为丰富。叶适在陈傅良的墓志铭中说："拥书如城，其乐欣欣。"

邵振阁——最早的私家藏书楼

这是瑞安目前发现的有文献记载的最早的私家藏书楼。大致建于宋代，位于瑞安邵公屿（在原县衙中，今海华大厦附近），据说"收藏甚富"，藏书有数千卷。

篔筜书屋——书的"衣冠冢"

瑞安的莘塍仙甲季村，有一季氏望族。季氏子弟季应祈（1314—1396）为才学之人，他聚徒讲学，写过《鹿岩樵唱》《樊庄稿》等作品，还提出"穷经以致用，反躬以践其实"的观点。季应祈曾购得宋时邵公屿邵振阁的遗书数千卷，对书十分珍爱。

适逢元末台州方国珍军起兵南下，为避开兵燹，季应祈将书籍藏于篔筜山坟庵内，自己则避难到海滨。结果流兵发现坟庵，将书焚毁。此事让季应祈几乎发狂。

季应祈过世后，他的儿子季德基在父亲墓旁造了一间象征性的藏书楼"篔筜书屋"，"明月照篔筜，清泉绕书屋"，在山风竹影间，算是给季应祈生前的藏书造了一座"衣冠冢"。

横经室——白手起家的典范

横经室为校勘学家、"民国瑞安十大才子"之一李笠的藏书楼。"横经"两字的意思是横陈经籍，指受业或读书，取自南朝文学家任昉的诗句"旰食愿横经"，旰食二字，指事情一忙就不能按时吃饭，由此书楼名字可以猜测，楼主李笠，十有八九是位"书痴"。

虽说是书痴，但李笠一开始，家中连一本像样的藏书都没有，当年读书、做研究用到的教科书，不是借的就是跟人换的。当他收入渐丰，手头藏书越来越多后，便于民国十六年（1927），购买了瑞安第一巷老屋大院邻居的旧宅，建造了当时被称为"第一巷洋房"的二层楼，以作藏书。8年后，他又在旁边建了水泥小洋楼作为珍藏楼，专为珍藏善本书画。

全盛期的横经室约有藏书6万册。除成部的各类古籍线装书、古碑帖，成套珍品文集、志书、书画等，一度收入了唐三彩、青铜器等藏品。

横经室完全由李笠凭一己之力打造，蕴含了他多年心血。难能可贵的是，李笠将当年向人借书的恩情传递了下去。和玉海楼一样，横经室也开放借书给乡邻乡亲。

玉海楼——雇专人抄录好书

孙家的玉海藏书楼始建于清光绪十四年（1888），为使儿子孙诒让潜心著述，孙衣言为其精心卜地而建，藏书八九万卷。

玉海楼藏书以富名家批校本、多乡邦文献、多孙氏父子手批手校本为特点，其中如明万历《温州府志》、清康熙《瑞安县志》等皆为国内孤本。

为增加收藏的广度，孙家经常借抄别家藏书。如卢文弨批校本《越绝书》、刘宝楠著《〈大戴礼记〉旧校》等。为加快藏书速度，玉海楼建成后，孙家父子还专门雇人来抄好书。

尊经阁、藏经阁——尊崇经典

尊经阁和藏经阁，这两个名字比较常见，一般用以贮藏儒家重要经典、百家子史诸书以及经文等，供学宫生员博览经籍。前者为明嘉靖三十一年（1552），知县刘畿在瑞安县学学宫内重建；后者为明嘉靖三十二年（1553），刘畿在县学学宫圣庙外新建。眼下这两座藏书楼，均已消失在岁月的长河中。

杜隐乡贤栽后进

张㭎夫妇与后辈

记了53年，写了270多万字，瑞安乡贤张㭎的《杜隐园日记》集中展现了近半个世纪瑞安的风土人情和社会风貌，堪称“半部温州近代社会史”。

如果说，撰写日记是张㭎平时的习惯爱好，那么教书育人就是他的毕生职业了。

张㭎出身书香门第，自幼好学不倦，少年便小有名气。清光绪六年（1880）入县学，光绪二十年（1894）温州院试中，张㭎得瑞安经解场第一名，颇得赏识，其文被刊入《浙江试读》，引得全郡士子仰慕。可惜他此后科试屡败，怀才不遇。科考生涯延续至43岁，却始终未能获得科名上的突破。

不过，这并不影响张㭎在科考间隙成为私塾老师，并终生献身教育事业。其侄张祖成在《从父震轩张府君行状》中称他“造就后进何止数千，乡里仰望如北斗焉”。

为师者：不拘古法，教学有方

张㭎（1860—1942），字震轩，号真侠，瑞安汀田人，家居杜隐园。光绪十三年（1887），28岁的他开始居家设馆授徒。光绪十七年（1891），他受聘晚清名儒孙衣言、孙锵鸣兄弟为诒善祠塾主讲。

孙衣言与张㭎一老一少，年龄相差45岁，但两人都喜读《史记》，遂成了忘年交。每至深夜，张㭎被孙衣言招入玉海楼，谈文指授。孙老前辈还将自己用色笔细校的归有光、方苞的批本《史记》借给张㭎抄录。张㭎因此益发勤奋，致力于文史之学，并在研究《史记》句读同异的基础上，纂成《史读考异》三十卷，颇获孙氏父子赞赏。

光绪三十三年（1907），孙衣言之子孙诒让延聘张㭎主讲瑞安中学堂文史课。次年，又荐他任教温州府中学堂。民国五年（1916）起，张㭎又先后在浙江省立第十师范、省立第十中学（温州中学前身）及瓯海公学任教。

张㭎教学有方，不拘古法，间选时文及报纸新闻等作为辅助教材，启发学生养成自觉学习、主动质疑的习惯。比如对古代文章、诗词等，先范读一遍后，要求学生悉心学习，以我之神契古人之神，以我之声肖古人之声，于是，"玩其谋篇，寻求脉络，查其根据，单辨其形声，看一篇受一篇之古人之文，不啻我代作之"。

孙诒让曾称赞张㭎"史学渊博"。温中监督（后称校长）刘绍宽手札这样评价张㭎："张震轩史学渊博，与子常埒，而文辞雅畅过之，于唐宋文家法，亦极淹贯，自是一好教员。"子常，指另一位国文教员王子祥。

兴学校：倡改学堂，兴办小学

甲午战争后，受救亡图存维新思潮的影响，张㭎开始购阅报纸，关心时事。

光绪二十八年（1902），清政府颁布兴学诏书，突出兴学育才为当务之急，要求各县均设小学堂，多设蒙学堂。张㭎力倡将创办于清道光六年（1826）的莘塍聚星书院改为瑞安东区两等学校，又亲撰《改聚星书院为高等学堂启》，文中称"兴学非难。筹款为难，此实为今日办学堂之一大问题也。而况乡之民风鄙塞，不如府县之广有富绅也；乡之风气隔阂，不如府县之士多团体也。有此三难……科举废，章程颁，大吏催，义绅倡，学堂之兴"。

光绪三十一年（1905），县署示谕改聚星书院为聚星学堂。光绪三十三年（1907），聚星学堂升为聚星两等小学堂。据《瑞安教育志》记载，这是瑞安县继官立高小之后，第三所二等小学堂。这所新式学堂，日后成为浙江东南沿海一带知名的小学。

光绪三十二年（1906）正月，张棡择址张氏小宗祠，着手创汀川普及小学，校长与教师均由自己一肩挑，还撰写楹联十三对。在校门口悬挂两联：“入门共震轩辕烈，邮智何忧欧亚争”；“旧邦立新宪，乡校铸国民”。

二月六日，汀川普及小学堂正式开学，到校学生三十多人。按照学识水平，分甲、乙两级，采用蒙学堂读本为纲，甲班生另设演算定位课程。至此，在汀川地方终于有了第一所能让适龄学童入学的现代小学堂。

张棡还为汀川普及小学订阅《大陆报》《中外日报》《新民丛报》《国粹报》《小说报》等，购置《笔法数学》《数学教科书》，赴温州日新书局购买《蒙学书》《卫生教科书》《算学歌略》等优秀教学用书和报刊，让师生阅读，开拓他们的视野。

百多年来，汀川普及小学一直延续办学，现为汀田中心小学，为汀田培育了成千上万的学生，为普及文化知识、培育优秀人才作出了重大贡献。

师生情：深相期许，寄情日记

从清光绪十四年（1888）自办私塾起，至民国十六年（1927）从瓯海公学辞职返乡里止，张棡从教三十九年。在温中的一次毕业典礼上，他满怀激情，对即将离校的莘莘学子说：“保祖国

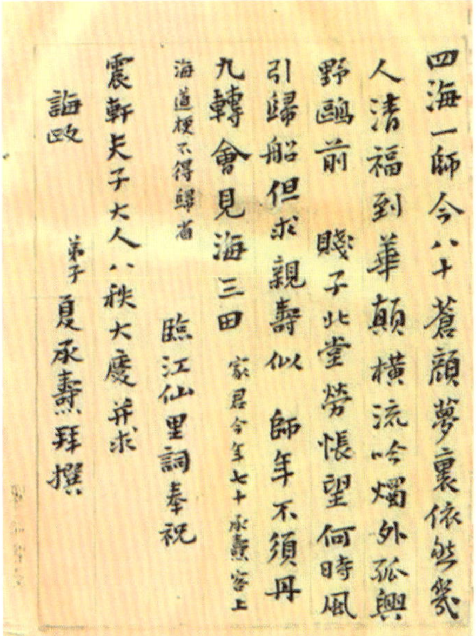
四海一師今八十蒼顏夢裏依然
人清福到華顛橫流吟燭外孤輿
野鷗前　賤子北堂勞悵望何時風
引歸船但求親壽似　師年不須再
九轉會見海三田　家君今年七十承燾客上
海道梗不得歸省　臨江仙里詞奉祝
震軒夫子大人八秩大慶并求
誨政　弟子夏承燾拜撰

张棡八十大寿，弟子夏承焘敬献的贺词

之粹，扬独立之旗，杜四夷之侵，振兆民之气者，舍我学生其谁？”

民国《瑞安县志稿》称张棡“造就后进无虑数千人”。革命烈士蔡雄、“一代词宗”夏承焘、戏曲学家王季思、寄生虫学家洪式闾便是其中的佼佼者。夏承焘在《世纪学人自述》中说：“在我记忆中，最难忘的是国文教师张震轩先生。”

夏承焘（1900—1986），字瞿禅，晚号瞿髯，温州人，现代词学的开拓者和奠基人。早年就读于浙江省立十师，当时的国文老师就是张棡，两个人结下了深厚的师生情。那个时候，张棡让学生们填词，夏承焘写下一阕《如梦令》，一句“鹦鹉，鹦鹉，知否梦中言语”，大受张棡的赞许，在句旁加了密密的朱圈，令夏承焘备受鼓励。夏承焘在《天风阁诗集》前言中，称老师“深相期许，至今不忘”；在《天风阁学词日记》中说“予学字学词，皆张师启之”。

张棡喜欢写日记，受其影响，夏承焘也写了一辈子日记。他的《天风阁学词日记》，被现当代著名学者、作家施蛰存称为“半部当代词史”。

张棡日记中出现“夏瞿禅”的有三十五条，始于1916年12月4日，终于1939年11月20日。夏承焘日记中出现“张震轩”的有七十五条，始于1916年3月18日，止于1985年6月6日。

在夏承焘心目中，“平生知己惟先生最深”，不是虚应故事，更不是空穴来风，而是饱含实实在在、刻骨铭心的一份真感情，这一切都记录在两人的日记之中。

养正气亦养人才

瑞安市马屿镇江浦、江西二村之间，有所创办于清光绪三十年（1904）的学校——瑞安市养正学校。它的前身是瑞安最早的新式学堂之一——养正学堂，创办人是近代民主革命先驱、民国第一届国会众议院议员虞廷恺和他的父亲。

虞廷恺满怀“教育救国”理想，关心学堂建设，即使是离乡为官的近十年里，他仍孜孜关注养正学堂。民国五年（1916）十二月二十八日，他返乡探亲，特地兴致勃勃地为白莲堂（早期养正学堂校址）题联：“流水半湾，尺土中成极乐国；到门一笑，十年前是读书乡。”当年养正学堂初办时的景象和阔别十年后相逢的笑声跃然字里行间。

父子合力办学，孙诒让题写学堂匾额

虞廷恺（1880—1918），字伯庼，号泽茜，出生于瑞安飞云江南岸江上村（现马屿镇江西村）一户耕读人家。他启蒙于家学，父亲虞介宸亲授四书五经；8岁师从国学大师孙诒让、黄绍箕，敏慧好学，深得器重。

受恩师孙诒让及黄绍箕教育救国思想影响，虞廷恺很早便萌生建学校育人的想法。光绪二十九年（1903），清廷颁布了学堂章程，成为清朝末年民国初年新学校教育制度的主要依据。于是，由父亲率先捐资，动员乡绅捐募，虞廷恺在来暮乡江上村创办养正学堂，寓意“养天地正气”。这一年，虞廷恺24岁。

光绪三十年（1904）正月，养正学校开学，开设三个班，收学生50名。学堂聘郑谌为校长，教师5名，虞廷恺任教师授课。之后学堂逐步扩大，在浦西村兴建两座教学楼、礼堂及操场，孙诒让特为题写校匾——养正学校。

养正学校原址（白莲堂）

孙诒让题写的匾额

执教三年，虞廷恺从未收过分文酬劳。光绪三十二年（1906），在恩师孙诒让的鼓励下，虞廷恺赴日本读书。归国后不久，辛亥革命爆发，中华民国建立后他进入国会长期从政，未能再回养正学校执教。

心系桑梓教育，寄家书不忘学堂师生

但他的桑梓情怀、育人初忠、始终不忘，每有机会，虞廷恺就要问问学校状况。在他遗留不多的信函家书中，有不少内容涉及养正学校，比如他致父亲的信中说："请劝校长教员尚须认真办理，万不可误人子弟，恶孽不浅。"又如他关心办学质量，对父亲言："至学校下半年须继续办理，惟教员有不良者，不妨另聘。此事要与养素商量便可，不必待儿也。"

他经常捐资助教，给教学好而生活有困难的教师发津贴，与父亲商量："养正学校染成喧嚣习气，日久难治也。王醒、黄须厚，每月送十元太轻否？此款由儿支付。"

他对学生的立德教育十分注重，在信中对父亲说："带去《曾文正嘉言钞》一册，须令崇让每日细阅力行之。此书共买五十册分送挚友。中国败坏至此，非从道德着手，万难挽回也。近又发起国教维持会，该会拟将也教规定于宪法之内，以后逐渐阐扬孔教，保存好我国四千年来的文教。"

延请名师任教，百年来培育英才无数

正是虞廷恺的这份用心，养正学校延请名师，十分重视师资力量。

学者李笠曾在民国六年（1917）担任养正学校教师。李笠，瑞安人，后任教中央大学、南开大学、厦门大学、复旦大学等多所名校。在《李笠诗文选集》中，还存有其掌教养正学校的七律诗，诗云："小窗孤枕倚秋声，风雨萧萧病骨清。静听方知蛰韵苦，多愁渐觉客身轻。寒毡岁月灯偏淡，破几生涯梦亦惊。寂寂村居似肥遁，乡关回首若为情。"

师优，则生优。在百多年的岁月中，养正学校培育出了不少救国、爱国、建国的英才。其中有儒将姚琮，1952年退役时为中将衔，晚年任台北温州同乡会会长，著有《味辛斋诗钞》等。虞廷恺是姚琮的老师，姚琮回忆："余从先生游，先后二十余年。虽离合靡常，而心神交往。间尝卧病都门危甚，先生日必一至，慰问备加。师生之情宁复有此？以之夸示于人，人亦艳称之。"

养正学校培养出的十名将军

还有抗日将军黄雄，新中国成立后曾为民革温州市委筹备委员，政协瑞安县第一、二、三届委员；我国细菌学研究专家黄震亚，抗日战争期间率医疗队参与救助江浙一带农村因细菌战而受害得瘟疫的群众，并于1947年参加“日内瓦公约”第四次修改会议，著有《病理学》等；民国时期中将杨一飞，也是从养正学校培养出来的，一度担任养正学校校长。

多次更名扩建，百年后恢复“养正”校名

养正学校创办于光绪三十年（1904），至民国十四年（1925）已从三个班增至五个班，学生200人左右。次年，因办学经费极度困难，曾一度面临停办的局面。民国二十年（1931），学校改名为瑞安县立南区第三小学。民国二十五年（1936），改称为瑞安县仙降区中心小学，学生280人。由公办改民办，学校有学田130多亩。

1949年下半年起，政府接管学校，改名为江浦乡小学，面向工农子女招生，入学人数倍增，设六个级段，学生350多人。1970年，改名为江浦公社中心小学，增办附设初中班。1984年，改名为江浦乡中心小学。2001年，改名为马屿镇第三小学。2007年，瑞安教育局发文恢复原校名“瑞安市养正学校”。

2007年4月，广瑞集团股份有限公司向养正学校捐资21万元，其中11万元用于学校硬件建设，10万元设“广瑞养正教育基金”。

吴之翰（1876—1931）

瑞安女学有良士

晚清时期，瑞安是温州府思潮最活跃的地方，在那个社会大变动的时代，这个小县城随时能感受到时代脉搏的跳动。

受维新运动和教育救国思潮影响，很多志士将兴办女学看作是改造社会的重要途径之一。光绪二十九年（1903），温州教育先驱孙诒让和萧侃在瑞安城区创办本土女学蒙塾，这是浙江近代最早的女学堂之一。至光绪三十三年（1907），温州各地蒙养院女学堂在校人数已达218人。其中，瑞安3所学堂95人，乐清4所学堂83人，平阳2所学堂40人。

清朝末年民国初年，瑞安兴办女学的还有一位重要人物：吴之翰（1876—1931），原名树楷，清廪贡生，瑞安陶山桐溪人，被誉为“瑞安女学第一人”。

不收学费，学生姓名不能含这些字

光绪三十二年（1906），热衷于桑梓教育的吴之翰在县城卫房宫（今瑞安剧院原址）创办了毅武女子初等小学堂。

为鼓励女子入学，办学的一切费用开支都由吴之翰捐垫，学堂非但不收学费，还资助她们所用的书簿笔墨。吴之翰还对学校规定，女生名字中有“莺、燕、花、柳”等字眼的，都将其改为“毅、武、强、华”。他认为女子也应该学习男儿毅武自强的精神，为实现中华的富强贡献力量。

好友张棡听闻吴之翰创办女子学堂还特意去看个究竟。《张棡日记》光绪三十二年（1906）三月十一日记载：“昨日午后同内兄小竹到卫房宫后宫看女学堂。堂系吴君之翰创办，教习修金，吴君自己捐垫，学生不取分文。大者十二三岁，小者八九岁，皆垂辫方履，不染粉饰、缠足陋习，教法悉本国文教科书。予观诸女子皆彬彬儒雅，拼字有法，吴君又细心讲解，诱迪新机，洵吾邑热心教育之良士也。女学发达定推此为起点。”

多校合并，开女子高小教育先河

吴之翰的女校规模不断扩大。他联合乡贤萧侃的女儿萧仁果，在县城小沙堤的玉尺书院创办德象女校，将萧侃原来创办于汇头刘氏宗祠内的女学蒙塾，以及毅武、宣文等女子初等小学，全部归并到了德象女校，并将其定名为“德象女子高等小学堂”，至此开启了瑞安女子高小教育之先河。

该校初办时由萧仁果任堂长，继而由吴之翰任堂长，后来又聘请瑞安名儒黄绍第的长媳唐孝姑为堂长。

当时进德象女学读高小班的学生，一般已达议婚年龄，按封建习俗，她们是不可抛头露面的。吴之翰为了招生，常常要亲自登门，苦口婆心说服适龄女生家长。也有开明的家长支持女学，但一些女生来上学没几天，架不住外界的风言冷语，又故步自封。

多亏了瑞安一些进步人士带头示范。孙诒让将女儿孙韵萧送到了德象女校读书，一时间同邑望族名媛纷纷效仿……

瑞安名儒孙锵鸣孙女孙味秋回忆：民国九年（1920）进德象女校时，校中设四个年级，每个年级只有一个班，全校约一百多人。郑权老师教国文，初小三年级讲解范仲淹的《岳阳楼记》。女红缝纫课上，老师会在黑板上画些衣服款式，讲些裁剪常识，教学生们用针线缝制衣服。体操老师教大家跑跑步、踢踢毽子、举举哑铃。音乐课也是郑权老师教的。她还记得八十多年前学校里教唱的一首歌：“东南西北大海边，遥望来去船，去船无所见，船身先下地平线。”

办学22年，培养一大批才女

学校走向正常化发展，学生越来越多，经费赤字，开支大，靠吴之翰卖掉仓前街的店面和桐溪的田地来维持。

德象女校旧址

宣统元年（1909），为方便师生来往，他又自费出资在学校后面河上建了一座桥。吴之翰自号八憨老人，故欲称此桥为“憨桥”，桥上建有楼亭。他请来瑞安书法大家池志澂题字。

池志澂一向钦佩吴先生情系桑梓的义举，欣然应允。不过，他总觉得该桥以“憨”为名有点欠雅，便将憨字拆开为“敢心”两字，取名为“敢心桥”，楼亭同样以“敢心”命名。并作联云：“湖上桥，桥上亭，亭上楼台，廿载经营，公果真敢者；壁中石，石中书，书中姓氏，千秋纪念，我亦有心人。”敢心亭至今仍保存完好，成为瑞安的一处古迹。

据《瑞安市志》载，德象女子小学堂于民国十七年（1928）并入瑞安县立中心小学，实行男女同校。德象女校办了22年，毕业学生一千人左右，其中女学生有张次玉（许天牧夫人）、章玄秋（章献猷之女）、姜筱华（何浩然夫人）、洪曼君（林哲之夫人）、洪荃如（许士雄夫人）、陈汉娟（飞行员赵天麟之母）等，都是当时颇有才学的女性。

革除弊端，坚守十年改造飞云渡

除了热衷兴办女学，吴之翰让瑞安人津津乐道的还有他与飞云渡的渊源。

飞云渡，自古就是平瑞两邑和浙闽两省商贾行人必经的交通要津。俗话说“走遍天下路，就怕飞云渡”。飞云渡，江宽流急，经常发生翻船的灾难。

光绪三十一年（1905）八月，吴之翰见飞云渡时有发生轻船重载、敲诈勒索等事件，于是创办了义渡改良会，制订规章、革除弊端，重振义渡。他扩建南岸码道，由原8尺拓宽至2丈余，并新建北岸待渡亭。

那么为什么要建北岸待渡亭呢？因为吴之翰眼见“待渡无所，严冬酷暑，雨夕风晨，妇人孺子亦皆露立江头，艰苦万状”，其爱民担当之心使然。待渡亭的对联也是蛮有意思的，题为：“少住为佳，看南浦飞云，西山雨卷；请君快渡，趁一帆风正，两岸潮平。”

吴之翰为人敢作敢当，他为飞云江义渡的改良坚守了十年。飞云江义渡改良，斩断不少人的利益链，是被人记恨的事，但吴之翰大有“虽千夫所指，吾独往矣”的豪气。

一脉传家

一门画梅三圣手

瑞安市仙降街道的横街村，在明宪宗成化年间，建有一座在当地首屈一指的古色古香的宅院，朱漆兽环的大门，上悬“黄门”两个大字的额匾，显示主人非同寻常的身份和地位。

“黄门之署，职任亲近。以供天子，百物在焉，故亦有画工……”由此可知黄门是皇宫内百工的艺术创作场所。仙降是瑞安中部最出名的工业集镇，也是当地历史渊源较深的江南古镇。明朝的仙降，如此尊贵的“黄门”府第主人究竟是谁呢?

他是明代著名的宫廷画师，享有“梅花太守”雅号的孙隆。

艺术盛世，梅花技艺一枝独秀

孙隆（约1386—1465），字从吉，号雪斋，仙降人，他自幼聪慧。永乐九年（1411）以贡生入选黄门，后由监生破格授兵部主事。一生博览群书，善琴棋书画，擅长画梅花。清代徐沁在《明画录》中，对他推崇备至，称其所画梅花得益于王冕的笔法，同永乐时期的夏昶齐名，是明代花鸟画从写实走向水墨写意的先行者。因孙隆曾在明正统间出任徽州知府，是以人称“梅花太守”。

当时明朝，上至皇帝下至平民，都喜爱艺术品。但凡有头有脸的人，若家里没挂几幅画，都会臊得慌。明宣宗朱瞻基是丹青“大咖”，南唐后主李煜、宋徽宗赵佶可不能与他同日而语，因为前两位虽有艺术才华，却严重偏科，荒废了主业，而明宣宗江山、艺术两手抓，在位时政治清明，文艺兴盛。

人生最幸福的事情莫过于能做自己喜欢的事情。孙隆曾连画梅花40幅，每幅皆有题咏，装盒20个，被世人誉为神品。相传他的居所周围遍栽梅树，每当梅花傲雪怒放、迎春盛开之际，他就与家人一起在树下花前，尽情欣赏，细心领略梅花的神韵。兴致来时，就挥洒笔墨。

明初同邑诗人季德玑（字兰坡）曾作《孙太守梅》绝句："一点二点枝头雪，五里七里香不绝。动人春色满江南，黄昏已到朦胧月。"明大学士杨士奇更赞其画作"瓣中有诗，诗中有瓣"，世间独品也。宣宗某年寿诞，孙隆进贺四幅精心绘画的梅花图，令宣宗皇帝赏心悦目，爱不释手。

孙隆（约1386—1465）

伉俪情深，太守千金"御"夫有术

孙隆女儿（1424—1500）亦工梅花，人称"孙梅花"。她才貌出众，聪明贤惠，出嫁前一直随父"居宦"，被视为掌上明珠，并得父亲画梅真传。清黄绍第诗《孙雪斋父女画梅》："雪斋风格一枝斜，粉本流传赵紫霞。冰玉双清家法在，齐眉夫妇写梅花。"诗中提到"齐眉夫妇写梅花"，就是指"孙梅花"与丈夫任道逊。

任道逊（1422—1503），字克诚，晚号坦然居士，又号八一道人，家居瑞安城西岘山下。从小聪颖过人，7岁能赋诗，作字径数尺有法。明宣德八年（1433），时年12岁的任道逊被官府以神童推荐给朝廷，宣宗召他到金殿面试。小小年纪的他，镇定自若，当众挥毫作书。宣宗大悦，命留京为国子生，入直文华殿，以书画供奉内廷。

此时，孙隆正在京供职，看到同邑青年才俊如此出类拔萃，心生欢喜，暗暗观察，发现任道逊不仅仪表堂堂，且精通经史，娴熟音律，对他悉心栽培，最后还把爱女嫁给了他。

"孙梅花"与任道逊婚后伉俪情深，夫唱妇随，"孙梅花"更是"以法授夫"，使任道逊也成为画梅高手。徐沁更在《明画录》中，将任道逊的妻子列入名媛，赞赏她"写墨梅得父法，故亦擅孙梅花之称"。

任道逊历官宣德、正统、景泰、天顺、成化、弘治六朝，官至太常寺卿，明孝宗皇帝评价他"性资明敏，书翰精专，效劳禁署，历年滋久，茂著声称"。他不仅是一位著名的书法家，还是画家和诗人。他的书法师承主要来自王羲之、王献之、颜真卿、柳公权、赵孟頫和当朝的沈度、沈粲、黄养正等。

据考证，其遗世作品有碑铭二十件、墓志十二件、墨迹二件、匾额一件、山水画三件，以楷书碑刻为多。他生前曾为瑞安城宾阳门谯楼题额"东南遗观"。又曾题隆山观海亭联："雁落寒汀，潮声入夜月当午；舟归晚浦，山色载春花满蹊。"今瑞安罗凤沙渎村龟山有他书写的《坤屿墓表》碑文，字体隽秀，是他晚年的楷书精品。

他的一生留下了大量的书画作品，近几年，温州后学应其后人邀请搜集整理，编印了《任道逊书法集》系列，分别由西泠印社出版社和温州书局先后出版。

情归故里，任道逊于山水间唱和吟咏

明弘治三年（1490）前后，任道逊致仕归里，从此耕读田园，吟咏书画，创老人文化社团“清乐会”，与同邑通判吴祚、寺副蔡鼎等人“唱和吟咏，无间晨夕”，晚年生活充满乐趣。

任道逊注重养生，游心于道学，据说还创制了《太极心性图》。其著名的《八一自娱说》，阐述了他的养生之道。任道逊把自己的养生之道作了高度概括，定位为“自娱”二字，认为人的一生需要自己去寻找生命中的乐趣。

后人有一首《挽任太常》诗，很能说明任道逊的为人和后世对他的敬仰之情：“八十二龄天上客，乞归林下十年余。一身澹泊唯甘节，两鬓萧疏尚著书。挂壁有图开太极，盖棺惊梦返华胥。从今门寂诗坛冷，老泪那禁湿布裾。”

孙家择婿揽奇才

温州市图书馆的大门口有一副对联，大字镏金，笔力遒劲浑厚。联曰：“刚日读经，柔日读史；十年树木，百年树人。”在对联下方署的是“止庵孙锵鸣”。

孙锵鸣（1817—1901），号蕖田，晚号止庵，清代瑞安名儒，为孙衣言胞弟、孙诒让之叔。25岁中进士入翰林，为入清以来200年来温州学人所仅见。他的女婿宋恕亦是才学突出，与陈黻宸、陈虬并称“东瓯三杰”。

为民请命，京官被诬含恨别仕途

孙锵鸣一生为官清正，敢于仗义执言，不避权贵。清道光三十年（1850）他曾做过一件“直声震天下”的大事，上书弹劾过朝廷的军机大臣穆彰阿。穆彰阿在鸦片战争期间，竭力反对林则徐禁烟与抗英，是投降派的头子。他位高权重，国人对其恶行敢怒而不敢言。孙锵鸣却敢于虎口拔牙，上书道光皇帝，在奏章中痛斥其罪。道光帝阅奏后，将穆彰阿革职，永不续用。

清同治元年（1862）八月，朝廷因温州地方遭受金钱会战乱，特下诏豁免咸丰十一年（1861）十二月二十日之前百姓所欠的钱粮漕米。但温州一些官吏更改豁免年限，将其提前至咸丰九年（1859）止。此“灭旨横征”的勾当，激起民间反抗。为此，乡绅们撰写《声讨匿旨擅征檄》到处张贴揭露。然官府不肯纠错，采取高压政策逮捕抗拒者。赴京参加会试的温州举人，将此事件告知时任翰林院侍读学士的孙锵鸣，请其为家乡仗言。

孙锵鸣为此致函闽浙总督左宗棠，告温州知府周开锡办捐操之过急，要求官府体恤民情，不可擅自增加税厘。没想到，周开锡是左宗棠的得意门生。左宗棠接信后，对孙锵鸣很反感，认为其不考虑大局，因为减轻地方税厘会影响到财政收入和军饷供给。

见左宗棠不予理会，孙锵鸣又上书奏劾周开锡等官员，要求朝廷下令，为民讨公道。清廷却将孙锵鸣的奏疏交由左宗棠查办。

这下左宗棠怒了，上书朝廷，指责孙锵鸣劾奏温州原知府黄维诰酿成金钱会匪之变一节，实际上是地方绅团孟浪所致，而孙锵鸣作为温州地方团练白布会的总头目，有着不可推卸的责任。瞬间，孙锵鸣从原告变为被告。

彼时左宗棠是闽浙总督，朝廷的封疆大吏，孙锵鸣不过区区翰林侍读。同治三年（1864）正月初三，清廷下谕勒令孙锵鸣退休“走归”。

韬光养晦，教书育人桃李满天下

“走归”后的孙锵鸣韬光养晦，悉心著述与教学，曾相继执掌过苏州的正谊、南京的钟山和惜阴、上海的龙门和求志，以及瑞安的玉尺、平阳的龙湖、永嘉的东山等书院，桃李遍天下。其间，李鸿章、沈葆桢多次保荐他复出，均被他拒绝。

除教书育人外，孙锵鸣致力于乡邦文献的整理，曾校刊孙希旦《礼记集解》，并著有《海日楼诗文集》《东瓯大事记》等。

孙锵鸣于清道光年间，在瑞城的居宅大沙堤建造海日楼。海日楼收藏了众多藏书字画，以宋麻沙本《名臣言行录》压卷，薪火传承。谁料海日楼的藏书字画，于1942年7月7日被日本侵略军飞机投弹炸毁，全部藏书字画均毁于战火，令人甚是痛惜。

万全择婿，孙锵鸣出了两道诗联

孙锵鸣九子六女，均有所长。诸女婿也各有不凡，其中四女婿宋恕尤为突出。宋恕（1862—1910），即宋衡，近代启蒙思想家，是我国早期维新派代表人物。

清光绪五年（1879）的一天，孙锵鸣乘舟渡过飞云江，来到飞云江南岸的平阳万全练川鲍垟（今下薛）村，去探访一位名叫宋筱泉的廪生。

宋家是当地大户，拥有良田两千亩，号称万全首富。孙锵鸣此行醉翁之意不在酒，他真正的目的在于宋筱泉的儿子宋恕。

宋恕是宋家长子，才名远播。9岁时就敢指出《春秋》三传中“是非谬于圣人者数十事”，被誉为神童。见面后，孙锵鸣出题考验宋恕。孙锵鸣以眼前景出联：“百丈河中千尺水”，宋恕即答道：“单钱匣内十分烟”。孙锵鸣又令对：“治国平天下”，宋恕答：“吟诗工画图”。孙锵鸣见宋恕果然不凡，笑道："惜以诗人终矣。"

孙锵鸣与宋恕说话十分投机，就把四女儿孙思训许配给他。宋恕这一年18岁，在"半园"迎娶孙思训为妻。孙锵鸣择婿之举在瑞安、平阳两地传为美谈。

宋恕（1862—1910）

翁婿情深，宋恕垂泪千行悼岳父

宋恕成为孙锵鸣的"东床快婿"后，经常出入瑞安孙家，"纵目古今书"，并亲聆孙衣言、孙锵鸣及孙诒让共论永嘉之学，探求经世济民之术。

光绪五年（1879）后，宋恕随孙锵鸣赴上海、南京等地，结识了张佩纶、张士珩等名士，"从容论当世务甚合"。他对世界大势有了进一步了解，更加发愤读书，希望从中找到御侮排外、振兴国家的良方。光绪十八年（1892），宋恕抵达天津，李鸿章单独接见，夸奖他是"海内奇才"，让他担任水师学堂汉文教习。

甲午战争后，他愤然离职，相继出任杭州《经世报》主笔、求是书院汉文总教习、山东学务处议员兼文案等职。其间，他在上海接触了康有为、梁启超、谭嗣同、汪康年、叶瀚等大批维新派人物，并经常和张焕纶、孙宝瑄、胡惟志、章炳麟等人在一起，成为上海维新派的理论核心。

谭嗣同称赞宋恕是"后王师"，梁启超称他为"黎洲之后一天民"，蔡元培说他"有哲学家的资格"。孙宝瑄叹其为"旷世之大儒"，并尊之为师；影响历史的《光绪皇帝罪己诏》就是由宋恕起草的。

他在所著的《六斋卑议》中，明确提出废时文、改官制、设议院、行西律、办西学、易西服的改革主张。并站在被压迫的农民、商贩、少数民族的立场上，主张"减税振商，集股振工，薄赋振农"。特别是站在当时沉沦在社会最底层的广大妇女的立场上，他竭力倡导社会平等、男女平等。

宋恕是近代中国维护妇女合法权益的最早倡导者，认为三纲五常、夫为妻纲的封建婚姻，是套在女性头上的枷锁。他将中国传统和西方文明的婚姻制度加以结合，精心设计了一套新的婚姻制度，具体涉及法定结婚年龄、法定登记机关及离婚规定等。他还就妇女接受教育的权利，提出改革主张："民主之国则未闻有举女者，将来人心益公，自必男女一体得举矣。"

孙锵鸣与宋恕翁婿情深。光绪二十七年（1901），孙锵鸣辞世，宋恕悲恸哀伤撰挽联云："甥舅不须论，为先生垂泪千行，是寰中第一文章知己；国身皆无策，痛贱子伤神万感，又意外

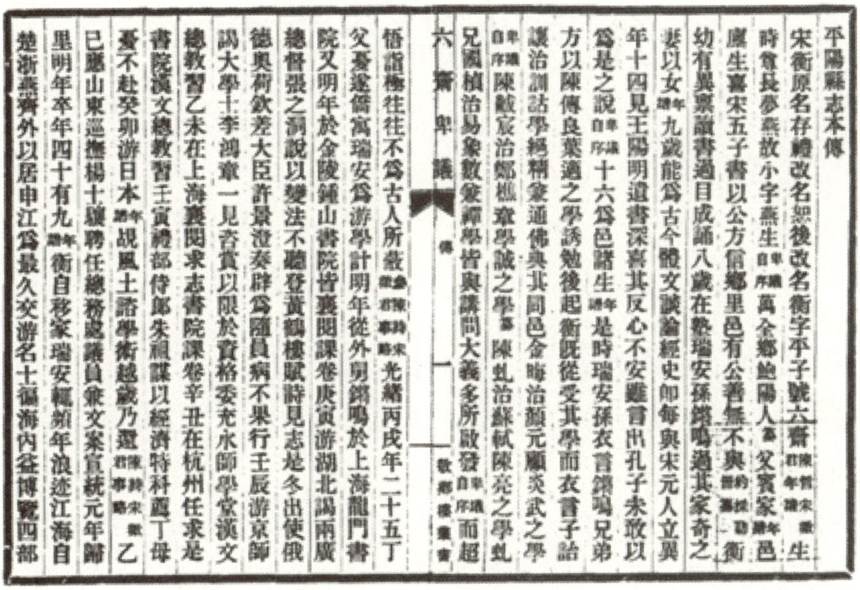
平陽縣志本傳
宋衡原名存禮改名恕後改名衡字平子號六齋（陳黻宸君年譜）生
時曾長夢燕故小字燕生（卑議自序）萬全鄉鮑陽人（書）父寶家（年譜）邑
廩生喜宋五子書以公方信鄉里邑有公善無不與衡
幼有異稟讀書過目成誦八歲在塾瑞安孫鏘鳴過其家奇之
妻以女（年譜）九歲能爲古今體文談論經史即每與宋元人立異
年十四見王陽明遺書深喜其反心不安雖曾出孔子未敢以
爲是之說（卑議自序）十六爲邑諸生（年譜）是時瑞安孫衣言鏘鳴兄弟
方以陳傅良葉適之學誘勉後起衡既從受其學而衣言子詒
讓治訓詁學絕精兼通佛典其同邑金晦治顏元顧炎武之學
（卑議自序）陳黻宸治鄭樵章學誠之學（書）陳虬治蘇軾陳亮之學虬
兄國楨治易象數變禪學皆與講問大義多所啟發（卑議自序）而超
六齋卑議 傳 一 敬鄉樓叢書
悟諳悉往往不爲古人所囿（陳黻宸君事略）光緒丙戌年二十五丁
父憂遂僑寓瑞安爲游學計明年從外舅鏘鳴於上海龍門書
院又明年於金陵鍾山書院皆襄閱課卷庚寅游湖北謁兩廣
總督張之洞說以變法不聽登黃鶴樓賦詩見志是冬出使俄
德奧荷欽差大臣許景澄奏辟爲隨員病不果行壬辰游京師
謁大學士李鴻章一見賞以限於資格委充水師學堂漢文
總教習乙未在上海襄閱求志書院課卷辛丑在杭州任求是
書院漢文總教習壬寅禮部侍郎朱祖謀以經濟特科薦丁母
憂不赴癸卯游日本（年譜）覘風土諮學術越歲乃還（陳黻宸君事略）乙
巳應山東巡撫楊士驤聘任總務議員兼文案宣統元年歸
里明年卒年四十有九（年譜）衡自移家瑞安輒頻年浪迹江海自
楚浙燕齊外以居申江爲最久交游名士遍海內益博覽四部

敬乡楼丛书本《六斋卑议》书影

忽传风木悲歌。”他撰挽词《祭外舅夫子前翰林院侍读学士孙止庵先生文》，又作《外舅孙止庵师学行略述》及《外舅孙止庵先生挽诗》（70首）等哀戚悲悼。

宋恕只活了48岁，生前曾预言“一君家天下之制，必不能久存于中国，国体之必变不远矣”。果然，他死后的第二年，辛亥革命爆发，结束了中国两千多年的封建专制统治。

孙戴两儒金文缘

在甲骨文领域里，玉海楼主人孙诒让撰著了我国第一部考释甲骨文的专著《契文举例》，可谓披荆斩棘、筚路蓝缕，是立下了开山之功的先驱，章太炎称他“三百年绝等双”，郭沫若赞他“启后承前一巨儒”。

其实，孙诒让对甲骨文的涉猎很晚，他对古文字的研究从金文开始，成果也主要集中在金文方面。在当代的金文研究上，从玉海楼走出的戴家祥继承了姨公孙诒让的衣钵，历时16年编撰《金文大字典》，被称为当代“金文研究第一人”。

孙诒让是破译天书第一人

2017年，甲骨文入选“世界记忆名录”。古老的中国文字实现了中国记忆到世界记忆的升级。而早在一百多年前，清代学者王懿荣在被称为“龙骨”的中药上，发现了一些神奇的刻纹（一说王懿荣从山东古董商处购得甲骨）。王懿荣去世后，这批甲骨被刘鹗买下。刘鹗加上自己所藏，选出精品拓印成书，这就是《铁云藏龟》。这部书的出版引起了国内许多学者对甲骨文的关注，其中就有孙诒让。

彼时的孙诒让，精研金石文字四十多年，融通旧说，在经学、诸子学、文字学、考据学、校勘学，以及地方文献的整理等方面皆成就非凡。拿到《铁云藏龟》后，他如获至宝，以为这是研究商代文字的可靠资料。时值光绪三十年（1904）十月，这是甲骨文发现后的第五个年头，孙诒让在衰年之时开始对甲骨文进行系统性研究。

秋暮初冬，瑞安玉海楼东阁凝香，孙诒让闭门谢客，更命家人卸去楼阁木梯，足不下楼。由于《铁云藏龟》“甲片又率烂阙，文义断续不属；刘本无释文，苦不能遐读也”，加上其他可供参研的材料几乎没有，孙诒让破译天书之举，可谓破天荒，难度极大。

经过了两个月夜以继日的伏案耕墨，孙诒让把内容作了区分，并对大部分单字逐个辨析，著成第一本系统性研究甲骨文的专著《契文举例》。此时的孙诒让已56岁，用他自己的话来说："不意衰年睹兹奇迹，爱玩不已，辄穷两月之力校读之。"

至此，甲骨文"开山三公"诞生：甲骨文发现第一人王懿荣、甲骨文第一本著录《铁云藏龟》作者刘鹗、甲骨文第一本研究型著作《契文举例》作者孙诒让。

难忘玉海楼里的"励志时间"

戴家祥（1906—1998）

戴家祥（1906—1998），著名历史学家、古文字学家、经学家。瑞安鲍田人，本姓周，父亲是一贫农，因病身故。他出生才十几天，生母便以35元钱将其卖给了梧田的戴家。

9岁时，戴家祥已读了《华英初阶》《华英进阶》（我国最早自编的英语教科书），能背诵《论语》《大学》和《诗经》等古诗文。14岁的时候，他在同乡王季思（著名文学史、戏曲史专家）的鼓励下，以英语优势考得第一名，被温州艺文中学录取，后来又被瑞安县立中学录取为走读生。

戴家与瑞安孙家有着亲眷关系，戴家祥称孙诒让为姨公。在瑞中读书时，他与王季思一起借住孙家，读了不少书，四年时间里学习了22部子书，外加《论衡》《文心雕龙》等名著。其间，他常听人讲起姨公孙诒让的治学和读书故事，如"以专带博，反过来又使渊博的知识为深邃的专精服务""每天以一支洋蜡烛为度，烛泪未干，手不释卷"。玉海楼里的这段"励志时间"对戴家祥一生的治学影响巨大。

一年后，王季思毕业回家，戴家祥不好意思再在孙家住下去，后来无意中碰到在瑞安中学任教的林铸（涤夫）先生，结成忘年之交。林先生主动把他接到龙首桥的家里，并把他介绍给自己的表舅陈琮（燕甫）做弟子。戴家祥在陈琮门下四年，精读了《文史通义》《史通》等，奠定了深厚的国文基础。

入清华成王国维关门弟子

1925年，清华大学开办国学研究院，拥有王国维、梁启超、陈寅恪、赵元任"四大导师"。

1926年秋季，经过严格挑选，戴家祥被清华大学国学研究院录取，名列第七。开学前夕，戴家祥向国学大师王国维谈了研学古文字的愿望，成为其关门弟子。

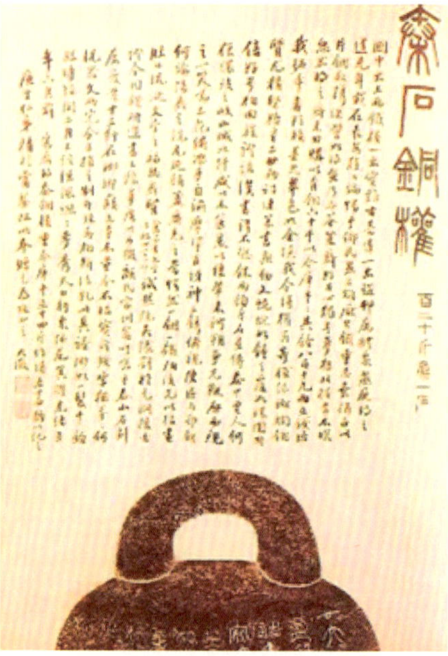
王国维赠戴家祥的拓本

师从王国维，戴家祥得到攻读甲骨文金文的严格教诲。王国维对他说："你对学问能探其深奥，不畏艰辛，将来定有出息。"并把多年珍藏的一些拓本赠送给了戴家祥。师恩如海，戴家祥越发努力研习，硕果累累，相继发表了高质量的论文《释千》《释甫》《释皂》等，并完成了《商周字例》一书。

1927年6月1日，王国维去世。戴家祥万万想不到和恩师就此阴阳两隔。因为在前一晚，他还去拜访过王国维，闲谈至深夜。王国维之死众说纷纭，惟戴家祥的话意味深长："先生为什么死，没人知道。遗老们说是由于'主辱臣死'，青年们说是由于'国内政争势力消长'……先生是个有骨头的人，有头脑的人，他既然用自己的生命创造了许多成绩，如今用自己的生命酬报自己的情感，有什么对不住人？世人实在太可怜，太浅俗了！"

历时16年编撰金文巨著

1951年，上海筹建华东师范大学，戴家祥应聘为中文系、历史系教授。这时，他一门心思投入金文研究，四处搜寻青铜器，仔细考证上面的铭文，酝酿着要编一本《金文大字典》。然而1957年，戴家祥被错划为右派，《金文大字典》编撰被迫中止。1961年"摘帽"后，"文化大革命"时又挨批斗，红卫兵将他发表在刊物上的古文字论文及著作，以及考证金文、甲骨文所做的心得卡片，全都付之一炬。

1978年，戴家祥的冤假错案得以改正。他以古稀之年，带病工作，继续编写《金文大字典》。

1995年1月，《金文大字典》成功出版，该书计5680页，共收录2000多个字头的数万拓片，集历史上金文研究之大成，引起了国内外学术界的关注，被著名学者王元化称为"具有划时代意义的巨著"。我国著名的国学家苏渊雷曾说，戴家祥先生在金文研究领域笔耕不辍，其精神

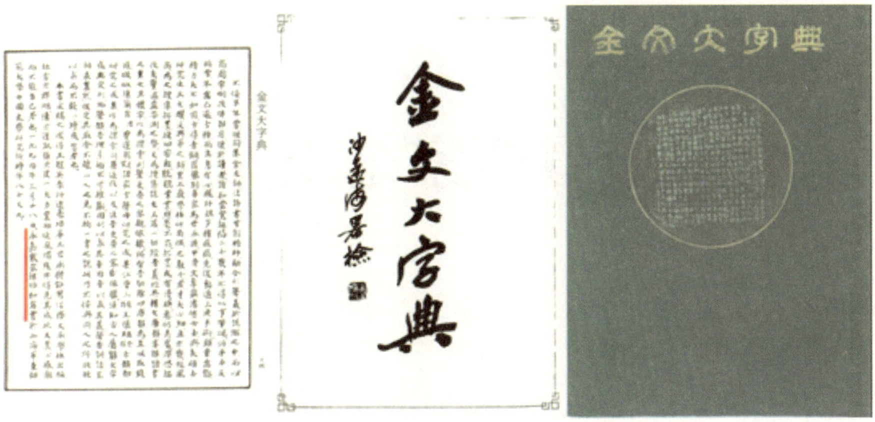

《金文大字典》书影和戴家祥序

就像西天取经的玄奘一般勤勤恳恳而默默无闻，无愧于“金文研究第一人”的称号。他严谨的治学作风、谦逊的为人风骨亦使他足以与数学家苏步青、戏曲研究家王季思、考古学家夏鼐这些温州近代大家比肩而立。

晚年，戴家祥还精校细勘孙诒让的《名原》和《古籍余论》，校补缺误千余字。

以毕生积蓄设立帮困基金

戴家祥的瑞安情愫、瑞中情结也很深沉。他从没忘记在瑞安中学读书时，是林涤夫将他引荐给陈燕甫。1997年，戴家祥给陈燕甫的外孙、上海华东理工大学教授鲍景旦的信中这样写道：“我之所以能考取清华国学研究院，是你外公一手栽培的，而我能够在你外公门下，得力于林涤夫先生，我想在有生之年为涤夫先生留一点纪念……”为此，他将毕生积蓄的10万元捐献给母校瑞安中学，以恩师林涤夫的名义设立帮困基金。

戴家祥的儿子戴显煌说：“10万元对一些人也许不值一提，可对于父亲，这几乎是他的全部财产。上海家中，父亲的住房没有装修，夏天也没有空调。父亲生病时，大热天里蚊子多，他也不要添置空调。父亲去世后，存折里只有1万元，遗嘱中还提到‘将丧葬费及抚恤金用作刊行文稿费用’。”

1998年5月30日戴家祥病逝于上海，享年92岁。

《契文举例》之后，国粹学风在瑞安阵阵漾起，承袭这一严谨治学精神的，不仅有戴家祥，还有更多后辈贤才。

黄冒两家是至亲

位于瑞安城区小沙巷的黄家，是当地光鲜了一个多世纪的书香门第，“书声传百年”就是瑞安百姓对黄氏家族的美誉，“黄家一门三代翰林”更是瑞安流传了一百多年的佳话。巷口石亭那块“比户书声”的匾额就是名门世家声震一方的独特标志。

黄家宗祠里还有一副楹联：“楚吴闽蜀黔齐列宿，轺车半天下；父子兄弟叔侄一堂，香火聚词林。”意思是：皇帝派出黄氏一门的乡试考官的使车到过湖北、江苏、福建、四川、贵州、山东等地，足迹几乎遍及半个中国；黄氏父子兄弟叔侄（指黄体正、黄体立、黄体芳、黄绍箕、黄绍第，历史上称“五黄先生”）都中过进士。

在显赫声势的黄家中，黄绍第与堂兄黄绍箕是承前启后的人物。其中熟悉地方文献的黄绍第对瑞安文史研究作出了重大贡献。黄绍第的女婿是江苏如皋的学者、诗家词人冒广生，他是民国期间温州地方史上的重要人物，对乡邦文化发展颇有贡献。

旧翰林中的新思潮

黄绍第（1855—1914）

黄绍第（1855—1914），黄体立的长子。黄体立为清咸丰六年（1856）进士，黄绍第自幼便承父志，爱好诗文。光绪十六年（1890），黄绍第考取进士后，入翰林为庶吉士，先后担任过翰林院、国史馆的编修，并出任江南及福建乡试的考试官。

在从科名而来的称谓“五黄先生”，政治表现而来的称谓“三黄先生”，诗文书法写作而来的称谓“二黄先生”中，黄绍第始终名列其中。从这些履历可见，后人对黄绍第在政治仕途、文章书法方面的肯定。

黄绍第与叔父黄体芳、堂兄黄绍箕皆追求进步，与时偕行，曾共同加入强学会，返京后，又与黄绍箕等联名上疏，痛陈外事丧权，建议改革。

光绪二十四年（1898），戊戌变法时，黄绍第单独上书，建议从义务教育、工业、商业、妇女四方面提请“设法变通”，以图“内以消中国隐忧之渐，外以折列国耽视之谋”。

辛亥革命后，他回乡隐居，住在瓅园。北洋政府曾召其来京，但因对袁世凯鄙视，黄绍第并未应允。

黄绍第为官20余年，清正廉明，两袖清风，辞官归里后，家无余财。他曾掌教瑞安玉尺书院，凡遇有一技之长、一篇之工者，均予以热情鼓励。他对家乡的教育事业十分关切，曾与孙诒让、堂兄黄绍箕合力创办“瑞安学计馆”。对兴办实业也很支持，他曾出任瑞安务农支会副会长。他同情辛亥革命，武昌起义后，还被推举为瑞安民团团董。

民国元年（1912），他鉴于瑞安县志已一百多年没有重修，还就100位对瑞安有影响的历史人物，为每人写一首七言绝句，名曰《瑞安百咏》。

乡试考官相中如皋才子

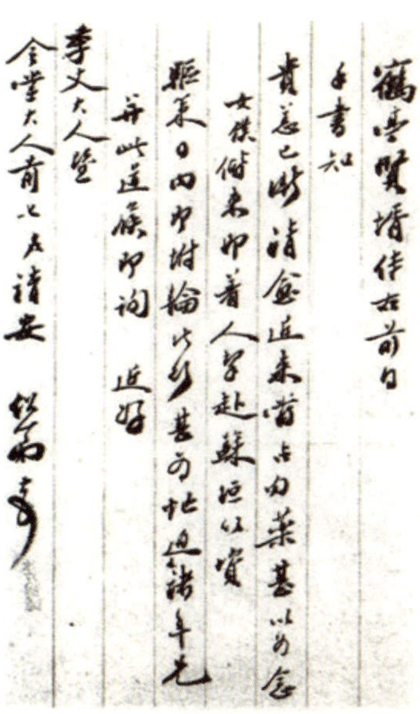

黄绍第写给女婿的信札

光绪二十年（1894），黄绍第在江苏出任江南乡试副考官。批卷中，经阅卷官王庆埏推荐，发现了一首题为《大将龙旗掣海云》的五言诗。此诗正合时势，立意不凡，经考官合议，一致认定为“诗冠全场”。拆开卷封一看，考生正是冒广生。一经打听，这个冒广生还是江南名士冒襄的族孙。

冒广生（1873—1959），字鹤亭，号疚斋。他与先祖冒辟疆同日生日，一直以其为榜样。冒广生天资聪慧，4岁上私塾，在坊间有神童之称。6岁时，父亲不幸去世，母亲含辛茹苦将他培育成人。

考中举人的冒广生进入黄绍第的视线。黄绍第很喜欢这位风度翩翩的如皋才子，特地托王庆埏做媒，将自己的爱女黄曾葵许配给冒广生。黄家书香门第，黄曾葵自然是知书达礼，也擅于填词作对。那时黄曾葵20岁，比冒广生小3岁。

第二年冬天，24岁的冒广生到瑞安与黄曾葵完婚。过了年，正月里，这对新婚小夫妻回到苏州。黄曾葵是大家闺秀不善家务，据说连针线活也不会，黄绍第为此还送了一位陪嫁丫鬟——张研，能干贤惠的张研后来做了冒广生的侧室。这位张夫人光绪十年（1884）出生于瑞安城关一个贫困家庭。据冒氏后人回忆，张夫人喜欢家乡的江蟹和黄鱼鲞，常有念起，还喜欢戏文，能说出永昆《琵琶记》的故事梗概。

翁婿诗词酬唱相得甚欢

冒广生与温州有着不解的缘分。民国元年（1912）十一月，当时的农工商部右丞袁云台（袁世凯之子）推荐冒广生到温州任浙江省瓯海关监督兼温州交涉员，接管瓯海关及所属各口。第二年2月，41岁的冒广生在结婚17年后，带着一家老小来温州赴任。

这时，黄绍第正在为搜集整理乡邦文献而忙碌。女婿任职温州，让他分外高兴，翁婿俩诗词酬唱、相得甚欢。瓯海关关署设在旧温州总兵衙门，破败不堪。冒广生是读书人，喜求闹中取静的园林之美，故重新打造花园，改名为瓯隐园。孝顺的他还效仿老莱子“戏彩娱亲”典故，在关署西首建造一座小楼，名为“后戏彩堂”，又在小楼对面建起一座戏台，常聘请戏班演出，让母亲安度晚年。

冒广生（右一）与家人在瓯隐园（今墨池公园）合影

瓯隐园修葺后，为冒广生提供了良好的创作环境，在此他编刻了《永嘉高僧碑传》和《永嘉诗人祠堂丛刻》等。他还在其撰写的《戏言》中，提出温州地方文化有“两霸”的观点，即“永嘉学派”和南戏，使后人更好地了解温州本地戏种的兴衰。

冒广生一生中经历了几次社会大变革，参加了“公车上书”“保国会”，与“戊戌六君子”中的林旭交情深厚。辛亥革命后他是留任的清政府官员之一。新中国成立后，陈毅市长特聘任冒广生为上海市文管会特约顾问。周恩来总理还曾登门探望冒广生。

1957年夏，周恩来总理去冒广生家中拜访。交谈中，提及冒广生编辑的《二黄先生集》。周总理问：“二黄先生指谁？”冒广生回答：“指晚清著名学者瑞安籍黄绍箕（字仲弢）、黄绍第（字叔颂）昆仲，叔颂先生是我的岳丈，也是宗江、宗英的祖父。”

周总理说：“原来冒、黄两家还是至亲。”

这段故事被冒广生的儿子冒舒湮记录下来，写成纪念周总理逝世十周年的文章，发表在《人民日报》上，那是1986年1月8日，距离黄绍第辞世已七十多年。

北大有个“瑞安团”

“你不要以为北大全是新的，那时还有温州学派，你知道吗？”

曾任北大校长的胡适晚年在台北任“中央研究院”院长，对秘书胡颂平说过这样一句话。胡颂平是温州人，由他记录的《胡适之先生晚年谈话录》，里面不仅有研究胡适的必读参考书，还有不少与温州有关的内容。

胡适没来过温州，但“温州学派”一说最早出自他的这番话，这个称法没有其他旁证，所以并非严格学术意义上的判定，倒是证明了当时的北京大学有一大批温州人在此任职或执教。

北大“温州学派”的核心人物是瑞安人陈黻宸。“学派”里的多数人都与他有着亲戚、同乡或师生关系，瑞安人居多，如在北大执教的林损、陈怀、林辛，在国史纂辑处担任特别纂辑员的孙诒棫，还有在校办的章献猷、孙宣，等等。

他为“温州学派”埋下伏笔

陈黻宸（1859—1917），字介石，人称“瑞安先生”，是中国近代著名的教育家、政治家、哲学家和史学家，与宋恕、陈虬并称“东瓯三杰”。瑞安城区的会文里43号，至今还完整地保存着他的故居。

光绪五年（1879），21岁的陈黻宸在家创设颖川家塾，后在乐清梅溪书院、平阳龙湖书院、永嘉罗山书院等书塾任教，“四方从学者几千”。光绪十一年（1885），陈黻宸与陈虬等人在瑞安创办利济医院，又在院内创设医学堂。利济医院是全国最早的新式中医院之一，利济医学堂是我国第一所采取欧美办学制度和方法开办的新式中医学校。

光绪十九年（1893），35岁的陈黻宸考中举人。光绪二十六年（1900）受聘于杭州养正书塾，

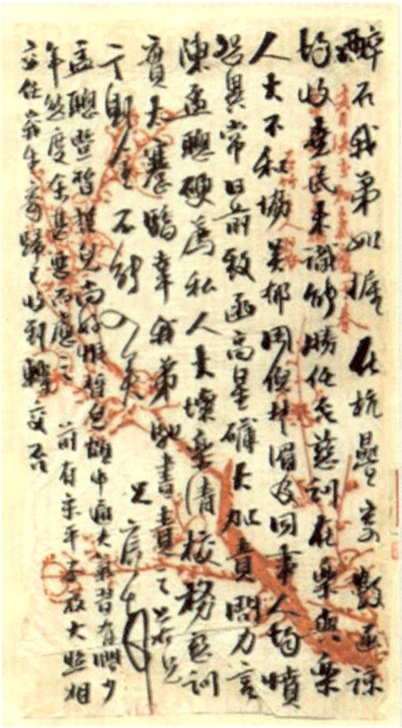

陈黻宸写给弟弟陈侠（字醉石）的信函（温州博物馆藏）

担任总教习，传播新思想。光绪二十九年（1903），陈黻宸考中进士，官户部主事，不久出任京师大学堂师范科教习。

京师大学堂是北京大学的前身，创办于光绪二十四年（1898），是中国第一所国立综合性大学，也是当时中国最高教育行政机关。清末维新人物、教育家黄绍箕是瑞安人，曾出任大学堂提调、总办（相当于校长），对京师大学堂初期发展出力良多。

光绪三十年（1904）一月十六日，陈黻宸到学校报到，十九日开讲。“每礼拜仅上堂三次，每次只一点钟。束减去二分之一，每月仅得洋百元。”在大学堂教书没几天，陈黻宸给弟弟陈醉石描述所见所闻，还发起牢骚：“京城官场气习臭不可耐。”

教了三年，陈黻宸暂别京师。光绪三十二年（1906）他任两广方言学堂监督，兼充两广优级师范学堂教务长，四年时间为国家培养了大批外语人才和科技人才。

在广州任职时期，陈黻宸的教育思想趋于成熟，开创了学术新风。他通过掌握外语，学习国外先进科技与思想，“俾明异国之情势”。而且经常告诫学生“学无中西，惟求有用”，他带去的“永嘉事功学”和改良主义思想影响了一批学生。

在广州，以陈黻宸为核心的圈子逐渐形成。学校任用的著名教习如马叙伦、周继善、龚寿康等都是他的学生，还有陈怀、章献猷、高谊、林公任、黄公起、林涛等十多位温州人。如果说北大真有所谓的“温州学派”，这便是陈黻宸为“温州学派”埋下的伏笔。

民国二年（1913），陈黻宸再回北大，受聘担任文科史学教授。此时，京师大学堂已改名北京大学，他是最早到此任教的瑞安人，也是在北大讲授中国哲学史的第一人。

在京师大学堂和北大任教期间，他著有《中国通史》《诸子通义》《老子发微》《庄子发微》及《中国哲学史》等15部作品。其中，光绪三十年（1904）撰写的《读史总论》一书是他的史学思想代表作，收入《京师大学堂中国史讲义》。

陈黻宸倡导史学研究要务实，反对虚渺，他积极推崇永嘉学派，明确指出“事功为天下非为一己”，并认为以叶适为代表的永嘉学派的事功，是出于对国家、对天下的承担责任，根本不是好事喜功。

陈黻宸的这一学说精神，也正是“温州学派”的内涵。

“温州学派”里的瑞安力量

既然成派，要有一定的人脉和影响力。

民国六年（1917）前后，“温州学派”中的“瑞安团”阵容相当强大。把陈黻宸称为“学派一代”的话，那么陈怀、林损、林辛、章献猷、孙诒棫、许璇、孙宣等在北大任职或执教的瑞安人便是“学派二代”。陈怀是陈黻宸的侄子，林辛、林损是陈黻宸的外甥，兄弟俩同年到北大任教，比陈怀早几年。甥舅、叔侄、表兄弟，构成了“温州学派”的核心链。

此外，陈黻宸的得意门生马叙伦，也被胡适划入北大“温州学派”的一员。

陈怀（1877—1922），字启明。因为天资聪明，深受陈黻宸器重。他是清史学科开创性人物，其史学讲义《清史要略》《中国近百年史要》不仅是较早的清史断代史，而且所论在政治立场、指导思想、学术内容、体例形式等方面都与传统史学不同。他在此两书中广征博引，多录异说间加评论，为我国清史的编纂奠定了基础。

民国六年（1917）夏，陈黻宸得知弟弟醉石病危，“兼程驰归”老家瑞安探望。醉石不幸辞世，陈黻宸忧伤过度追随而去。陈怀应北大校长蔡元培之聘接替陈黻宸史学教授位置，同时兼任北京高等师范学校教授。

由于工作太过认真，陈怀身体透支，不仅得了眼病，后又患了软脚病。民国十一年（1922）春，他在课堂晕倒，经医治无效，于6月22日病逝，时年45岁。蔡元培为他作挽联：“南阮竹林游，家学不愆，方冀雕龙赓祭酒；北风万里感，楹书具在，会有雏凤展清声。”

林损（1891—1940），字公铎，自小跟着三舅陈黻宸学习。民国二年（1913）春，陈黻宸当选为众议员前往北京，兼任北京大学史学教习，林损随舅舅前往。民国三年（1914）春，林损进入北京大学，任法预科讲师。这段时间，他在舅舅身旁，接受永嘉经制之学的熏陶。

陈黻宸亡故后，林损悲痛不已，写下七千多字的《祭三舅父文》，回忆少时，三舅对他像父母一样，每逢“劳苦倦极而呼天者，未尝不呼舅父也，而舅父能为纾之；疾病恻怛而呼父母者，未尝不呼舅父也，而舅父能为解之。”这篇文章也成为林损的名篇之一。

虽然北大“温州学派”失去主帅，但林损并没有放弃，他继承舅舅的理念，以保存国粹、捍卫中国传统文化为宗旨，以永嘉学派为哲学思想，使得“温州学派”在当时不断延续，达到鼎盛。

林辛（1889—1958），字次公，是林损的哥哥，与林损同年到北大任教。他的儿子林尹

民国八年（1919）北大师生合影（前排右四为林损，右三为陈怀）（摘自《温州日报》）

（1910—1983）民国十四年（1925）考入北大，是黄侃高足，擅长汉语文字、声韵、训诂之学，是继孙诒让、林损之后的瑞安第三代国学大师。

章献猷（1867—1944），字味三，号士荃，清朝进士，曾任民国第一届国会议员，陈黻宸门生。民国六年（1917）初经张元济推荐，章献猷至北大校办任庶务长。民国七年（1918），蔡元培在北京大学发起组织进德会，章献猷为甲种会员之一。

孙诒棫（1880—1925），孙诒让的堂弟，早年留学日本，温州近代最早报人之一。曾在北大国史纂辑处担任特别纂辑员。

许璇（1976—1934），字叔玑，毕业于东京帝国大学，是我国近代著名的农学家和现代农业科学奠基人之一。民国二年（1913）被北大聘为农科教授兼农场场长，主讲农业经济学。

孙宣（1896—1944），谱名延扆，字公达，孙锵鸣之孙。民国六年（1917）游历京师，受聘北京大学，任校长室秘书兼《北京大学月刊》事务员，协助蔡元培整理《越缦堂日记》，后曾出任北京大学讲师。

与胡适的“新旧之争”

胡适对“温州学派”之所以印象深刻，源于他和林损等人关于“新旧文化”的论争。

民国六年（1917）五四新文化运动迅速传播，胡适任北京大学教授后，力推白话文。林损不服，组织“汉学研究会”，创办《唯是学报》，倡言复古，与新文学运动论战，还撰文《汉学存废问题》，指出白话文不可行：“白话虽兴，未若八股，会当张我三军，扫此丑孽！”

民国八年（1919）一月，深受胡适等影响的北大学生发起新潮社，出版《新潮》杂志，介绍西洋近代思潮，批评中国现代学术上、社会上各种问题。另一些学生“慨然于国学之沦夷，欲发起学报，以图挽救”，组织了国故社，出版《国故》月刊，林损、马叙伦等人都是特别编辑。成员中还有一位北大学生伍叔傥，也是瑞安人。他北大毕业后，历任中山大学、中央大学、台湾大学、日本东京大学等校国文教授、国文系主任，名列“民国瑞安十才子”。

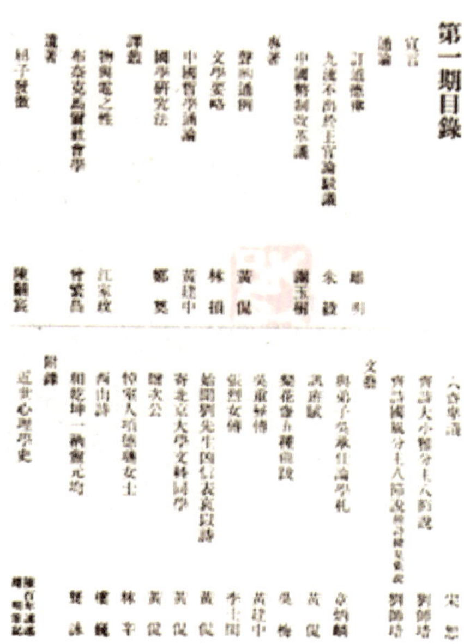
第一期目錄
宣言
通論
專著
譯叢
遺著
文藝
附錄

《唯是》第一期目录（1920年5月5日）

这一回的“新旧之争”，让“温州学派”被胡适等人视为旧派人物。

其实林损也并非“顽固不化”的保守老旧学人。他在《中国文学讲授发端》曾说：“白话之提倡与否，今所不论也，然要不能屏之于文之外，则似无可疑者。”在他看来，五四新文化运动是对中国传统文化的全盘否定，所以才有抵触情绪。他认为，各学术都应该自由发展，主张“撷新扩故”，对中西文化要取其精华、去其糟粕。而胡适提出的全盘西化，让两人在学术、政见方面都有很大的分歧，矛盾愈加激烈。

“温州学派”青黄不接日渐凋落

为什么“温州学派”没有发展出第三代？这并非是林损不想争取北大同乡后生，而是当时北京的温州籍学生思想学术取向各异，没有聚在这位同乡师长旗下。

北大的瑞安学生伍叔傥虽加入国故社，但对思想学术歧异的态度不激烈；同在北大的瑞安人孙延杲原向《国故》月刊供稿，后来则又供稿给《新学报》《瓯海新潮》等面向温州乡里传播新文化的刊物。林损除了斥责，更多的是深感无奈。

民国二十三年（1934），北大内部调整，林损被解聘；那一年，许璇去世，加上此前林辛离开北大，“温州学派”逐渐凋落，也由此画上句号。

翁婿共做鱼文章

瑞安市云周街道工业发达，又是文化重镇。瑞安市出了四位院士，其中两位就来自云周街道屿头村（现为繁荣村）。两位院士同出一门，是叔侄关系。一位是水生生物学奠基人伍献文，另一位是他的侄子大气科学家伍荣生。更让人称奇的是伍献文的女婿刘建康也是中科院院士，与鱼打了一辈子交道的“翁婿院士”在中国科学界传为佳话。

伍献文（1900—1985）

伍献文：从鱼行子弟到鱼类学家

伍献文（1900—1985），中科院学部委员，中国鱼类学和水生生物学奠基人之一。2008年，柴达木盆地发现的一种奇特鱼化石，被命名为“伍氏献文鱼”。

光绪二十六年（1900）三月十五日，伍献文生于云周屿头村一个农家。其父伍嘏斋粗通文墨，后弃农经商，在乡村小镇开办了一个鱼行。伍嘏斋坚持让三个儿子读书，终将小儿子伍献文培养成才。

伍献文从小聪明过人，3岁进私塾，从小学到初中、高中，成绩都名列前茅。民国七年（1918），伍献文以第一名的成绩从瑞安中学毕业，为了减轻家庭负担，他报考了可免学费并供膳食的南京高等师范农业专修科学校。在这里，伍献文遇上我国近代著名的动物学家秉志，并成为他的高足。民国十八年（1929），他获得中华教育基金会的资助，留学法国。民国二十一年（1932）取得法国巴黎大学科学博士学位。

伍献文回国后，被推荐主持博物馆动物学部的工作。为调查中国的生物资源，他与同事深入广西、贵州、云南等边远山区，采集大量标本，发现了许多在科学上未曾记载的物种。民国二十四年（1935）六月至十一月，他还组织了我国第一次海洋科学综合考察，对渤海湾及山东半岛的海洋及海洋生物进行调查。

从民国二十九年至三十六年（1940—1947），他和其早年的学生刘建康、张孝威等，连续发表多篇有关黄鳝和其他几种鱼类的气呼吸机理的研究报告。这一批被印在当时内地土制毛边纸上的科学文献，从侧面真实反映了早年鱼类学家的艰辛生活。

据伍献文学生及同事回忆，当时国统区政治腐败，经济崩溃，物价一日数涨，伍献文一家住在以竹片糊上泥巴作墙的低矮小屋宿舍里，靠发霉的“平价米”勉强糊口。最困难的时候，他卖掉妻子仅有的几件首饰，卖掉刚刚脱下的毛衣。但那些鱼类标本和图书资料，他却始终珍藏。

1949年，新中国成立前夕，他和研究所全体职工一起，抵制住特务的威逼利诱，拒绝将研究所迁往台湾，并说服周围的同行留在大陆，为新中国储备了一批高级科教人才。

长江葛洲坝水利枢纽工程动工兴建后，遇到一个难题，就是如何保护中华鲟等长江鱼类资源。当时国内外均无成熟的经验。1981年2月14日，时年81岁的伍献文撰写了《葛洲坝水利枢纽修建鱼道问题应慎重考虑》的建议，提出中华鲟的救护措施，可不考虑修建过鱼建筑物，而通过中华鲟坝下产卵、人工繁殖、网捕过坝等补充措施来实现。经国家批准，葛洲坝工程取消

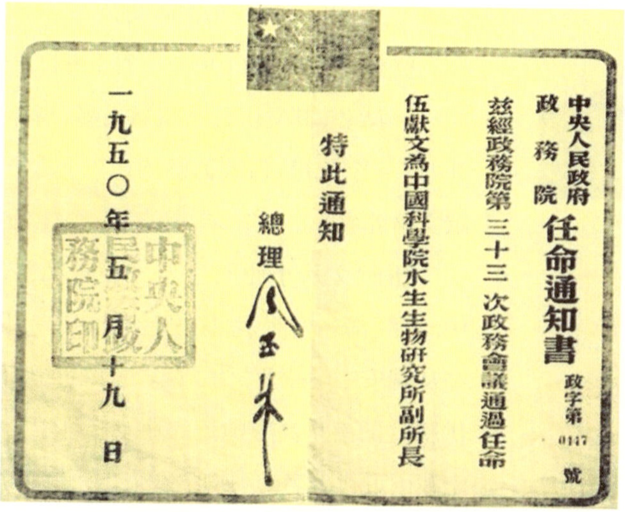
中央人民政府
政務院 任命通知書 政字第0147號
茲經政務院第三十三次政務會議通過任命
伍獻文為中國科學院水生生物研究所副所長
特此通知
總理 周恩来
一九五〇年五月十九日
中央人民政府政務院印

周恩来总理签发的政务院任命通知书

刘建康院士与妻子伍韵梅

兴建鱼道，从而节约投资5300万元。到现在，中华鲟人工繁殖计划实施三十多年，取得显著成就，正是有赖于伍献文及其他鱼类学专家的科学论证。

刘建康：填补淡水鱼类生态学空白

中科院院士刘建康是伍献文的学生，也是他的女婿。

刘建康（1917—2017），民国二十七年（1938）毕业于东吴大学生物系，民国三十六年（1947）毕业于加拿大麦吉尔大学研究生院，获哲学博士学位，是享誉海内外的著名鱼类学家和淡水生态学家。

刘建康是江苏吴江人，在家中排行第二。民国二十年（1931），入读苏州中学高中部。中学读书时，有一名特殊的同学，是蒋介石的儿子蒋纬国，他们还被分到了同一间宿舍。

民国二十三年（1934），18岁的刘建康考入东吴大学理学院生物系。当时的东吴大学缺乏鱼类专业的教授。民国二十八年（1939），刘建康到中央研究院动植物研究所当研究生，当时中国最有名的鱼类和淡水生物学家伍献文就是他的导师。

读研期间，刘建康与伍家长女伍韵梅相识，尔后，伍献文与刘建康由师生升级为翁婿。刘建康说："我出国留学之前我们的恋爱关系还是'地下'的，伍老既不反对，也不鼓励。"伍韵梅是药师，夫妻俩一直患难与共。

民国三十七年（1948），伍献文当选为中央研究院院士，1955年当选为中国科学院学部委员（院士）；刘建康于1980年当选为中国科学院学部委员（院士）。

谈到当年的研究生与导师之间的关系，刘建康曾说，伍老只吩咐学生做与专业有关的事，家里的大小私活从不要求学生帮忙。他的论文，如果学生有参与过实验，就一定联合署名。如果是学生自己的论文，他即便做过指导，也拒绝署名。民国三十三年（1944），刘建康在一份刊物上发表了著名的《鳝鱼始原雌雄同体现象》论文，当时伍献文把自己名字划掉了，他对刘建康说："这篇文章你花了很多工夫，成果很有分量，会有识货的杂志发表的，你单独署名吧。"

后来，翁婿俩合作编写了十多万字的通俗读物《鱼》。1952年1月，该书出版后，他们把稿费全部捐献给国家，支援抗美援朝。

20世纪50年代初，刘建康与助手在长江宜昌江段调查过家鱼产卵场的分布情况，并成功地进行了草鱼和鲢鱼的人工授精和孵化。1957年，刘建康开始主持长江鱼类生态调查工作，分别在重庆木洞、湖北宜昌和上海崇明岛设立工作站。两年多的采集、观察和记录，他带领团队总结出一套系统的鱼类生态学资料，填补了我国淡水鱼类生态学的空白。

改革开放之后，刘建康在学术上的国际视野也日渐开阔，他将关注点更多放到淡水生态上，按他的话说，鱼的生态也是人的生态，只有好的淡水生态，才能有好的人类生存环境。

刘建康的刻苦研究帮助渔业增产，让亿万中国人吃鱼不再难。2017年11月6日晚上，刚过完百岁生日不久的刘建康在武汉离世。

缪宅昆仲皆贤达

缪天瑞（1908—2009）

瑞安莘塍南镇村有一座缪氏老屋，过去被称为“大夫第”。清光绪年间，官至“奉政大夫”的缪国宾建起了这座大宅院。

恰如“大夫第”正屋檐柱上孙衣言所书楹联：“大翼垂天九万里；高松拔地三千年”，缪宅家风引领着后辈人才迭出，如著名音乐理论家缪天瑞、著名眼科专家缪天荣、著名作家缪天华、中国第一代环保专家缪天成、著名建筑专家缪天祺……

缪天瑞：我国律学基础理论奠基人

20世纪是中国音乐文化发生重大变革的时期。在这一波变革中，涌现出一大批具有高度文化自觉性的文艺新星，缪天瑞就是其中最杰出的代表之一。

缪天瑞（1908—2009），别名穆静，著名音乐理论家、翻译家、教育家。民国十二年（1923）从瑞安中学毕业，考入上海艺术师范学校音乐科，师从吴梦非、丰子恺等学习音乐理论。他不仅是我国音乐教育事业的开拓者，也是我国律学基础理论的奠基人。

民国十五年（1926）大学毕业后，缪天瑞在温州担任音乐教师，曾和同学一起办过艺术学院，后辗转至上海、武昌、重庆等地的中学与大学任教。民国三十一年（1942），应国立福建音乐专科学校校长蔡继琨之邀任该校教务主任。民国三十五年（1946），又应蔡先生之邀，到台湾交响乐团工作。

1949年5月，缪天瑞响应祖国召唤，一家三口冒着生命危险搭载一艘送货小船，在海上漂了100多个小时后，投入新中国音乐教育事业。同年8月赴天津，担任中央音乐学院研究室主任、教务主任。1958年又着手创办天津音乐学院并担任院长，一干就是24个年头。1983年，缪天瑞赴

20世纪70年代中期，缪天瑞与天津音乐学院学生合影。

中国艺术研究院音乐研究所任研究员，直到1989年才正式离休。

缪天瑞60多年始终坚持在教学和科研第一线，创作、编选出版了《中学新歌》《钢琴风琴合用谱》《中国民歌集》《世界儿歌集》等书籍，还编译了列文的《钢琴弹奏的基本法则》、该丘斯的《音乐的构成》《和声学》等系列著作，其卓越的音乐教育成就泽被几代音乐学子，他的许多学生，甚至学生的学生都成为20世纪以来中国音乐界之栋梁。中央工艺美术学院原院长陈叔亮题赠他："天涯多芳草，流水有知音。"

缪天瑞在上海新陆师范学校从事钢琴教学工作期间，为解决学生们钢琴演奏方面普遍存在的问题，翻译了俄裔美籍音乐家约瑟夫·列文1924年出版的英文单行本《钢琴弹奏的基本法则》，民国十八年（1929）七月由上海三民图书公司出版发行。这本书具有很强的学术性和实用性，发行至今仍受到广大读者的热烈欢迎。

民国十九年（1930）九月开始，缪天瑞到武昌艺术专科学校从事专业音乐教育工作，民国二十一年（1932）初离开武汉。他除教授乐理、钢琴外，还刻苦学习英文和日文，为他日后大量的翻译工作打下了坚实的外文基础。

《律学》是缪天瑞最为重要的一部学术著作，是中国律学基本理论的奠基之作。该部著作成书于民国三十六年（1947），1950年一经出版就供不应求，三年间印刷了四次。后来又经过三次修订，到1996年再修订出版时，全书篇幅已从原来的80页增至326页，可谓"50年磨一剑"。

缪天瑞晚年主编的《音乐百科词典》，被称为是音乐辞书史上前无古人的壮举。这是他在

一再修订重版的《律学》书影

参与主编《中国音乐词典》及续编《中国大百科全书·音乐舞蹈卷》的基础上，总结了编纂这几部词典的经验和不足之后，组织全国近百名专家学者共同完成的一部旷世巨著。

他以近乎狂热的劲头来打造这部词典，连节假日都在工作室内“爬格子”，好几次看门工友以为室内无人，将他反锁在大楼里。即便是外出开会、疗养，甚至生病住院，他都不忘带上资料、书稿。《音乐百科词典》的出版，圆了几十年来中国音乐人的一个梦。

缪天荣：温医大眼视光学科奠基人

缪天瑞的堂弟缪天荣（1914—2005），是著名的眼科专家，国家标准对数视力表的制定者，眼科领域的“光明使者”。

缪天荣学识渊博，思维敏捷，语言诙谐幽默。早年求学时，他因交不起学费，辍学当了土地测量员，工作期间自学高中数学等学科，考上浙江医学专门学校。他自学德语、日语、英语、俄语四国语言，看到好的医学书籍就买过来阅读，每本书都反复琢磨，书上密密麻麻满是批注。

缪天荣对自然界万事万物有着特别强的好奇心，他曾做过一个没有尾巴的“工”字形风筝，却能和普通风筝一样飞在空中。他还非常善于学习国外先进技术，但又不迷信洋权威。

民国二十六年（1937）大学毕业，缪天荣在多所医院从医，辗转长江南北。民国二十八年（1939）他应邀成为成都航空委员会空军军医训练班德语翻译、教官，主要教航空眼科学。后来，缪天荣的才华被现代西医眼科奠基人陈耀真教授发现，民国三十二年至三十五年（1943—1946）被推荐到成都三大学（中央、华西、齐鲁）联合医学院存仁医院眼耳鼻喉科工作。

青年缪天荣

缪天荣和其培养的第一批研究生合影

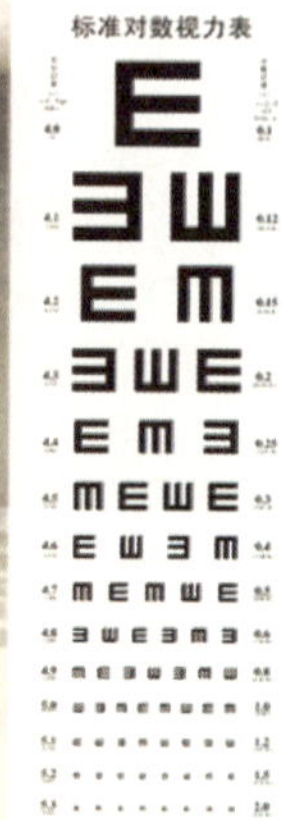

标准对数视力表

抗日战争结束后，缪天荣回到家乡温州，于民国三十五年（1946）至1953年间担任温州瓯海医院（温州医科大学附属第一医院的前身）眼科主任。1953年，浙江医学院开设眼科系，他作为主要的骨干教师去杭州开展眼科教学。1958年，缪天荣回到家乡任温州医学院（温州医科大学前身）眼科教研室主任，为温州医学院眼视光奠定了学科基础，培养了一大批优秀的眼科人才，并在艰苦条件下收获世界级的研究成果。

在那个年代，国际上的视力表不够精准，缪天荣在长期的临床、教学和科研工作中，发现利用人眼生理的规律来排列视标大小和位置、以视角的对数值来记录视力，既具备视力检查的科学性，又使检查结果的记录和统计更为方便实用。他发明了《对数视力表》及5分记录法，在我国眼科界产生了很大的影响，得到国内眼科学界的大力支持。

1989年，年已75岁高龄的缪天荣接受并出色完成了制订对数视力表全国标准的任务，使我国从此在视力检查领域有了统一的科学标准。除了《对数视力表》和5分记录法，他还是眼科医生两项最基本工具——国产裂隙灯显微镜和检眼镜的首位研发者。

缪天荣是一个非常严谨的人。在温州医科大学的校史博物馆里，缪天荣的笔记本字迹整洁干净，几乎没有涂改的痕迹，宛如打印稿。在“精密模型眼的整个眼球光系”的笔记中，缪天荣用黑红不同颜色画着精致的眼球光线图，还用黑色粗体标注出重要数据，密密麻麻的计算步骤整齐分区排列着。笔记上有关眼视光研究的计算量非常大，那时没有计算器、电脑，所有的计算都是手工完成，每一步都写得很清楚。

缪天荣一生都致力于“光明”事业。当20世纪60年代获悉国内第一家实验性眼库在广东成立时，他立即响应并签订了身后捐献自己眼角膜的志愿书。

池家父子耀银幕

池宁（1914—1976）

池宁篇

翻开任何一本记载中国电影史的著作，有几部电影必然位列其中：

被金像奖评为百年百部大电影第一名的《小城之春》（1948）；

新中国第一部彩色故事片《祝福》（1956）；

唯一一部列入1986年在香港举办的“世界经典影片展”的中国影片《林家铺子》（1959）；

中国电影世纪奖十佳影片《早春二月》（1963）。

这些在中国电影史乃至世界电影史上堪称杰作的影片，是如今的电影从业者绕不开的“前浪”，不少人能说出这些影片导演和演员的名字，但几乎很少有人知道，这些作品的美术设计都出自一人之手——北京电影制片厂著名美术师、出生于瑞安美术之家的池宁（1914—1976）。

有志青年崭露头角

瑞安塘下的前池村，是这位美术大师一生的起跑线。

民国三年（1914）四月，池宁出生在当地一个美术之家，他原名池尧（曾用过池绍文、陈亮等别名），其父池祉庭喜爱美术，且颇具艺术修养。耳濡目染之下，池宁从小便习金石书画，年少志高、孜孜不倦。后来他们一家搬至温州城区小南门一带，池宁入读瓯海中学（原名瓯海公学，后为温州市第四中学），毕业后当了一名教师。虽没受过专业美术训练，可家庭教育及江浙一带浓厚的传统文化气氛，对这位年轻人产生了深远而潜在的艺术影响。

民国二十二年（1933），抱持艺术梦想的池宁，来到杭州开办了“三川美术书社”，次年加入中国工商美术家协会，他创作的广告画还曾刊登于日本刊物《广告界》上。民国二十四年（1935），21岁的池宁前往上海担任亚平装潢设计部副主任，逐渐在上海美术界拼得一些名气。

抗日战争爆发后，壮志报国的池宁加入了上海文化界救亡协会，创作了大量宣传抗战的漫画与木刻，并赴抗战前线，以美术为武器，从事宣传工作。他还担任过革命戏剧家于伶领导的上海青鸟剧社、上海剧社以及同茂剧社、上海艺术剧团等进步戏剧团体的舞美设计工作。当时演出的许多剧目，如《雷雨》《日出》《女子公寓》《这不过是春天》《孟姜女》等，其舞台美术装置都由池宁完成。

《小城之春》别开生面

战事改变了中国电影的版图，让一度旺盛发展的上海影业遭到极大打击。在很多影人纷纷西去内地、南下香港，或者索性放弃电影事业的时候。池宁却选择逆行，通过电影这门艺术为国而“战”。

民国三十年（1941），池宁担任华年影片公司布景师，开始接触电影美术，为影片《洪宣娇》《国色天香》做布景设计。《洪宣娇》是一部影射国民党反动派破坏抗日统一战线罪行的戏剧，在当时引起一阵轰动。《国色天香》则是部诙谐幽默的爱情剧。这两部片子让初涉电影业的池宁，感受到了从未有过的乐趣。

新中国成立后，池宁担任上海军管会文艺处电影室副主任，并负责文华影业公司影片《小

池宁收藏的艺术类书籍，前衬页有他签名。

《小城之春》营造的诗意氛围

城之春》的美术布景设计工作。这是他和导演费穆继《洪宣娇》之后的再次合作，两人的“梅开二度”造就了一部别开生面的风格片。

《小城之春》讲述了一位已婚女人在丈夫久病不起的情况下再次见到昔日恋人时的故事。导演费穆用影像将中国的诗词、书画、戏曲的美学精神与电影的时空技艺作了浑然的嫁接，池宁则通过造景将这种立意完美呈现。

池宁为《小城之春》设计的布景，吸收了中国古典诗词的“比兴”传统，借物喻人、以景抒情。如剧中妻子买菜回来给丈夫送药时，阳光下惨白的院落不见树木，两人的身上却洒落着幽怨的树影，此景恰如剧中人魂魄无着的矛盾内心。人们评价其“灰色的情绪，犹如元代画家倪云林‘逸笔草草……聊以写胸中逸气耳’的野逸笔法”，“朴实闲逸的景物光影与孤寂惆怅的内心情感，散发出一种中国文人水墨和园林的旷野空灵与凄婉哀怨之气”……

通过布景设计，池宁打破了当时主流电影布景类型化的倾向，为影片寂寞的春天和寂寞的人设计出颓败的凄美和诗意的“空气”，引起各方长时间的热议。直至今日，仍旧有许多研究中国电影的史论专著和论文在讨论《小城之春》的东方美学、诗词意境和灰色情绪。

系列佳作名垂影史

新中国成立后，中国电影迎来了快速发展的新时期，这也是池宁电影生涯的高光时刻。

1949年，池宁任上海军管会文艺处电影室副主任，参与接管上海各私营电影公司，为成立新的上海电影制片厂四处奔波；1954年，池宁随中国电影工作者实习团到苏联学习考察电影美工，回国任职北京电影制片厂美术师兼艺术委员会委员，共同组建新的北京电影制片厂；1959年，北京电影学院创建电影美术系，标志着中国电影美术专业教育的开端，池宁以其资历、学养和艺术成就兼首任电影美术系系主任。

在这段大展身手的黄金岁月里，池宁作为美术布景，参与拍摄了一系列名垂中国电影史的佳作。

1956年，鲁迅小说的《祝福》改编成电影，由现实主义大师夏衍编剧，桑弧导演，池宁担任美术设计。这是我国第一部彩色故事片，保持了鲁迅作品的冷峻、深沉、凝重的艺术风格和悲剧气氛。由于《祝福》在浙江拍摄时遇到了"天公不作美"的梅雨季节，内景和部分外景镜头都在北京郊区拍摄。为了符合故事发生在浙江的设定，池宁率领美术组找到了一条有拱桥的小溪，溪边有芦苇、稻田，他们特意搭建了河埠、修起石板路，并从南方运来江南房舍所用的门框木窗、锅碗灶具以及硕大的乌篷船等道具，营造了一派江南春色。该片在1957年第十届捷克斯洛伐克卡罗维发利国际电影节（国际电影联合会确定的五大国际电影节之一）上获特别奖；1958年，在墨西哥国际电影周上获银帽奖。

池宁负责美术设计的电影《早春二月》

此外还有获得中国电影"世纪奖"、第十二届菲格拉达福兹国际电影节评委奖的《林家铺子》，获莫斯科国际电影节银质奖的《革命家庭》，改编自柔石小说《二月》、具有隽永诗意的《早春二月》，根据赵树理的同名小说改编、亦是中国电影百年经典之一的《小二黑结婚》等，池宁用极其凝练隽永的艺术笔触，成就了这些银幕经典，使之散发出中国古典的美学神韵。

装帧界流行“池宁风”

在涉足电影美术界的同时，池宁也未丢下美术设计的老本行。民国三十年（1941），当时的中共地下党和塔斯社秘密商量，以“苏商”名义在上海创办了时代出版社，相继出版了《时代日报》《时代》周刊，民国三十一年（1942）又推出一份文学杂志《苏联文艺》。池宁负责装帧，封面多以介绍苏联版画及其他绘画作品为主，用红黑两色或新色印刷。

池宁的设计注意画面分割、色彩搭配、字体安排，十分清新大方，受到出版社同仁的肯定，更受到读者赞赏。正因如此，时代出版社出版了一套传记丛刊，如《高尔基传》《莱蒙托夫传》《普希金传》《马雅可夫斯基传》及《克雷洛夫评传》，这些书的封面都采用“池宁风格”——上题下图的构图，下图中又以色彩的装饰框为陪衬，对比强烈，主次分明，给人留下深刻印象。

民国三十六年（1947），读书出版社在上海发行艾思奇的《哲学选辑》，池宁为其设计了封面：用红、黑二色套印，上端书名占五分之一版面，下用白线垂直等分为两部分。整个封面是平面色彩分割和字体和印刷工艺的巧妙运用，堪称一本哲学著作封面的上乘之作。因风格强烈，且广受好评，当时出版的《朝雾》《黎明》等期刊的封面设计也出自池宁之手。

一部电影的结构，有开场、发展、高潮、结局和花絮，人生也是如此。1973年6月1日，59岁的池宁因病离开了人世。这是池宁一生的结尾吗？

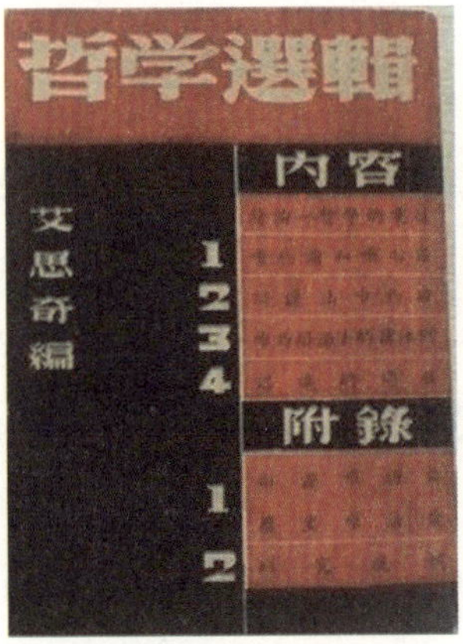

《哲学选辑》书影

1957年，池宁为亚洲电影周设计的海报

著名电影美术家吕志昌在一次访谈中说道："北京电影制片厂原有一位很有名的美术师叫池宁，他是南方人，对南方生活很熟悉，他拍的几部片子都是江南的，他的成功来源于他深厚的生活基础。"

一个人的人生是否画下句号不在于他的生命长短，而在于他在有生之年所创造的价值，以及这份价值比肩记忆的时间。

关于池宁的记忆，往前已深深地镌刻于中国电影的丰碑上，往后则是他的儿子池小宁子承父业的延续。

池小宁篇

陈凯歌、张艺谋、胡玫……这几位是当代中国影视界响当当的实力派人物，为国人编导了许多优秀的影视剧作品。然而"名导"崛起并非一个人的努力，与他们并肩驰骋荧（银）屏的还有许多优秀的伙伴，比如曾多次获得中国电影金鸡奖最佳摄影奖的摄影师池小宁。

和上述三位赫赫有名的导演不同，许多人并不知道池小宁其人。但这样一位拍摄了《菊豆》《秋菊打官司》《雍正王朝》《恰同学少年》《横空出世》《乔家大院》等佳作、能将镜头语言用至沈博绝丽境界的电影人，他的名字，不该被世人所遗忘。

胡同里的"恰同学少年"

池小宁（1955—2007）的童年和少年期，都是在位于北京太平胡同3号（后改为新太平胡同11号）的北影宿舍大院里度过的。

池小宁十几岁的时候，父母相继去世，留下他和妹妹池小清相依为命。不过，父母留下了大量珍贵的书籍资料，其中许多是20世纪30年代至50年代苏联、东欧的画册，不少为国内绝版。

当时，爱好文艺的同学都喜欢到池小宁家中读书、看画册、讨论艺术，一股年轻蓬勃的创作力量，就在这小小的北京胡同里悄然萌芽。如电影界的陈凯歌，音乐界的王立平，文学界的阿城、北岛、芒克、江河、杨炼，美术界的马德升、王克平、曲磊，摄影界的李晓斌、任曙林、罗小韵等。那些时常在池小宁家聚会的年轻人里，有不少后来成为艺术领域的著名人物。

池小宁工作照

在同院邻居的关照下、在大院温馨的氛围中，小名毛头的池小宁和同龄少年们，在一方艺术“绿洲”里玩闹着成长，那是一段似乎永远阳光充沛的岁月。

“横空出世”的四月影会

池小宁初中时就爱摆弄家里的照相机，后经著名摄影家狄源沧指导，经常外出拍摄，与朋友交流，很快便在摄影方面展露天赋。

20世纪70年代末期，中国民间有两大极具创造力和影响力的艺术团队：文学月刊《今天》和美术团体“星星画会”，这两个团队的创始人都曾在池小宁的家中畅所欲言。当时同样蜚声海内外的，还有民间摄影团体“四月影会”，这个旨在表达中国摄影人创新、开拓精神的社团，正是由池小宁等几位先锋派现实主义摄影家发起的。

1979年4月，“自然·社会·人：四月影会”展览在北京中山公园开幕，展览为期25天，吸引观众多达76000人。

张艺谋回忆四月影会：“这些作品把镜头对准了人，对准了社会，对准了生活的细节，抓拍所呈现出那种自然、那种真实、那种震撼，所传递的那种深沉的力量和尖锐的时代性，让我目瞪口呆……那是一个热血沸腾的年代。一群人，一批人，表达出来的那种对中国社会、政治、未

池小宁作品《练功房》

来的思考，锋芒毕露、深沉浓烈，相当震撼。”这次活动轰动了当时的北京，谱写下了中国现代摄影发展史上一页灿烂的篇章。

在这段时间里，一次工作调动改变了池小宁的人生轨迹。1978年，他从北影修配车间转到摄影车间，给著名摄影师朱今明当助手。朱今明是北影的“四大摄影”之一，拍过《一江春水向东流》《南征北战》《梁山伯与祝英台》等影片。机缘巧合的触“电”，让池小宁走上了和父亲池宁一样的电影路。

在日推广中国好电影

1984年，池小宁如愿以偿考入北京电影学院摄影系学习，次年，他又考入日本京都大学艺术学部电影学科。赴日留学期间，池小宁要打好几份工来挣学费与生活费。由于学习、打工紧张，睡眠不够的他，常在坐地铁时补觉，为避免错站，他在兜里放一个小闹钟，用来及时唤醒自己。

学有所成的池小宁，与国内一批著名导演均有过成功合作，如接连担任张艺谋的两部作品《菊豆》《秋菊打官司》的摄影师。在纪实性电影《秋菊打官司》中，所有的演员都淹没在普通群众中。池小宁为了不惊动周围的普通群众，便在拍摄场地挖了个地洞，找了辆三轮车，把机器“藏”在上面拍，他自己则蹲在地洞里。为了拍摄连贯，他在地洞里一蹲就是一天。为了艺术，

影片《秋菊打官司》的画面

池小宁从不喊苦喊累，是同行眼中的“拼命三郎”。

池小宁还致力于中国电影的推广，曾为张艺谋的《菊豆》《大红灯笼高高挂》《秋菊打官司》《活着》，陈凯歌的《霸王别姬》，杨德昌的《牯岭街少年杀人事件》，侯孝贤的《戏梦人生》，田壮壮的《蓝风筝》，谢晋的《鸦片战争》，王学圻、杨丽萍的《太阳鸟》等电影在日本的后期制作担任技术协调和制作工作。

胡玫把导演奖“送”给他

池小宁于1997年正式回国发展，曾担任长沙广电自拍大戏《雍正王朝》《走向共和》的总摄影师、《恰同学少年》的摄影总指导。有同仁回忆，池小宁是索尼、松下等品牌摄像机的技术总监，很多摄影师搞不定的机器，在他手里就会变得“乖巧”，拍摄出来的画面极有灵气。据说《恰同学少年》当年的拍摄机器很破旧，到了池小宁的手上，却成为定格经典画面的大功臣。

池小宁的这三部作品为长沙广电赚足了口碑，其中，《雍正王朝》于1999年在央视播出后广受好评，不仅创收视率新佳，还拿下了十七届中国电视金鹰奖9项大奖和十九届中国电视剧飞天奖5项大奖。他也与该剧导演胡玫开始了长期合作，后者导演的《汉武大帝》《忠诚》《乔家大院》《香樟树》等都请来池小宁担当摄影，圈中人默认池小宁为胡玫的“御用”摄影师。

不幸的是，2005年拍摄电视剧《乔家大院》时，池小宁被查出罹患肺癌，但他不仅完成了手头工作，还参与了电视剧《大明王朝》的拍摄，担任摄影指导。2007年4月，在电视剧风云榜颁奖盛典上，《乔家大院》作为年度收视率冠军，拿下了6项大奖，导演胡玫哽咽着发表感言，要将《乔家大院》最佳导演奖“送”给与自己合作了十年的伙伴池小宁，以此感谢他为这部剧付出的极大心力，并寄望两人的下一次合作。

然而这个“下一次”没有到来。2007年7月11日，52岁的池小宁因病情恶化去世。《大明王朝》成为他生命中的最后一部作品。他原本还打算参与新版《红楼梦》的拍摄，这个愿望落空了。

池小宁去世一个月后，第二十六届中国电视剧飞天奖颁奖典礼上，《乔家大院》获优秀摄影奖。当宣布池小宁得奖时，全场响起了热烈的掌声，久久不息……

黄家有女名宗英

瑞安小沙巷（旧称振文坊）曾有一座牌坊，横匾上书“比户书声”四个大字，是被誉为“东南第一笔”的著名书法家池志澂题写。在清代后期，世居小沙巷的黄家，族中“兄弟二进士”“父子叔侄三进士，同朝为翰林”，黄氏以家族群体形象活跃在晚清历史舞台上，黄体正、黄体立、黄体芳、黄绍箕、黄绍第，史称瑞安“五黄先生”。

民国十四年（1925）出生的黄宗英是黄绍第的孙女、“洋翰林”黄曾铭的小女儿，和兄弟黄宗江、黄宗淮、黄宗洛、黄宗汉并称“新五黄先生”。

黄宗英曾说：“我仿佛从未逾越过‘家庭熏陶’这个圈儿。”

出身名门，与兄弟合称“新五黄先生”

黄宗英的父亲黄曾铭清末留日，曾学电机于东京高等工业学校，毕业后回国赶上最后一拨会试与殿试，考取“翰林”，民国时，在北京电话局任工程师，兼工大教授。黄曾铭虽是机电工程师，却酷爱京剧。每逢周末，他必预订包厢，携全家老少驱车前往观戏。耳濡目染，父亲的无意之为成了对子女们最有效的艺术熏陶。

黄宗英在《卖艺黄家》中回忆：“父母从没说过一句让我们好好读书的话，却一个书库一个书库地给我们买书：《万有文库》《中学生文库》《小朋友文库》……连描金漆绿题字的玻璃橱门的书架子一起买回来。姐妹兄弟办起了‘我们的图书馆’，还刻了章。我最喜欢整理书架，把书摊一地，慢悠悠半懂不懂地一本本看过去。”

除了两个同父异母的姐姐，黄宗英还有两个哥哥和两个弟弟。黄宗英祖上三世翰林，到了她这一代，由于时代的变迁、个人的爱好等诸种因素，他们兄弟姊妹中多数当了演员，或从事文

黄家兄弟姐妹多长寿。前排左起：黄宗英（享年95岁）、黄锐华（享年99岁）、黄燕玉（享年103岁）。后排左起：黄宗洛（享年86岁）、黄宗江（享年89岁）、黄宗淮（20世纪80年代去世）、黄宗汉（享年83岁）。

艺相关行业。其中，黄宗江是剧作家、演员、教授、文化使者；黄宗洛是专演小角色的大演员，人们尊称他为“龙套大师”；黄宗汉则是著名的文化实业家。黄宗英曾与兄弟们合著《卖艺黄家》，呈现黄家兄妹戏里戏外的人生。

芳华盛年，“甜姐儿”形象风靡上海滩

黄宗英9岁时，父亲因伤寒去世，家道中落。民国三十年（1941），16岁的黄宗英为了减轻家庭负担，跟随大哥黄宗江到上海参加话剧团，先做打杂。悟性极高的黄宗英常看着台上的表演，对演员的台词和肢体语言暗记于心。一天，在曹禺名剧《蜕变》中担任角色的一名女演员因结婚不能上场，导演黄佐临让黄宗英救场，不想就这么一场一场地“救”了下去。黄宗英的戏剧人生从此拉开序幕。

民国三十年（1941），黄宗英主演个人首部话剧《甜姐儿》，一炮而红。自此，“甜姐儿”也成了黄宗英的代名词。此后，黄宗英陆续在《幸福狂想曲》《丽人行》《乌鸦与麻雀》《家》《聂耳》等电影中出演重要角色，成为红极一时的电影明星。

1941黄宗英主演的话剧《甜姐儿》大获成功，娇美柔媚的大小姐形象深入人心。

文海楫舟，屡次问鼎文学创作大奖

黄宗英不仅是一代人心中的银幕女神，也是妙笔生花的女作家。新中国成立后，黄宗英渐渐淡出银幕，成为较早转到专业作家行列的电影表演艺术家。1954年，她创作了电影剧本《平凡的事业》；1960年，担任剧情电影《六十年代第一春》的编剧。

1965年后，她专门从事文学创作，1979年至1984年，曾连续三次获得全国优秀报告文学奖，著有报告文学《特别姑娘》《小丫扛大旗》《天空没有云》《没有一片树叶》《小木屋》等，散文集《星》《桔》《半山半水半书窗》等，随笔集《故我依然》《上了年纪的禅思》等，与徐迟、肖复兴共同创作报告文学集《为了你，我的祖国》，与丁玲共同创作报告文学集《一代天骄》。在她的诸多报告文学作品中，写于1983年的《小木屋》是最为人熟知的一篇，讲述的是女科学家徐凤翔致力于建设高原生态研究站的故事。1985年，中央电视台为《小木屋》摄制专题片，在第二十八届纽约国际电影节上获得电视纪录片铜奖。

2017年，92岁的黄宗英荣获第六届徐迟报告文学奖中国报告文学创作终身成就奖。2019年，她又荣获第七届上海文学艺术奖的“终身成就奖”。组委会给予黄宗英的颁奖词是：“16岁主演话剧，由此开启七十余年漫长的跨界文艺生涯，表演青春，展现了新女性青春向上的时代气质。带着表演艺术家的灵动才情，天马行空不拘一格，散文化的报告文学作品，关注重大社会，深刻影响了几代人。”

三次回乡，探亲祭祖外加采访创作

瑞安，是黄宗英的故乡。这里，有她的祖居，有她的血脉，更有她不可割舍的亲情。在兄弟姐妹中，她回瑞安的次数和时间最多。

早在1958年，黄宗英就曾在乐清农村劳动锻炼。1962年1月，黄宗英带着赵丹（被称为“中国电影史上最伟大的演员之一”，黄宗英的第二任丈夫）来到温州，为《高机与吴三春》剧本的改编奔忙，当时她与赵丹住在柴桥巷的机关招待所，足迹踏过雁山瓯水。但让黄宗英真正敲开故乡瑞安大门的，却是后来的三次。

1963年3月，38岁的黄宗英第一次来到故乡瑞安，住在小沙巷的县委机关招待所，这条小巷也是黄家的世居地。此行，她采访了家住塘下鲍田的一位“赤脚”水利专家戴新泮。1964年2月23日，报告文学《新泮伯》在上海《解放日报》发表。

1975年，50岁的黄宗英第二次回瑞安探亲祭祖。探亲之余，她不忘写作的老本行，采访了全国劳模陈阿木，实地调查了知识青年上山下乡的一些情况。临行，她带了黄鱼鲞、墨鱼干、虾米等家乡土特产，还有她最爱吃的李大同双炊糕、芙蓉糖、冰雪酥。

1988年，黄宗英受上海作协委托，回瑞安采访全国十大民营企业家之一的温邦彦。此行她还写了一篇有关百好乳品厂前世今生的报告文学。

1996年黄宗英参加瑞中北京校友会举行的纪念瑞中一百周年大会（管陶/摄）

2019年， 94岁的黄宗英获得上海文学艺术界最高奖“上海文学艺术奖”。因为身体原因，黄宗英未能来到现场，她的儿子赵佐到现场替母亲领奖，并代表她读了获奖感言：“上海颁给我终身成就奖，我很高兴。此时此刻，我要对巴老、佐临和所有的师长们说：学生没有让你们失望，小妹做到了！我要感谢上海的观众和读者，对我将近一个世纪的厚爱；我要感谢党，对我将近一个世纪的教导；我要感谢这片土地，感谢人民，对我将近一个世纪的抚养。我鞠躬。”

2020年12月，著名表演艺术家、作家黄宗英在上海辞世，享年95岁。

1988年黄宗英（左四）在瑞安东门硐桥上与老人交谈。（刘显佑/摄）

鸣谢

本书收录稿件，除署名原创文章外，许多稿件是编辑小组在参考文史类书籍、论文、报刊等基础上编辑而成，也摘录了众多文史专家、文史爱好者、新闻工作者的部分研究成果，可谓“站在巨人的肩膀上”。此前公众号刊发时，已在文末一一标注参考资料信息。因此，此次结集出版只罗列主要参考资料的作者。囿于多种原因，这份名单无法涵盖所有参考资料的作者，挂一漏万，在此谨向所有作者表示谢意并致歉！感谢每一位作者对传播中华传统文化和瑞安乡邦文史研究的贡献，感谢每一位作者对本书的大力支持！

编委会

2023年1月

主要参考资料作者（以姓氏笔画为序）

丁　乙	丁海涵	大　门	万锡春	马邦城	王一川	王文韬	王玉娇	王兴文
王安国	王雪瑛	王常权	王　舒	王新宇	韦　力	尤育号	方韶毅	予　闲
卢礼阳	叶望庆	朱迎平	朱醒华	汤章虹	安志敏	许世铮	许希濂	阮荣艾
孙延钊	孙　凛	苏尔胜	苏　虹	苏婷婷	李士千	李士干	李　刃	李天纲
李秉钧	李海英	李　萌	李　淳	李　筝	杨万里	杨　早	杨关桥	杨际开
杨法宝	肖伊绯	吴小淮	吴树乔	何光明	何光新	何克识	何树锴	余振棠
邹海城	沈克成	沈洪保	宋维远	张小宇	张子开	张立文	张吉寅	张光武
张　凯	张宝强	张宪文	陈　凡	陈之川	陈子善	陈日谦	陈占彪	陈守泽
陈志坚	陈　来	陈　佐	陈良明	陈良和	陈浅苹	陈　俊	陈宣崇	陈培培
陈维真	陈瑞赞	陈镇波	陈德溥	陈　霖	林云江	林成植	林步珍	林良爽
林南斌	林　晓	林新荣	瓯　颂	易瑶瑶	金　辉	周文宣	周梦江	胡今虚
胡　济	胡晓霞	胡雪冈	胡毓达	南　航	侯成成	俞天舒	俞　光	俞　海
俞　雄	施正勋	施世琥	施菲菲	洪振宁	洪振杰	洪震寰	宫　林	柴良干
倪　亮	徐正纶	徐成明	徐华炳	徐佳贵	徐承煌	徐顺平	徐德友	翁德汉
高启新	高振千	高　敏	黄秉桂	黄春翔	黄炽森	黄瑞勇	龚书铎	崔　瑶
程　军	程洪金	童富勇	曾承木	谢作相	谢作拳	谢佳静	谢晓陆	谢智勇
蔡圣波	蔡圣栋	蔡宝忠	蔡建设	蔡玲玲	蔡　榆	缪星象	潘　虹	潘猛补
戴　巨	戴世德	戴家妙						

后记

这是一本跨越了四年的作品集锦。

千年古县人文荟萃，千年文脉源远流长。2018年8月，为更好地挖掘地方文史、赓续传统文脉，瑞安市委宣传部、瑞安市社科联在微信公众号平台“瑞安发布”新辟《玉海文史》专栏，面向数十万粉丝开展地方文史知识传播。顾名思义，这是个文史类栏目，采取“文史+新闻”模式，以新闻人的视角遴选题材，用新闻的采编手法生产内容，借由简而生动的文风及编排形式，“轻”解读“厚”历史。

在新媒体飞速发展的新时代，如何将地方文史知识传播搭上新媒体的快车，这是瑞安地方文史知识传播从传统媒体到新媒体的首次“破圈”。新莺初啼，广受好评。

2020年5月，为进一步打响品牌，提升传播效果，搭建文史知识“微传播”矩阵，“瑞安印记”微信公众号整装上线。该公号与《玉海文史》双频互动，聚力向海内外受众宣传瑞安、推介瑞安。截至2021年底，两个平台共发布文章240余篇，推出了《国宝档案》《睁眼看世界》《翁婿名家》《玉海书声》《武学一脉》《最是方言解乡愁》等专栏，其中不乏精品佳作。

昔日贤文“观今宜鉴古，无古不成今”，古今之间的联系在于审视和记录。为了对三年多来的所有作品做一次集中梳理和阶段性总结，也为了给“文史普及”这一工作注入更为持续的生命力，《罗山南麓是吾乡》一书应运而生。

这是一本面向普通读者的普及读本。

本书从重要性、影响力、可读性等方面综合考量，以通俗文史读物为立足点，在过往推文中选编了80余篇，分人物、风物、传承三大篇章，讲述瑞城的人文掌故、风土人情和城市变迁，不仅有一一可标青史的芳躅，亦有寻常巷陌的坊谈。每个篇章又分为三个小专题，相对独立，又彼此交融。

我们的目标读者是没有专业文史知识的普通百姓，所以在选题角度和核心内容的遴选上，重在说说百姓鲜见、罕知的人与事，聊聊百姓欲知而未知的知识，以平民的视角洞察宏大的历史。本书文章虽大量引用了有关著述，但也绝不仅仅是“述而不作”，而是尽量以新的观察角度，对那些熟悉的人、事进行新的解读，并给读者提供一些异于高头讲章的逸趣。在推文的谋篇布局上，注重用故事串珠成链。无故事不行文，在一串串生动的故事中回眸时代风云、再现古县风情、重温名人传奇、弘扬传统文化。从书刊到微信，又回到书刊。在书稿的再编辑过程中，在文风、架构等方面保留了微信推文的痕迹。浅显的文字、生动的故事，通俗的表达、时尚的呈现，是初心，也是个性。

这是一本凝聚多方心血和智慧的集成之作。

本书收录的稿件主要分两类，一是编辑小组根据相关文史资料整合、编辑而成的文章；二是学者和文史爱好者的投稿、约稿。对于前者，前人的研究是源头活水，如同烹饪，上等食材都已在篮子里，厨师只需择菜、加点调料、翻炒一下就可出锅。为尊重原创作者，同时也为排版更简洁，编辑均不单独署名。而投稿、约稿则署作者姓名。在此特向所有作者致谢！

本书的编辑、出版得到了有关领导、专家的鼎力支持和倾心相助。《瑞安市志》主编宋维远先生，温州市图书馆研究馆员卢礼阳先生，瑞安市玉海文化研究会会长何光明先生和理事谢公望先生、胡炳华先生，逐字逐句校正本书文稿，并提出改写、增删意见。何光明先生还为本书搜集、整理了大量配图。对以上所有的支持和帮助，一并致以最诚挚的谢意！

本书的编写时间仓促，加之我们水平有限，疏漏谬误之处在所难免，在此表示歉意，并恳请读者和各界人士不吝赐正。

历史文化是城市的气质、风骨和灵魂。时光终将流逝，然而文化的悸动、精神的共振将一直延续。时至深秋，书稿付梓在即，掩卷而思，感慨系之。今朝得尔心虽喜，致谢惭无吐凤诗。

王蓓

2022年11月16日

图书在版编目（CIP）数据

罗山南麓是吾乡 / 邵定美主编. -- 杭州 : 西泠印社出版社, 2022.12
ISBN 978-7-5508-3906-9

Ⅰ. ①罗… Ⅱ. ①邵… Ⅲ. ①文化史一瑞安一文集 Ⅳ. ①K295.54-53

中国版本图书馆CIP数据核字(2022)第229492号

罗山南麓是吾乡

邵定美　主　编

出品人　江　吟
责任编辑　王　禾
责任出版　李　兵
责任校对　曹　卓
装帧设计　余心豪
出版发行　西泠印社出版社
（杭州市西湖文化广场32号5楼　邮政编码：310014）
经　　销　全国新华书店
印　　刷　温州市北大方印务有限公司
制　　作　温州日报报业集团
开　　本　787mm×1092mm　1/16
字　　数　450千
印　　张　22.75
印　　数　0001—2300
书　　号　ISBN 978-7-5508-3906-9
版　　次　2022年12月第1版　第1次印刷
定　　价　78.00元

西泠印社出版社发行部联系方式：　(0571) 87243079